HISTOIRE

DE LA

PROSTITUTION

CHEZ TOUS LES PEUPLES DU MONDE

DEPUIS

L'ANTIQUITÉ LA PLUS RECULÉE JUSQU'A NOS JOURS,

PAR

PIERRE DUFOUR,

Membre de plusieurs Académies et Sociétés savantes françaises et étrangères.

ÉDITION ILLUSTRÉE

Par 20 belles gravures sur acier, exécutées par les Artistes les plus éminents

---

TOME QUATRIÈME

PARIS. — 1853.

SERÉ, ÉDITEUR, RUE SAINT-ANDRÉ-DES-ARTS, 52;

ET CHEZ MARTINON, RUE DE GRENELLE-SAINT-HONORÉ, 14.

HISTOIRE

DE LA

PROSTITUTION.

TYPOGRAPHIE PLON FRÈRES,
RUE DE VAUGIRARD, 36, A PARIS.

A. Cabasson del. A. Leroy, Sculp.

HISTOIRE

DE LA

PROSTITUTION

CHEZ TOUS LES PEUPLES DU MONDE

DEPUIS

L'ANTIQUITÉ LA PLUS RECULÉE JUSQU'A NOS JOURS,

PAR

PIERRE DUFOUR,

Membre de plusieurs Académies et Sociétés savantes françaises et étrangères.

TOME QUATRIÈME.

PARIS — 1852

SERÉ, ÉDITEUR, 5, RUE DU PONT-DE-LODI,

ET

P. MARTINON, RUE DU COQ-SAINT-HONORÉ, 4.

FRANCE.

HISTOIRE

DE

LA PROSTITUTION.

CHAPITRE VIII.

SOMMAIRE. — Le roi des ribauds. — Recherches sur les prérogatives, le rang et la charge de cet officier de la maison royale. — Définition de ses attributions. — Analogie des *ministeriales palatini* de Charlemagne avec les rois des ribauds. — Attributions des *ministeriales palatini*. — *Ribaldus* ou *ribaud*. — Philippe-Auguste organise les ribauds en corps de troupes soldées. — Témoignages de bravoure et d'intrépidité de ces hordes pillardes et débauchées. — Le *roi des ribauds*. — Avantages honorifiques et lucratifs de cette charge. — *Nu comme un ribaud*. — Diminution successive d'importance de la *royauté* des ribauds. — La *ribaudie*. — Appréciation de la charge du roi des ribauds dans l'intérieur de la maison du roi. — Recherches sur les gages du roi des ribauds. — Crasse Joë, roi des ribauds de Philippe le Long. — Jean Guérin, roi des ribauds du duc de Normandie et d'Aquitaine, fils de Charles V. — Droits d'exécution et d'aubaine du roi des ribauds sur certains patients. — Jean Boulart et Pernette la Basmette. — Le roi des ribauds devait être un fidèle et incorruptible défenseur de la personne du roi. — Coquelet. — Preuves de dévouement de Jean Talleran, seigneur des Grignaux, roi des ribauds de François Ier. — Redevance hebdomadaire des *vassales* du roi des ribauds. — Dernière transformation de l'office du roi des ribauds à la cour de France. — Les *dames des filles de joie suivant la cour.* — Olive Sainte. — Cécile de Viefville. — Des *rois des ribauds* relevant de celui de l'hôtel du roi. — Colin-Boule, roi des ribauds de Philippe le Bon, duc de Bourgogne. — Le curé de Notre-Dame d'Abbeville, *roi des ribauds.* — Balderic, roi des ribauds de Henri II, roi d'Angleterre et duc de Normandie. — Attributions des rois des ribauds des villes de province. — Antoine de Sagiac, commissaire du roi des ribauds de Mâcon, et Colette, femme de Pierre Talon.

C'est ici que nous avons à faire comparaître un singulier personnage, que l'histoire ne nous montre pas, du moins sous son nom caractéristique, avant le règne de Philippe-Auguste, et qui pourrait bien être contemporain de Charlemagne. Le roi des ribauds, *rex ribaldorum*, fut évidemment, dès l'origine, le souverain juge de la Prostitution à la cour des rois de France. Un grand nombre de savants, depuis Jean Dutillet jusqu'à Gouye de Longuemare, se sont livrés à de doctes recherches et à d'ingénieuses dissertations, pour préciser quels étaient les prérogatives, le rang et la charge de ce bizarre officier de la maison royale; ils ont cité des textes d'ordonnances, exhumé des faits nouveaux, fait parler le Trésor des Chartes, et cherché la vérité au milieu d'un amas de preuves contradictoires; mais ils ne sont pas tombés d'accord sur le véritable caractère du roi des ribauds, à force de vouloir systématiquement l'exalter ou le ravaler dans ses fonctions, aussi complexes qu'étendues, aussi bizarres que terribles. Nous allons nous occuper, après tant de travaux d'érudition et de critique consacrés à éclaircir ce sujet obscur, de l'office du roi des ribauds, que nous regardons comme le précurseur solennel des commissaires de police d'aujourd'hui. Nous croyons pouvoir, à ce titre, donner d'assez longs développements historiques à une sorte d'enquête sur cet ancien office de cour, qui se rattache intimement à l'histoire de la Prostitution en France.

Presque tous les auteurs qui ont parlé du roi des ribauds, et qui ont essayé de définir ses attributions, se sont plus ou moins trompés dans la conclusion de leurs recherches, parce qu'ils n'ont considéré qu'une des faces de ce personnage et de son office. Ainsi, Jean Boutillier, qui écrivait sa *Somme rurale* vers 1460, représente le roi des ribauds comme l'*exécuteur des sentences et commandements des maréchaux et de leurs prévôts*, à la suite du roi; Jean le Ferron en fait le *premier sergent des maîtres d'hôtel du roi;* Carondas, le *sergent* ou le *commissaire du prévôt de l'hôtel;* Claude Fauchet, le *concierge du palais royal;* Belleforest, le *prévôt de l'hôtel du roi;* Ragueau, le *grand maître des filles publiques;* Étienne Pasquier, le *bailli* ou le *sénéchal des ribauds*. Chacun donne au roi des ribauds une physionomie particulière, un pouvoir plus ou moins restreint, une dignité plus ou moins considérable, sans tenir compte des changements successifs que le temps apporta dans une institution qui comprenait des devoirs très-divers et très-multiples. La réunion, par ordre chronologique, de tous les sentiments des historiens et des jurisconsultes, à l'égard de la mystérieuse charge du roi des ribauds, prouverait que pas un d'entre eux ne s'est expliqué le rôle que jouait cet officier du palais, à l'époque de sa création, et la décadence que son emploi a dû subir, à mesure que d'autres officiers se sont établis, dans la maison du roi, aux dépens de ses priviléges et de ses droits. Le roi des ribauds a cessé d'exister, quand sa qualification est devenue honteuse, quand son ancienne autorité a passé en plusieurs mains, et quand ses compétiteurs, portant des noms honorables, se sont partagé, de son vivant, la succession de sa charge, tombée en discrédit plutôt qu'en désuétude. Ce dernier roi des ribauds, à la cour de France, après avoir vu les plus beaux fleurons de sa couronne disputés et enlevés par le prévôt de l'hôtel, le concierge du palais, le prévôt des maréchaux, et d'autres officiers, de fondation plus récente que la sienne, eut le chagrin de voir, à l'avénement de François Ier, le reste de sa vieille suprématie, celle qu'il exerçait sur la Prostitution *suivant la cour*, passer entre les mains d'une *dame des filles de joie*; c'est ainsi que son sceptre tomba tout à fait en quenouille.

Nous avons dit, en citant un capitulaire de Charlemagne sur la police intérieure des domaines royaux (tome III, p. 319), que les officiers du palais (*ministeriales palatini*), préposés à la surveillance et à la garde de ces domaines, avaient beaucoup d'analogie avec les rois des ribauds, que nous retrouverons, quatre siècles plus tard, exerçant la même surveillance dans l'hôtel du roi. En effet, ces *ministeriales palatini*, parmi lesquels les grands officiers de la couronne ont pris naissance, devaient avoir l'œil et la main à expulser des résidences royales tout individu suspect, homme ou femme, qui y aurait pénétré : c'étaient surtout les vagabonds (*gadales*) et les prostituées (*meretrices*), qui redoutaient la juridiction du *ministérial palatin*; lequel jugeait souverainement les causes de cette nature et faisait battre de verges les délinquants. Voilà bien le premier office du roi des ribauds, et l'on peut dire, avec toute apparence de raison, que, s'il ne fut nommé ainsi que sous Philippe-Auguste, il remplissait déjà sa charge sous Charlemagne. Il est tout naturel que cette charge ait été instituée d'abord dans ces vastes fermes (*villæ*) ou centres d'exploitation agricole et manufacturière, que les rois francs possédaient sur divers points de leur empire, et dont les revenus composaient la principale richesse du fisc royal. Les serfs et les serves, soumis à certaines lois de police et d'administration, n'étaient maîtres ni de leurs corps ni de leur temps ; on avait soin d'éloigner d'eux toute influence d'oisiveté et de Prostitution : leur travail, leur santé et leurs mœurs se trouvaient de la sorte protégés par une prévoyance paternelle. Il était donc très-important que des inconnus ne s'introduisissent pas dans les gynécées et les dortoirs ; la régularité de la vie commune aurait souffert du contact malfaisant des femmes de mauvaise vie, et il n'eût fallu que la présence d'un lépreux, d'un débauché, d'un larron ou d'un mendiant, pour répandre la contagion, physique ou morale, parmi la paisible population de ces retraites séculières, qui rassemblaient sur un même point plusieurs milliers d'esclaves des deux sexes. L'officier à qui appartenait spécialement le soin d'interdire aux intrus l'entrée et le séjour d'une villa royale, paraît être le concierge ; et son office, en ce temps-là, équivalait à ceux de grand bouteiller, de grand camérier et de grand sénéchal. Il n'y eut qu'un nom à changer pour faire le roi des ribauds.

Les rois mérovingiens et carlovingiens, accompagnés d'une suite nombreuse d'officiers et de serviteurs, se portaient sur un domaine ou sur un autre, pour y faire résidence, et la multitude de personnes, qu'ils traînaient partout après eux, se grossissait inévitablement de quantité de femmes étrangères, qu'attirait l'appât du gain et que la débauche mettait à sa solde. Il fallait donc une autorité permanente et spéciale pour maintenir l'ordre parmi cette masse de gens et pour rendre des arrêts qui exigeaient une exécution prompte et irrévocable, soit que le roi fût en voyage ou en *chevauchée*, soit qu'il se reposât dans ses terres. De là l'établissement d'un officier ou *ministérial* du palais, ayant droit de vie et de mort sur tout individu qui causait du trouble ou du désordre dans la maison du roi. Aimoin (liv. V, ch. 10) rapporte que Louis le Débonnaire chassa du palais une immense troupe de femmes qui se disaient attachées au service de la reine et des sœurs du roi (*omnem cœtum fœmineum, qui permaximus erat, palatio excludi indicavit*), et l'on n'excepta de cette mesure qu'un petit nombre de suivantes qu'on jugea indispensables aux besoins du service royal. Mais, sans doute, cette affluence féminine ne tarda pas à reparaître, et la cour des rois, des reines et des princes devint le but de toutes les ambitions faméliques, de tous les vices intéressés, de toutes les basses domesticités. On conçoit aisément que la justice expéditive du roi des ribauds était en pleine vigueur, avant que son nom eût caractérisé ses attributions ordinaires, et indiqué l'espèce de gens qui relevaient plus directement de son tribunal sans appel. Ce nom qualificatif ne paraît pas antérieur au règne de Philippe-Auguste.

Ce fut sous ce règne, que le mot *ribaldus* ou *ribaud*, dont nous avons ailleurs étudié l'étymologie, fit son apparition dans la langue vulgaire, et y figura dès lors en mauvaise part. On désignait ainsi, dans le principe, les gens sans aveu de l'un et de l'autre sexe, que nous trouvons errant et butinant autour de l'*ost* ou de la *chevauchée* du roi, et vivant de Prostitution, de vol, de jeu et d'aumône. Cette tourbe dégradée s'était prodigieusement accrue avec le prétexte des croisades, et dans une armée, le nombre des goujats et valets suivant la cour pouvait être bien supérieur à celui des combattants. Parmi ces goujats, toujours prêts au pillage, il y avait des femmes qui entretenaient l'incontinence et l'impudicité sous l'oriflamme du roi et sous les bannières de ses vassaux. Philippe-Auguste imagina de faire tourner à son profit un mal nécessaire : au lieu de chercher à se débarrasser du fléau de la *ribaudie* par des supplices et des menaces, ce qu'il avait peut-être essayé inutilement, il organisa en corps de troupes soldées ces hordes parasites, qui étaient moins nuisibles à l'ennemi lui-même qu'à l'armée qu'elles suivaient comme une nuée de sauterelles dévorantes. Les historiens se taisent sur la manière dont il enrôla ces enfants perdus, et dont il les retint, en les disciplinant, à son service militaire : mais on peut supposer qu'il leur laissa en partie leurs habitudes pillardes et débauchées, qu'il ferma les yeux sur leurs excès détestables, et qu'il ne les empêcha pas d'emmener à la guerre autant de femmes qu'ils en pouvaient recruter sur leur passage. Quoi qu'il en soit, cette bande de ribauds, composée de la lie d'une soldatesque vagabonde et forcenée, se distingua par de tels faits d'armes, par de si merveilleux coups de main, par de si nombreux témoignages de bravoure et d'intrépidité, que Philippe-Auguste en fit un corps d'élite, et l'attacha particulièrement à la garde de sa personne. Les chroniqueurs disent que le roi avait à se garantir du poignard des assassins, que le Vieux de la Montagne envoyait sans cesse contre lui, et qui venaient l'un après l'autre se jeter sur les épées nues des ribauds du roi très-chrétien. Ces ribauds accompagnent partout Philippe-Auguste dans ses guerres, où ils n'épargnent pas leur sang, animés qu'ils sont par l'ardeur du pillage. Guillaume le Breton, qui se plaît à décrire leurs prouesses dans sa *Philippide*, les dépeint comme des héros indomptables qui ne reculent devant aucun péril, et qui ne daignent pas même se couvrir d'une armure :

> Et ribaldorum nihilominus agmen inerme,
> Qui nunquam dubitant in quævis ire pericla.

Ailleurs, le poëte nous les montre tout chargés de butin :

> Nec munus armigeri, ribaldorumque manipli,
> Ditati spoliis, et rebus, equisque subibant.

Quand Philippe-Auguste vint assiéger Tours, après avoir subjugué le Poitou, c'est un capitaine ribaud (*duce ribaldo*) qu'il choisit pour chercher un gué dans la Loire; le gué trouvé miraculeusement (*quasi per miracula*) par ce capitaine, l'armée traversa le fleuve, et les *ribauds du roi* (*ribaldi regis*, dit Rigord), qui ont coutume de monter les premiers à l'assaut (*qui primos impetus in expugnandis munitionibus facere consueverunt*), coururent aux échelles, et la ville n'attendit pas qu'elle fût prise et mise à sac, pour ouvrir ses portes au roi.

D'après ces passages et beaucoup d'autres du même genre, il est certain que les ribauds de Philippe-Auguste formaient une milice très-redoutable, mais peu disciplinée et capable de toutes les violences. Le roi, en faveur de leurs services, n'exigeait pas d'eux la même soumission et les mêmes devoirs disciplinaires, que de la part des autres milices; néanmoins, comme il n'était pas possible, à cause du mauvais exemple, de laisser tous les crimes impunis dans cette troupe désordonnée, qui reconnaissait à peine la voix de ses chefs, et qui, quand elle ne se battait pas, n'avait pas d'autre occupation que de faire la débauche, de jouer aux dés, de s'enivrer et de blasphémer, le roi confia le commandement suprême de ces indomptables ribauds à un des grands officiers de sa maison, à celui qui était chargé de la police intérieure du logis et de l'*ost* royal, et qui exerçait traditionnellement une redoutable autorité sur les auteurs des délits de toute nature commis dans le domaine de sa juridiction. Cet officier du palais se présentait ainsi, entouré d'un antique prestige de respect et de terreur; car il se faisait suivre partout d'un geôlier et d'un bourreau; il ne mettait pas d'intervalle entre la condamnation et l'exécution; il prononçait la peine de mort aussi facilement que des peines légères, qu'il ne séparait jamais d'une amende à son profit. La charge de roi des ribauds devint très-lucrative, tant à cause de ces amendes criminelles, que des redevances qu'il prélevait sur les brelans, les tavernes et les filles publiques. Il avait aussi sa part dans le butin que les ribauds rapportaient de leurs expéditions, et il s'attribuait même un droit sur les prisonniers de guerre. On lit, dans la liste des chevaliers qui furent pris à la bataille de Bouvines, en 1214 : *Rogerus de Wafalia. Hunc habuit Rex Ribaldorum, quia dicebat se esse servientem.* Ce passage important, cité par Ducange, prouve que le roi des ribauds prenait la qualité de *sergent d'armes* du roi, en temps de guerre ; mais il ne nous permet pas de décider si cet officier de la couronne de France avait à remplir un rôle actif dans les batailles, et s'il combattait à la tête de sa bande, comme les autres capitaines. On pourrait le supposer, d'après une fiction du *Roman de la Rose*, composé au treizième siècle par Guillaume de Lorris, qui fait du roi des ribauds un capitaine, lorsque le *Dieu d'amour* rassemble son armée pour délivrer *Bel-accueil* de sa prison ; mais le choix qu'il fait de *Faux-semblant,* pour conduire la ribaudaille à l'assaut, témoigne assez que la mauvaise réputation des soldats rejaillissait sur leur chef. Voici les vers du *Roman de la Rose*, où le Dieu d'amour interpelle Faux-semblant, en lui traçant la conduite qu'il doit tenir :

Faux-semblant, par tel convenant,
Tu seras à moy maintenant,
Et à nos amis aideras,
Et point tu ne les greveras,
Ains penseras les enlever
Et tous nos ennemis grever.
Tien soit le pouvoir et le baux,
Car le roy seras des ribaux.

Il est clair que, dans cette citation, comme le fait observer Pasquier, le roi des ribauds est représenté sous la figure d'un capitaine d'armes, et non pas avec le caractère d'un magistrat. On a lieu pourtant de supposer qu'il pouvait être l'un et l'autre, quand on imagine ce que c'était que les ribauds de Philippe-Auguste, lors même qu'ils furent organisés en gardes du corps du roi. Un chef qui n'aurait pas eu la prépondérance d'un juge, ne fût jamais venu à bout de discipliner ce ramas de misérables que la crainte seule pouvait retenir dans le devoir. Tous les historiens de cette époque sont pleins de sinistres portraits, qui nous initient à la pénible et dangereuse mission du roi des ribauds. Écoutons Guillaume de Neubrige (liv. V, chap. II) : « Certains enfants-perdus de cette espèce d'hommes qui s'appellent *ribauds.* » Écoutons Mathieu Pâris : « Des voleurs, des bannis, des fuyards, des excommuniés, que la France confond vulgairement sous le nom de *ribauds.* » Mais nulle part le genre de vie des ribauds n'est mieux décrit que dans la Chronique de Longpont, où le prieur de l'abbaye demande à Jean de Montmirel ce qu'il comptait faire dans le monde : « Je veux être ribaud ! » répond fièrement le jeune homme, qui devait devenir un saint canonisé. « Est-il bien vrai ! » s'écrie le prieur stupéfait; « aspirez-vous donc à faire partie de ces vilaines gens, qui sont aussi méprisables devant Dieu que devant les hommes? Est-ce que, pour vous mettre sur le pied de pareils scélérats, il ne faudra point jurer comme eux, vous parjurer sans cesse, jouer aux dés, porter un écriteau (*tabellam comportare*), traîner avec vous une concubine (*pellicem circumducere*), et être constamment pris de vin? » On conçoit sans peine que les rixes et les meurtres étaient fréquents parmi de tels bandits, et que le roi des ribauds devait souvent intervenir pour mettre le holà entre ces forcenés, qui nous apparaissent partout escortés de leurs ribaudes, aussi rapaces, aussi turbulentes, aussi incorrigibles qu'eux-mêmes. Il est probable que la compagnie des ribauds du roi fut licenciée après la mort de Philippe-Auguste, peut-être à la suite de quelque révolte; car, si les ribauds figurent encore dans toutes les croisades, dans toutes les guerres, dans toutes les chevauchées, ils ne diffèrent plus des goujats d'armée; ils sont mal armés, mal vêtus, si bien que le proverbe, *nu comme un ribaud*, avait cours dès l'année 1230, suivant une ancienne Chronique manuscrite dont Ducange a extrait quelques vers. Guillaume Guiart, qui met en scène les ribauds dans son poëme historique des *Royaux lignages*, les dépeint sous les couleurs les plus misérables, tantôt :

> Bruient soudoiers et ribaus,
> Qui de tout perdre sont si baus;

Tantôt :

> Ribauz, qui volentiers oidivent,
> Par coustume d'antiquité,
> Queurent aux murs de la cité.

Tantôt :

> Ribaus, qui del'ost se departent,
> Par les chans çà et là s'espardent:

Li uns une pilete porte;
L'autre, croc ou massue torte.

Enfin, ce ne sont plus des troupes régulières ni soldées, ce sont des pillards qui dévorent le pays sur le passage de l'ost royal, et qui, se recrutant de toutes parts, forment ces bandes redoutables d'*aventuriers*, de *routiers*, de *cottereaux*, de *brabançons*, que la France vit se multiplier avec leurs horribles excès jusqu'au règne de Charles V: « Tels gens, » dit une vieille Chronique française, inédite, citée par Ducange, « tels gens comme cottereaux, brigands, gens de compagnie, pillards, robeurs, larrons, c'est tout un, et sont gens infâmes, et dissolus, et excommuniez. »

Le roi des ribauds avait donc beaucoup à faire avec ces gens-là, surtout quand l'armée du roi était aux champs; il rendait une justice expéditive, et présidait quelquefois aux exécutions, pour leur donner un caractère plus solennel et inspirer plus de terreur à ses détestables sujets. Mais sa royauté diminua d'importance, à mesure que le tribunal des maréchaux augmenta la sienne; car, le roi des ribauds étant attaché personnellement à l'hôtel du roi, on ne le voyait figurer que dans les chevauchées où le roi se trouvait en personne. Partout ailleurs, dans les expéditions militaires, dans les camps et dans les garnisons, la connaissance et le jugement de tous les crimes et délits revenaient de droit aux prévôts des maréchaux, qui s'emparèrent peu à peu de l'autorité du roi des ribauds. Cet officier fut même supplanté par le grand prévôt des maréchaux, dans l'*ost* ou *chevauchée du roi*, vers la fin du quatorzième siècle; ce qui faisait dire à Jean Boutillier, que le roi des ribauds était chargé de l'exécution des jugements rendus par le prévôt des maréchaux : « Et s'il advenoit, ajoute-t-il, que aucun forface qui soit mis à exécution criminelle, le prévost, de son droit, a l'or et l'argent de la ceinture du malfaiteur, et les maréchaux ont le cheval et les harnois et tous autres outils, se ils y sont, reservé le drap et les habits, quels qu'ils soient, et dont ils soient vestus, qui sont au roy des ribaux qui en fait l'exécution. » A l'époque où Boutillier rédigeait sa *Somme rurale*, le roi des ribauds n'était plus qu'une ombre, en comparaison de ce qu'il avait été; son titre même prêtait à sa déconsidération, et les revenus de sa charge ne servaient pas trop à l'honorer : « Le roi des ribaux, ajoute Boutillier, a, de son droit, à cause de son office, connoissance sur tous jeux de dez, de berlan, et d'autres qui se font en ost et chevauchée du roy. *Item*, sur tous les logis des bourdeaulx et des femmes bourdellières, doit avoir deux sols la sepmaine. » Ce n'est pas tout : le pouvoir du roi des ribauds de l'hôtel du roi était circonscrit dans les limites de sa juridiction, hors de laquelle agissaient, chacun dans son centre, une foule d'autres rois des ribauds, préposés à la police des mœurs, et nommés par les seigneurs ou par les villes, ou même par les ignobles suppôts de leur triste royauté. Là où était une *ribaudie*, il y avait naturellement un roi des ribauds. Cette qualification de *roi* appartenait coutumièrement au chef ou à l'élu d'une corporation, notamment à ceux qui régissaient plusieurs communautés distinctes, ou qui réunissaient sous leur sceptre un grand nombre d'individus de professions diverses. Ainsi, on ne nommait pas de *rois*, chez les pelletiers, les épiciers, les boulangers et les autres états, qui n'élisaient que des maîtres jurés, parce qu'ils ne renfermaient que des confrères du même ordre et des travaux de même nature; mais il y avait un *roi des jongleurs*, un *roi des ménétriers*, un *roi des arbalétriers*, et enfin, un *roi des ribauds*. La royauté des jongleurs ou des poëtes rassemblait, en une seule corporation, les genres et les talents les plus variés : les poëtes *royaux* et les *vielleux*; les ménétriers, qui succédèrent aux jongleurs, ou qui les englobèrent dans les statuts d'une grande confrérie, comptaient parmi eux, non-seulement les musiciens et les poëtes, mais encore les baladins, les danseurs et les mimes. Quant aux arbalétriers, ils se recrutaient indifféremment dans tous les corps d'état, pour en composer un qui nommait un roi, choisi par le sort ou désigné comme le plus adroit tireur d'arbalète. La *ribaudie*, composée également d'individus de toute espèce, vivant d'une foule de métiers malhonnêtes, tels que filles de joie, courtiers de Prostitution, débauchés, joueurs, brelandiers, gueux, vagabonds et autres de même qualité, la ribaudie, en un mot, était bien digne d'avoir aussi son roi. Le roi des ribauds de la cour exerçait assurément, du moins dans certaines occasions, une suprématie quelconque sur le commun des rois de la ribaudie.

Claude Fauchet, dans son premier livre des *Dignités et magistrats de la France*, nous donne une appréciation assez juste de la charge du roi des ribauds dans l'intérieur de la maison du roi : « Celuy, dit-il, qu'on appelloit *roy des ribaux*, ne faisoit pas l'estat du grand prevost de l'hostel, comme aucuns ont cuidé ; ains estoit celuy qui avoit charge de bouter hors de la maison du roy ceux qui n'y devoient manger ni coucher ; car, au temps passé, ceux qui estoient délivrez de viandes (qui est ce que depuis on a dit avoir *bouche en cour*), après la cloche sonnée, se trouvoient au *tinnel*, ou salle commune pour manger, et les autres estoient contraints de vuider la maison ; et la porte fermée, les clefs estoient apportées sur la table du grand maistre, parce qu'il estoit défendu, à ceux qui n'avoient leurs femmes, de coucher en l'hostel du roy ; et aussi, pour voir si aucuns estrangers s'estoient cachez ou avoient amené des garces, ce roy des ribaux, une torche au poing, alloit, par tous les coings et lieux secrets de l'hostel, chercher ces estrangers, soit larrons ou autres de la qualité susdite. » Fauchet, qui était presque contemporain du dernier roi des ribauds, le représente, dans l'exercice de ses fonctions, tel qu'on l'avait vu encore à la cour de Louis XII ; mais Fauchet n'envisage pas cet officier sous toutes ses faces, et il ne nous le montre pas, à toutes les époques de sa grandeur et de sa décadence.

Étienne Pasquier a extrait cet article, d'un mémorial de la Chambre des comptes, sous l'année 1285 : « Item, le roi des ribaux a six deniers de gages, et une provende, et un valet à gages, et soixante sols pour robbe par an. » Comme, avant le susdit article, les deux *portiers en parlement, quand le roy n'y est*, sont appointés chacun à deux sols de gages *pour toute chose*, on a conclu, de ce rapprochement, que le roi des ribauds, n'ayant que six deniers de gages, occupait un rang inférieur à celui de portier; mais il y a peut-être une erreur dans cet extrait, car le roi des ribauds, outre ses six deniers de gages et sa *provende* (ou provision d'avoine pour son cheval), a soixante sols *pour robbe* par an, ce qui ne permet pas de douter que ses gages de six deniers ne fussent journaliers et en dehors des revenus de son office. Dans un Compte de l'hôtel du roi, sous l'année 1312, son *valet à gages* est nommé son *prévot : Præpositus regis ribaldorum, qui duxit IV valletos qui vulnaverant*, etc. Ce prévôt commandait évidemment une troupe d'archers ou de sergents, puisque nous le voyons conduire en prison quatre valets accusés d'avoir blessé un homme. Dans un autre Compte de l'hôtel du roi

Philippe le Long, en 1317, on voit reparaître le roi des ribauds, en qualité de chef suprême de la police du palais; après l'énumération des *huissiers de salle*, des *portiers*, des *valets de porte*, avec leurs gages, provendes et profits, on lit cet article : « Item, Crasse Joë, roy des ribaux, ne mangera point à cour et ne vendra (viendra) en salle, s'il n'y est mandé; mais il aura six deniers tournois de pain et deux quartes de vin, une pièce de chair et une poule, et une provende d'avoine et treize deniers de gages, et sera monté par l'Escuerie, et se doit tenir tousjours hors la porte et garder illec qu'il n'y entre que ceux qui doivent entrer. » Un autre article du même Compte nous montre le roi des ribauds en exercice, aux heures des repas, et cet article est assez conforme à l'idée que Fauchet nous donne des attributions de cet officier dans l'intérieur de l'hôtel du roi : « Item, assavoir est que les huissiers de salle, si tost comme l'en aura crié : *Aux Queux!* feront vuider la salle de toutes gens, fors ceux qui doivent mangier, et les doivent livrer, à l'huys de la salle, aux varlez de la porte, et les varlez de porte aux portiers, et les portiers doivent tenir la cour nette et les livrer au roy des ribaux, et le roy des ribaux doit garder que il n'entre plus à la porte, et cil qui sera trouvé défaillans sera pugny par le maistre d'hostel qui servira à la journée. » Ainsi, sous le règne de Philippe le Long, le roi des ribauds se voyait déjà déchu de ses anciens priviléges, au point de n'avoir pas *bouche en cour,* et d'être subordonné aux maîtres de l'hôtel du roi. Cette prééminence des maîtres de l'hôtel apparaît surtout dans un arrêt du parlement du 16 mars 1404, qui nous apprend « que les vallets du roy des ribaux ne portoient verges, comme faisoient les huissiers de la salle et portiers de l'hostel du roy, et que les maistres de l'hostel du roy avoient juridiction sur lesdits vallets du roy des ribaux. » La décadence progressive de l'office du roi des ribauds est encore mieux constatée, par la diminution de ses gages : un Compte de l'hôtel du roi les fixe à vingt sous, en 1324 ; ils ne sont plus que de 5 sous par jour, en 1350, d'après une ordonnance de Philippe de Valois; en 1386, une ordonnance de Charles VI porte : « Le roy des ribaux, quatre sols parisis par jour, quand il sera à cour, pour toutes choses. »

Cet office de la couronne, malgré sa décadence, conserva un certain relief jusqu'à ce qu'il fut supprimé tout à fait, au commencement du seizième siècle. Dutillet dit « qu'il a esté longuement remply de gentilshommes de bonne maison et grand service, l'authorité desquelz contenoit les familles des princes, seigneurs et autres suyvans la cour du roy, de bien vivre et payer leurs hostes. » Cependant l'histoire fait mention d'un roi des ribauds, qui fut dégradé et mis au pilori avec son prévôt, pour avoir probablement forfait dans l'exercice de sa charge. Un Compte de l'hôtel du duc de Normandie et d'Aquitaine, fils de Charles V, en 1388, signale en ces termes ce fait remarquable : « Jean Guérin, roi des ribaux, pour les despens de lui et de trois autres, en allant de Corbeil à Sedane mener Guillet, naguère roi des ribaux, et le Picardiau, son prévost, pour faire mettre iceux au pilory. » On pourrait supposer que le roi des ribauds, qu'on menait de la sorte au pilori, n'avait pas été en charge dans la maison du roi, mais plutôt dans quelque ville dépendant de la juridiction du roi des ribauds de l'hôtel royal. Ce dernier avait droit d'exécution et d'aubaine sur certains patients qui lui étaient livrés, après jugement, par les tribunaux ordinaires de l'hôtel du roi, comme il en est fait mention dans les registres de la Chambre des comptes, sous l'année 1330 : « Les gens des requestes du palais imposent silence perpétuel à deux femmes qui s'estoient pourveues contre un arrest de la Chambre, à peine d'estre livrées au roy des ribaux et d'estre punies comme infâmes. » Dans un Compte de l'hôtel du roi, en 1396, soixante-huit sous parisis sont payés, par la main du roi des ribauds, à l'exécuteur qui avait pendu un malfaiteur, nommé Jean Boulart, et fait enterrer vive une femme, nommée Pernette la Basmette, pour vol de vaisselle de cour au château de Compiègne. Un roi des ribauds avait fort à faire dans l'hôtel du roi, quand il voulait remplir exactement les devoirs de sa charge : il n'assistait pas sans doute en personne aux exécutions qui lui étaient confiées, et son prévôt le suppléait d'ordinaire en ces désagréables commissions, mais il payait lui-même le bourreau, et il répondait de la *besogne*, que ses valets laissaient à d'autres mains. Ceux-ci, de même que leur maître, portaient des *hoquetons à l'enseigne de l'épée*, dit Dutillet, pour rappeler que le roi des ribauds avait autrefois exercé la justice criminelle dans l'hôtel du roi.

Ce personnage devait être un serviteur éprouvé de la royauté, un fidèle et incorruptible défenseur de la personne du roi, puisque la garde des portes et la police intérieure du palais, pendant les repas et après le couvre-feu, lui étaient spécialement attribuées. Aussi, n'est-on pas surpris de voir un roi des ribauds, nommé Coquelet, mourir subitement d'émotion, au sacre de Charles VI, en 1380. Celui qu'on regarde comme le dernier titulaire de cette charge, Jean Talleran, seigneur de Grignaux, fit preuve de dévouement à la couronne, en conseillant au jeune duc d'Angoulême, qu'il voyait fort épris de Marie d'Angleterre, de ne pas s'exposer à donner un héritier direct au vieux roi Louis XII; ce fut là, pour ainsi dire, le testament de cette étrange royauté, qui ne survécut pas à ce conseil de prévoyance politique, devant lequel le jeune prince, qui fut François Ier, sentit se refroidir et s'éteindre son imprudent amour. Le roi des ribauds ne sortait pas trop de ses attributions officielles, lorsqu'il conseillait de la sorte son futur souverain, car il n'était point étranger aux questions d'adultère; et, selon plusieurs érudits, il exigeait cinq sous d'or de toute femme mariée, qui avait un commerce illicite avec un autre homme que son mari. Mais il est probable que le roi des ribauds de la cour ne participait point aux priviléges locaux des autres rois de la ribaudie. Nous avons peine à lui appliquer, par exemple, ce que dit, de l'amende des cinq sous sur toute femme adultère, l'auteur anonyme de l'*Histoire des inaugurations* (Bévy) : « Si elle refusoit de payer, il avoit droit de saisir sa selle, » c'est-à-dire probablement sa *chaire*, ou siége d'honneur, qu'elle occupait habituellement. Que les femmes bordelières suivant la cour lui payassent patente, c'est une circonstance qui n'a rien de contraire aux us et coutumes du droit féodal, où chaque feudataire était tenu à des redevances envers son seigneur. La redevance hebdomadaire des vassales du roi des ribauds aurait été de deux sous d'or, si l'on en croit Boutillier et Ragueau. Jean le Ferron, qui représente cet officier comme gardant la chambre du roi, n'hésite pourtant pas à l'avilir, en prétendant qu'il logeait chez lui et hébergeait les filles publiques à l'usage de la cour. Cette nouvelle attribution, dont s'enrichit la royauté des ribauds de l'hôtel du roi, ne nous semblera pas si dénuée de vraisemblance, quand nous verrons tout à l'heure s'établir, sur les ruines de cette charge, celle de *dame des filles de joie suivant la cour,* charge analogue, qui fut en plein exercice pendant la majeure partie du seizième siècle. Enfin, Dutillet ajoute aux redevances de ces filles de cour, envers leur roi des ribauds, qu'elles étaient tenues de *faire son lit* pendant tout le cours du mois de mai.

La royauté des ribauds étant tombée en quenouille après la mort du *bon* seigneur de Grignaux, « ce fut une dame, et une grande dame quelquefois, dit M. Rabutaux, qui resta chargée de la police des femmes de la cour. » En 1535, elle se nommait Olive Sainte, et recevait de François Ier un don de quatre-vingt-dix livres « pour lui aider, et aux susdites filles, à vivre et supporter les despenses qu'il leur convient faire à suivre ordinairement la cour. » (Voy. le *Glossaire* de Ducange et Carpentier, au mot MERETRICALIS *vestis*.) On a conservé plusieurs ordonnances du même genre rendues entre les années 1539 et 1546, et ces ordonnances font foi que chaque année, au mois de mai, toutes les filles suivant la cour étaient admises à l'honneur de présenter au roi le bouquet du *renouveau* ou du *valentin*, qui annonçait le retour du printemps et des plaisirs de l'amour. Le 30 juin 1540, François Ier ordonne à Jean du Val, trésorier de son épargne, de « payer comptant à Cécile de Viefville, dame des filles de joie suivant la cour, la somme de 45 livres tournois, faisant la valeur de 20 escus d'or, à 45 sols la pièce: dont il lui fait don, tant pour elle que pour les autres femmes et filles de sa vacation, à despartir entre elles ainsi qu'elles adviseront, et ce, pour le droit du moys de may dernier passé, ainsi qu'il est accoustumé faire de toute ancienneté. » Nous ne sommes pourtant pas de l'avis de M. Rabutaux, qui confond Cécile de Viefville avec une *duchesse* de l'ancienne maison de la Vieuville, qui n'eut des marquis que sous Henri III, et des ducs que sous Louis XIV. M. Champollion-Figeac, en publiant cette remarquable ordonnance dans ses *Mélanges historiques* (t. IV, p. 479), n'a eu garde de voir la noble épouse d'un duc et pair dans l'héritière collatérale du roi des ribauds de l'hôtel du roi! Cette honteuse charge subsistait encore en 1558, puisque Gouye de Longuemare a découvert une ordonnance de Henri II, en date du 13 juillet de cette année-là, qui réforme les abus de l'institution : « Il est très-expressément enjoint et recommandé à toutes filles de joie et autres, non estant sur le roole de ladicte dame desdites filles, vuider la cour incontinent après la publication (de l'ordonnance), avec deffenses à celles estant sur le roole de ladicte dame, d'aller par les villages, et aux chartiers, muletiers et autres, les mener, retirer ni loger, jurer et blasphémer le nom de Dieu, sur peine du fouet et de la marque; et injonction, par mesme moyen, auxdictes filles de joie, d'obéir et suivre ladicte dame, ainsi qu'il est accoustumé, avec deffense de l'injurier, sous peine du fouet. » Telle fut la dernière transformation de l'office du roi des ribauds à la cour de France.

Quant aux autres rois des ribauds, qui relevaient

certainement de celui de l'hôtel du roi, on les retrouve partout dans l'histoire municipale des villes, et aussi dans l'histoire particulière des maisons princières. Il y avait ainsi, à la cour de Bourgogne, un roi des ribauds dont les fonctions étaient réglées sur celles de son confrère de la cour de France. Colinboule était en charge sous le duc Philippe le Bon, et ce nom-là n'annonce pas un personnage de haute distinction. En 1423, il est vrai, le titre de *roi des ribauds* avait perdu beaucoup de son éclat, et le curé de Notre-Dame d'Abbeville ne devait pas être très-flatté de s'entendre qualifier de *roi des ribauds*, parce que les jongleurs, dits *ribauds*, lui rendaient hommage et redevance pour leurs représentations scéniques. On comprend que cette qualification n'était pas faite pour inspirer du respect à qui savait les excès des ribauds, que leur roi ne gouvernait qu'à force de sévérité. Cet officier avait été, dans l'origine, bien plus considéré et bien plus puissant, car la ribaudie ne lui avait point encore imprimé la tache de son nom. Dans une charte de Henri II, roi d'Angleterre et duc de Normandie, qui régnait en 1154 (voy. Ducange, au mot PANAGATOR), il est question évidemment de la charge du roi des ribauds ; et le sergent du roi, qui remplit cette charge, Balderic, fils de Gillebert, honoré des grâces de son maître, et institué grand prévôt des maréchaux dans la province de Normandie, est appelé « gardien des filles publiques qui se prostituent dans le *lupanar* de Rouen (*custos meretricum publice venalium in lupanar de Roth.*). »

Dans les villes de province, le roi des ribauds était tantôt juge, tantôt exécuteur de la justice criminelle sur le fait de *ribauderie*. Un ancien registre de l'hôtel de ville de Bordeaux constate que tout condamné était « livré au roy des ribauds, pour le faire courir par la ville, avec bonnes verges et bonnes glèbes. » Metz avait aussi son roi des ribauds, qui ne faisait pas un personnage plus relevé. Le roi des ribauds de la ville de Laon ne vivait pas toujours en bonne intelligence avec le bailli de Vermandois : en 1270, son prévôt, nommé Poinsard (*Poinçardus, præpositus ribaldorum*), fut décrété d'accusation au tribunal du bailli, pour avoir, de complicité avec les nommés Jean le Croseton et Wiet Lipois, commis des actes de violence contre l'abbaye de Saint-Martin de Laon et son abbé (voy. les *Olim*, publiés par le comte Beugnot, t. I, p. 813). Cette affaire motiva sans doute la suppression de l'office de roi des ribauds à Laon; car Philippe III, dans une ordonnance de 1283, ordonne au bailli de Vermandois de ne pas souffrir que cet office subsiste, sous aucun prétexte, soit publiquement, soit en cachette (*quod, clam vel palam vel sub aliquo simulato colore, non permittat regem ribaldorum in villa Laudunensi*). Cette interdiction d'office ne s'étendait pas à toutes les localités; car, en 1483, la ville de Saint-Amand avait un « roi des filles amoureuses, » nommé Jacob de Godunesme. Le bourreau de Toulouse prenait le titre de *roi des ribauds*, comme pour discréditer encore davantage cette pauvre royauté. Enfin, la Coutume de Cambrai définit, sans réticence, les priviléges de son roi des ribauds : « Ledit roy doit avoir, prendre et recepvoir, sur chacune femme qui s'accompagne de homme carnelement, en wagnant son argent, pour tout, tant qu'elle ait terme ou tiegne maison à louage en la cité : cinq sols parisis pour une fois. Item, sur toutes femmes qui viennent en la cité, qui sont de l'ordonnance, pour la première fois : deux sols tournois. Item, sur chacune femme de ladite ordonnance qui se remue (déménage) et va demeurer de maison ou estuve en autre, ou qui va hors de la ville et demeure une nuit : douze deniers, touttes fois que le cas y esquiet. Item, doit avoir une table et brælang à part luy, sur un des fiefs du palais, ou en telle place qu'au bailli plaira ordonner. »

Ces articles de la Coutume de Cambrai nous font connaître d'une manière précise la redevance que le roi des ribauds de cette ville exigeait non-seulement des femmes publiques qui étaient à demeure, mais encore de celles qui ne faisaient que passer sur son domaine. Cette redevance et toutes celles de même nature ne s'acquittaient pas toujours sans difficulté, et les agents du roi des ribauds rencontraient parfois une terrible opposition. C'est ainsi qu'un certain Antoine de Sagiac, qui se disait commissaire du roi des ribauds de Mâcon et suppôt de l'ordre de l'État des *goliards* ou des *bouffons* de cette ville, périt dans une rixe, en 1380, au village de Beaujeu, où il avait voulu taxer à cinq sous d'amende une femme mariée, qu'il accusait d'avoir commis un adultère. Pierre Talon (*Calcis*), mari de cette femme, nommée Colette (*Cola*), et son frère Étienne intervinrent pour prendre la défense de leur épouse et belle-sœur. Antoine de Sagiac était un ribaud de la pire espèce, qui hantait les cabarets et qui vivait aux dépens des malheureuses qu'il mettait à contribution, sous prétexte de *ribaudie*, de *goliardie* et de *bouffonie*, en les menaçant de la prison. Il s'adressait mal cette fois, et Colette, forte de son innocence, soutint qu'elle n'avait pas couché avec un autre homme que son mari; celui-ci se porta garant pour elle de son innocence, et comme le ribaud voulait se saisir de la prétendue adultère et la mener à Mâcon, Pierre Talon et son frère l'assommèrent sur place. Le bailli de Mâcon instruisit l'affaire contre les meurtriers et Colette qui était cause du meurtre; mais l'enquête démontra que le défunt avait accusé à tort Colette de s'être abandonnée à un autre homme que son mari (*contra veritatem imponens quod ipsa cum alio quam viro occubuerat*), et que ce ribaud (*se gerens pro ribaldo et se dicens de ordine seu de statu goliardorum seu buffonum*) menait la vie la plus scandaleuse dans les tavernes et les mauvais lieux, en abusant de la simplicité des femmes les plus honnêtes, qu'il taxait au nom du roi des ribauds. On sollicita et on obtint des lettres de rémission en faveur des prévenus, qui ne furent pas inquiétés davantage au sujet de la mort d'Antoine de Sagiac; mais, dans ces lettres, qui justifiaient Colette, il n'était pas dit d'une manière formelle que le roi des ribauds de Mâcon n'eût pas le droit de taxer à cinq sous d'amende chaque femme mariée convaincue d'adultère (*super qualibet muliere uxorata adulterante, sibi competere et posse exigere quinque solidos et pro eisdem dictam talem mulierem de suo tripede pignorare*). Le roi de France semblait, au contraire, reconnaître implicitement cette vieille redevance de la Prostitution (*de talique et alio vili quæstu*), que s'arrogeait la ribaudie de Mâcon.

CHAPITRE IX.

Sommaire. — État de la Prostitution après l'ordonnance de 1254. — Institution de la police des mœurs. — Les *confrairies* des filles publiques. — Ordonnance de 1256. — Assimilation des tavernes aux *bordeaux*. — Les taverniers. — Organisation des filles publiques par Louis IX. — Les juifs. — Ordonnances somptuaires concernant les femmes de mauvaise vie. — Statuts des barbiers. — Les baigneurs-étuvistes. — Statuts des bouchers. — Mort de saint Louis. — Philippe le Hardi. — Ordonnance de 1272. — Les *aiguillettes* et les *ceintures dorées*. — L'*enseigne* des filles publiques de Toulouse. — *Bonne renommée vaut mieux que ceinture dorée*. — *Courir l'aiguillette* et *courir le guilledou*. — Les trois brus de Philippe le Bel. — La tour de Nesle. — Philippe et Gautier de Launay. — Jean Buridan. — L'*âne de Buridan*. — État des mœurs après les croisades. — *Hic* et *hoc*. — Les Templiers.

Louis IX avait témoigné de sa candeur et de sa prud'homie en essayant de supprimer la Prostitution dans le royaume de France. L'ordonnance de 1254, dans laquelle il prononçait le bannissement général des femmes de mauvaise vie, ne fut jamais rigoureusement exécutée, parce qu'elle ne pouvait pas l'être. Pour échapper aux sévères prescriptions de la loi, ces malheureuses femmes n'exercèrent plus qu'en secret leur méprisable métier, et elles se couvrirent de tous les masques, pour n'être pas reconnues ; elles recoururent à toutes les ruses, pour n'être pas surprises en flagrant délit. Sans doute, leur nombre diminua considérablement, et les débauchés rencontrèrent plus d'obstacles pour donner satisfaction à leurs passions honteuses ; mais la Prostitution n'en continua pas moins dans l'ombre ses hideux travaux, et elle réussit presque toujours à tromper la surveillance des baillis, des prévôts et de juges. Ce n'était plus, il est vrai, dans les lieux de débauche publics qu'elle régnait à certaines heures, sous l'empire de certains règlements de police ; elle se cachait partout, depuis qu'elle n'avait plus le droit de se montrer nulle part, et elle existait, avec des apparences honnêtes et même respectables, au milieu des villes et dans l'intérieur des maisons particulières, au lieu de se voir reléguée dans des quartiers déserts et dans des *clapiers* infâmes. Les créatures qui s'obstinèrent à désobéir à l'ordonnance du roi étaient et devaient être les plus vicieuses, les plus corrompues, les plus incorrigibles. La nécessité de dissimuler leur dépravation les obligea, pour ainsi dire, à se pervertir davantage, en s'armant d'hypocrisie et de mensonge; elles ne pouvaient se mettre à l'abri du soupçon, qu'en affectant des dehors honorables et en se parant d'une vertu feinte; elles fréquentaient donc les églises, et ne paraissaient dans les rues qu'un voile sur le visage et un chapelet entre les doigts. Quelques-unes, privées de leur impure industrie, entrèrent dans des communautés religieuses, sous prétexte de pénitence, et n'améliorèrent pas les mœurs des couvents.

Mais on s'aperçut bientôt que la Prostitution légale entraînait moins d'inconvénients que la Prostitution occulte et illicite; on se convainquit aussi qu'on ne réussirait jamais à la détruire, et que c'était même lui donner de nouvelles forces provocatrices, que de l'obliger à emprunter tous les noms et tous les déguisements. Les libertins de profession savaient toujours où trouver les moyens de livrer carrière à leurs scandaleuses habitudes; ils connaissaient les retraites de leurs complices, et ils s'y rendaient impunément à toute heure; ils ne manquaient pas non plus d'un tact spécial, pour distinguer entre mille une femme qui faisait trafic de son corps; mais souvent ils feignaient de se méprendre, et ils s'adressaient à des femmes d'honneur, qui s'enfuyaient, indignées d'être en butte à de telles insultes. Les jeunes gens novices s'abusaient plus naïvement sur la condition des femmes qu'ils rencontraient seules et poursuivaient de propos indécents. « Ce fut alors, dit Delamare dans son *Traité de la Police*, et par ce motif, que l'on changea pour la première fois de conduite dans ce point de discipline. On prit donc le parti de tolérer ces malheureuses victimes de l'impureté; mais, en même temps, de les faire connoître au public et de les montrer, pour ainsi dire, au doigt. On leur désigna des rues et des lieux pour leur demeure, les habits qu'elles pouvoient porter, et les heures de leur retraite. » Ce passage du *Traité de la Police* est très-remarquable, en ce qu'il fixe une date à cette institution de la police des mœurs, lorsque cette date n'est établie par aucun témoignage contemporain, par aucune ordonnance royale ou municipale; mais le savant Delamare avait compulsé les anciens monuments de notre jurisprudence, les registres du parlement, ceux du Châtelet, ceux de la prévôté de Paris, et il n'eût pas avancé un fait de cette nature, s'il n'en avait eu sous ses yeux la preuve : elle résultait probablement des Statuts de la corporation des *femmes folles de leur corps*, Statuts que Sauval cite positivement, et qui furent rédigés, à cette époque où chaque métier recueillait avec soin ses vieux priviléges, et les faisait enregistrer dans les archives du prévôt de Paris. Nous avons bien l'ordonnance de 1256 (et non de 1254, comme le dit Delamare) qui rétablit l'exercice de la Prostitution légale; mais, dans cette ordonnance, il n'est nullement question des rues et des lieux affectés à la demeure des filles publiques, ni de leurs habits ou livrées, ni de leurs heures de retraite. Néanmoins, comme il appert des ordonnances postérieures que ces différents détails de police avaient été réglés avec beaucoup de précautions, il est tout naturel d'attribuer à saint Louis, ou plutôt à Étienne Boileau, cette réglementation, qui se rattache à celle des métiers de Paris. Étienne Boileau ne fut nommé garde de la prévôté qu'en 1258; mais il jouissait bien auparavant de l'estime du roi, qui réclamait souvent ses conseils, et qui, l'ayant choisi pour reconstituer la prévôté, venait s'asseoir quelquefois à ses côtés, quand Boileau rendait la justice au Châtelet. « Ce fut ce sage prévôt de Paris, dit Delamare, qui rangea tous les marchands et tous les artisans en différents corps ou communautés; sous le titre de *confrairies*, selon le commerce ou les ouvrages qui les distinguoient entre eux; ce fut lui qui donna à ces marchands les premiers statuts pour leur discipline. » N'est-il pas tout simple de comprendre les filles publiques dans cette vaste organisation des métiers, où le législateur s'est appliqué à protéger les droits de chacun et à définir clairement les professions selon leurs coutumes traditionnelles?

Louis IX consentit donc à modifier son ordonnance de 1254 : en y ajoutant quelques mots qui ne la changeaient pas beaucoup au premier coup d'œil, il lui fit dire le contraire de ce qu'elle disait précédemment; c'était une manière détournée d'admettre à tolérance la Prostitution. Voici l'article qui mit à néant celui de l'ordonnance de 1254 : « Item, que toutes foles femmes et ribaudes communes soient boutées et mises hors de toutes nos bonnes citez et villes; especiallement, qu'elles soient boutées hors des rues qui sont en cuer desdites bonnes villes, et mises hors des murs et loing de tous lieux saints, comme églises et cimetières; et quiconque loëra maison nulle esdites citez et bonnes villes, ès lieus à ce non establis, à folles femmes communes, ou les recevra en sa maison, il rendra et payera, aux establis à ce garder de par nous, le loyer de la maison d'un an. » C'est en vertu de cette ordonnance, datée de Paris, que la Prostitution légale, qui avait disparu pendant deux ans seulement, reprit son existence régulière sous la protection des officiers royaux; et toutes les ordonnances qui depuis intervinrent relativement à la Prostitution, se fondèrent sur cette ordonnance de saint Louis, qui avait, sinon créé, du moins réformé la police des mœurs. Les articles qui précèdent, dans l'ordonnance de 1256, celui que nous avons cité, ne sont pas tout à fait étrangers à notre sujet, puisqu'ils placent au rang des débauchés les joueurs de dés et les blasphémateurs, en assimilant la Prostitution au jeu de dés et au blasphème. Le saint roi défend donc à ses sénéchaux, baillis et autres *officiaux* et *servicials*, de quelque état ou condition qu'ils soient, de dire aucune parole qui tourne au mépris de Dieu, de la Vierge ou des saints et saintes : « Et se gardent, ajoute-t-il, du jeu de dez, de bordeaux et de tavernes. » Il défend ensuite la *forge des dez* par tout son royaume, et ordonne que tout homme qui sera trouvé jouant aux dés, *communément ou par commune renommée, fréquentant taverne ou bordel*, soit réputé infâme et ne puisse témoigner en justice. Ces articles de loi prouvent que, sous ce règne, les tavernes n'étaient pas mieux famées que les *bordeaux* ; et l'on peut apprécier par là l'espèce d'hommes et de femmes qui se réunissaient dans ces repaires de débauche, où l'on n'entrait pas sans se déshonorer.

C'était un souvenir de la loi romaine que les jurisconsultes commençaient à étudier, et qui avait frappé de réprobation les tavernes (*tabernæ*), où l'on donnait à boire, à manger, à coucher et à jouer. Cependant, au moment même où une ordonnance du roi déclarait infâme quiconque serait convaincu de fréquenter ces mauvais lieux, le prévôt de Paris publiait les statuts des taverniers, dans lesquels il ne s'occupait, il est vrai, que de la vente du vin à la criée; mais, le premier venu pouvant être tavernier, pourvu qu'il eût *de quoi* et qu'il payât les redevances au roi et à la ville, la corporation, qui se composait ainsi de toutes sortes de gens, ne devait pas prétendre à l'estime des gens de bien. Ces taverniers étaient seulement tenus de mesurer le vin *à loial mesure ;* ils pouvaient, d'ailleurs, se mêler des commerces les plus malhonnêtes, en ouvrant leurs portes aux ribaudes et aux ribauds, qui passaient la journée à s'enivrer, à jouer aux dés, à blasphémer et à commettre les actions les plus coupables. Dans ce court intervalle de temps où la Prostitution fut contrainte de se cacher, les tavernes remplacèrent les bordeaux, et ceux-ci devinrent des tavernes, quand ils furent rétablis par une ordonnance du même roi, qui les avait fait fermer avant de s'être rendu compte de leur utilité. Delamare prétend que ce fut pendant l'interrègne de la Prostitution légale, qu'on commença de qualifier en notre langue les filles publiques par des « noms particuliers et odieux qui désignoient l'ignominie de leur débauche. » Il semble croire que ces noms-là furent inventés exprès pour inspirer plus d'horreur et de mépris à l'égard des créatures qui méritaient ces injurieuses qualifications : « On eut sans doute en vue, dit-il, qu'en les faisant ainsi connoître, la pudeur, si naturelle à leur sexe, viendroit au secours des loix, et que les hommes auroient honte eux-mêmes d'être reçus dans des lieux et avec des créatures notées de tant d'infamie. »

Nous en sommes réduits à des conjectures au sujet de l'organisation des filles publiques par Louis IX, ou du moins sous le règne de ce saint roi ; mais il est indubitable que cette organisation a existé, et qu'elle s'est perpétuée sous les règnes suivants sans être modifiée d'une manière radicale; car, ce sont toujours les ordonnances de saint Louis qu'invoquent les rois ses successeurs, en réglementant la Prostitution légale. Nous essaierons, dans un autre chapitre, de découvrir quelles étaient les rues *bourdelières* de Paris, à cette époque. Nous n'avons retrouvé aucun texte historique qui prouve que les femmes de mauvaise vie fussent dès lors distinguées des femmes honnêtes, soit par une marque infamante comme celle des juifs, soit par des vêtements d'une certaine couleur caractéristique. Il y a pourtant tout lieu de croire que Louis IX, qui avait voulu que les juifs ne fussent pas confondus avec les chrétiens, prit les mêmes précautions à l'égard des prostituées et les obligea de porter une marque analogue. C'est en 1269 que les juifs, dont le séjour n'était toléré en France qu'à des conditions aussi onéreuses que déshonorantes, se virent obligés, sous peine de prison et d'amende arbitraire, de coudre sur leur robe, devant et derrière « une pièce de feutre ou de drap jaune, d'une palme de diamètre et de quatre de circonférence, » qu'on appelait *rouelle* en français, et *rota* ou *rotellâ* en latin. Depuis, cette rouelle perdit graduellement sa forme et sa dimension; elle devint triangulaire et fut nommée *billette*; quand elle fut supprimée tout à fait, elle n'était pas plus grande qu'un écu; mais les juifs versèrent de grosses sommes dans le trésor de Philippe le Long pour être délivrés de cette marque d'infamie, que leurs pauvres conservèrent seuls jusqu'au règne du roi Jean, sous lequel fut rétablie la rouelle, mi-partie de rouge et de blanc, de la grandeur du sceau royal. N'est-il pas présumable que les filles de joie furent astreintes également à porter une marque du même genre? Nous prouverons que cette marque fut en usage dans plusieurs provinces de France. Nous avancerons, avec plus de probabilité encore, que, dès ce temps-là, les ordonnances somptuaires avaient interdit aux femmes dissolues certaines étoffes, certaines fourrures, certains joyaux. La première ordonnance connue, où il soit question d'un règlement de cette espèce, date de l'année 1360, et se trouve dans le *Livre vert ancien du Châtelet*, renfermant les actes de la prévôté de Paris. Dans cette ordonnance, qui n'est sans doute que la confirmation d'une autre plus ancienne, le prévôt de Paris défend « aux filles et femmes de mauvaise vie, et faisant péchez de leur corps, d'avoir la hardiesse de porter sur leurs robes et chaperon aucun gez ou broderies, boutonnières d'argent, blanches ou dorées, des perles, ni des manteaux fourrez de gris, sur peine de confiscation. » Il leur ordonne de quitter ces ornements, dans un délai de huit jours, après lequel tous sergents du Châtelet qui les trouveraient en contravention pourront les arrêter, excepté dans les lieux consacrés au service de Dieu, et les dépouiller des susdits ornements, en exigeant cinq sous parisis pour chaque femme en cas de contravention.

Le prévôt de Paris, Étienne Boileau, confident des vertueuses intentions de saint Louis, se chargea sans doute de les mettre en œuvre et de réprimer tous les excès de la Prostitution dans la capitale du royaume. Son *Livre des métiers*, dans lequel il s'occupe particulièrement de la constitution industrielle de chaque corps d'état, ne nous présente, il est vrai, aucun passage où il se pose en réformateur des mœurs; mais, comme les statuts des corporations d'arts et métiers remontent à cette époque, bien qu'ils n'aient été confirmés par les rois de France que sous des dates bien postérieures, nous voyons, dans les statuts et priviléges rédigés par les prud'hommes et les anciens de chaque industrie, que la police des mœurs avait été l'objet de l'attention du prévôt de Paris, qui donna d'abord sa sanction officielle à cette loi de famille que les rois approuvèrent plus tard et reconnurent par lettres patentes. Dans les Statuts des barbiers, confirmés en 1371, il est interdit aux maîtres du métier d'entretenir des femmes de mauvaise vie dans leur maison et de favoriser le commerce infâme de ces malheureuses, sous peine d'être privés de leur office et de perdre en même temps tous leurs *outils :* siéges, bassins, rasoirs et *autres choses appartenant audit métier*, qui seraient vendus au profit du roi et de la *boîte* (caisse) de la communauté. Les barbiers, qui étaient souvent à la fois baigneurs-étuvistes, ne tenaient pas toujours compte de l'interdiction, et les bénéfices que leur procurait la Prostitution et le *maquerelage* les encourageaient à braver des peines pécuniaires qu'il fallait sans cesse remettre en vigueur par de nouvelles ordonnances. Dans les Statuts des bouchers de Paris, confirmés en 1381, il est interdit aux apprentis du métier d'épouser une femme qui aurait été fille publique ou qui le serait encore : « Item, se aucun prend femme commune diffamée, sans le congé du maistre et des jurez, il sera privé de la Grant Boucherie à tousjours, que il ne puisse taillier ne faire taillier, soit à luy, soit à autre, sans les chairs perdre; mais il pourra taillier à un des étaux du Petit-Pont, tel comme le maistre ou les jurez lui bailleront ou asserront. » Enfin, d'après les Statuts des lingères, les femmes diffamées par leurs mauvaises mœurs ne pouvaient être reçues dans la corporation; et celles qui avaient réussi à s'y faire admettre par fraude ou autrement, devaient en être chassées, à la suite d'une enquête : pour constater leur expulsion ignominieuse, Sauval (t. II, p. 147) dit qu'on jetait dans la rue les marchandises que ces impures avaient touchées.

Tous les efforts de saint Louis et de ses ministres, pour imposer à la Prostitution un frein salutaire, ne paraissent pas avoir eu le succès qu'on en attendait; car le pieux roi, sur la fin de sa vie, s'était repenti d'avoir laissé au vice une carrière restreinte sous la protection des lois, et il revint à son premier projet d'effacer entièrement dans ses États la souillure des mauvaises mœurs. Lorsqu'il se disposait à s'embarquer pour la seconde croisade, dans laquelle il mourut, l'horreur qu'il avait de l'impureté lui inspira le désir de mettre à exécution ce grand projet de réforme. Le 25 juin 1269, il écrivit, d'Aigues-Mortes, à Mathieu, abbé de Saint-Denis, et au comte Simon de Nesle : « Nous avons ordonné, d'ailleurs, de détruire tout à fait les notables et manifestes prostitutions (*notoria et manifesta prostibula*) qui souillent de leur infamie notre fidèle peuple, et qui entraînent tant de victimes dans le gouffre de la perdition ; nous avons ordonné de poursuivre ces scandales dans les villes, ainsi que dans les campagnes, et de purger absolument notre royaume (*terram nostram plenius expurgari*) de tous les hommes débauchés et de tous les malfaiteurs publics (*flagitiosis hominibus ac malefactoribus publicis*). » Cette lettre renfermait un ordre positif que la mort du roi ne permit pas d'exécuter. Les femmes dissolues et leur méprisable cortége continuèrent d'exercer leur métier, en raison des précédentes ordonnances, et il ne fut donné aucune suite aux vertueux desseins de Louis IX, qui aurait échoué encore une fois dans son plan d'épuration des mœurs publiques. On peut penser cependant qu'il remit à ses fils le soin de tenter cette réforme qu'il n'avait pas eu le temps d'exécuter, car il semble y faire allusion dans les *Enseignements* écrits de sa main, qu'il laissa en mourant à Philippe, son fils aîné et son successeur : « Garde-toy de fere chose qui à Dieu deplese, disait-il dans ce testament moral, c'est à savoir, péchié mortel... Maintiens les bonnes coustumes de ton royaume et les mauvèses abesses... Fui et eschieve (évite) la compaingnie des mauuez... Aime ton preu (prochain) et son bien, et hai touz maux où que ils soient. Nulz ne soit si hardi devant toy, que il die parole qui atraie et emeuve pechié. » Philippe le Hardi voulut se conformer aux instructions de son glorieux père.

Au parlement de l'Ascension, en 1272, ce roi rendit une ordonnance prohibitive contre les blasphèmes, les lieux de débauche et les jeux de dés, que saint Louis confondait dans sa réprobation. Nous n'avons plus que la lettre missive adressée à tous les baillis, pour « qu'ils fassent garder en leurs bailliages et en la terre aux barons ladite ordonnance de défendre les vilains serments, les bordeaux communs, les jeux de dez : la poine d'argent, disait le roi, pourra estre muée en peine de corps, selon la qualité de la personne et quantité du méfait. » La perte de l'ordonnance, que cette lettre missive annonçait, témoigne, ce nous semble, qu'elle ne fut jamais exécutée, et qu'on l'oublia peut-être avant que Philippe le Bel eût succédé à Philippe le Hardi. Cette extermination générale des bordeaux était chose impossible et dangereuse ; on s'en tint à la tolérance tacite qui les avait épargnés jusque-là, et qui n'avait mis d'obstacle qu'à leur multiplication immodérée. Il est à croire que, dans ce temps-là, on se bornait à soumettre la Prostitution aux sévères règlements d'une police de surveillance, et qu'on assurait ainsi la sécurité des femmes de bien. Nous rapporterons donc au règne de Philippe le Hardi deux usages que Pasquier rappelle dans ses *Recherches de la France*, sans leur assigner une date précise, mais en les plaçant aux environs du temps de saint Louis. C'est vraisemblablement à cette époque, qu'on défendit aux prostituées de porter des ceintures dorées, et qu'on leur ordonna, au contraire, de ne pas se montrer en public sans avoir une aiguillette sur l'épaule. Cette aiguillette devait varier de couleur, selon les villes dans lesquelles une *ribaude commune* avait droit d'exercice et de séjour. Nous verrons, en parlant des us et coutumes de la Prostitution dans les différentes villes de France, que les filles publiques de Toulouse avaient, au lieu d'aiguillette sur l'épaule, une *enseigne* ou *jarretière* au bras, et que cette enseigne était toujours d'une autre couleur que la robe, pour mieux frapper les regards et proclamer la condition vile de la personne. « Ceux qui succédèrent à ce sage roi (Louis IX) dit Pasquier au chap. xxxv de son livre VIII, encores qu'ils ne permissent par leurs loix et édicts les bordeaux, si les souffrirent-ils par forme de connivence; estimans que de deux maux il falloit eslire le moindre, et qu'ilestoit plus expedient tolérer les femmes publiques, qu'en ce défaut donner occasion aux meschans de solliciter les femmes mariées, qui doivent faire profession expresse de chasteté. Vray qu'ils voulurent que telles femmes qui en lieux publics s'abandonnent au premier venant, fussent non-seulement réputées infâmes de droict, mais aussi distinctes et séparées d'habillement d'avec les sages matrones; qui est la cause pour laquelle on leur deffendit anciennement en la France de porter *ceintures dorées*, et, pour ceste mesme occasion, l'on voulut anciennement que telles bonnes dames eussent quelque signal sur elles, pour les distinguer et recognoistre d'avec le reste des preudes femmes: qui fut de porter une esguilette sur l'espaule. »

C'est à ces deux anciens usages que Pasquier rapporte deux proverbes qui s'étaient popularisés dès le treizième siècle, et qui n'ont point assez vieilli pour qu'on ait cessé de les employer dans le nôtre. On disait, on dit encore qu'une femme court l'aiguillette, et que bonne renommée vaut mieux que ceinture dorée. Ce fut, en effet, sous le règne de Philippe le Hardi et de Philippe le Bel que la mode importa d'Orient en France ces ceintures de cuir doré ou de tissu d'or, que les ordonnances somptuaires interdirent aux femmes de petite condition, et, par conséquent, aux ribaudes, qui, à l'instar des mérétrices de Rome, n'avaient pas la permission de porter sur elles or ou argent. L'interdiction d'un objet de toilette devait paraître intolérable aux bourgeoises et aux femmes de métier, qui se trouvaient par là presque assimilées aux *folles femmes;* elles se vengèrent donc de l'édit prohibitif, en opposant leur bonne renommée au luxe des dames de la cour, qui ne menaient pas toujours une vie irréprochable. Il y eut néanmoins de fréquentes infractions à l'ordonnance somptuaire, et bien des femmes se parèrent de ces ceintures dorées, qu'elles n'avaient pas le droit de porter. Le prévôt de Paris avait beau les menacer de confiscations et d'amendes, elles s'obstinaient à braver la poursuite des sergents et à jouer le rôle des dames à ceintures dorées. Les ribaudes n'étaient pas les moins hardies à prendre cet ornement prohibé, au risque de la prison et du fouet. Nous n'avons pas besoin de réfuter les écrivains qui ont avancé, sans raison, que la ceinture dorée avait été attribuée, comme une marque distinctive, aux femmes de mauvaise vie, et que les femmes honnêtes, qui n'osaient pas se confondre avec elles en leur empruntant cette parure compromettante, se consolaient hautement d'en être privées en faisant valoir les avantages de leur bonne réputation. Quant à l'aiguillette, elle ne figura pas longtemps sur l'épaule des prostituées de Paris, quoique Pasquier ait vu de ses propres yeux, vers la fin du seizième siècle, cette coutume pratiquée à Toulouse par les pensionnaires du Châtel-Vert. *Courir l'aiguillette* signifiait, selon Pasquier, « prostituer son corps à l'abandon de chacun. » Il est probable qu'on avait entendu d'abord désigner des femmes qui couraient les rues l'aiguillette sur l'épaule. On ne tarda pas à défigurer cette expression pittoresque, faute d'être instruit du fait qui y avait donné lieu :

le peuple l'avait corrompue, sans le savoir et sans en changer le sens primitif, lorsqu'il prit l'habitude de dire *courir le guilledou*. Nous ne chercherons pas à convaincre d'erreur certains philologues qui ont voulu démontrer que les ribaudes courant l'aiguillette s'adressaient surtout aux chausses des gens qu'elles accostaient, attendu que ces chausses étaient attachées et retenues à leur place par un lacet ou aiguillette. Ces philologues ont fait un anachronisme dans l'archéologie des chausses, et ils se sont abusés par le rapprochement malencontreux qu'ils ont fait de deux espèces d'aiguillettes.

Quoi qu'il en soit, sous les successeurs de saint Louis, la Prostitution, si bien réglementée qu'elle fût, avait impudemment étendu son domaine, et les mœurs étaient si relâchées, que les trois brus de Philippe le Bel, Marguerite, reine de Navarre, Jeanne, comtesse de Poitiers, et Blanche, comtesse de la Marche, furent accusées d'adultère à la fois, et enfermées, par ordre du roi, dans la même prison, au Château-Gaillard. On leur fit leur procès à huis clos, et rien ne transpira des prodigieux débordements qu'on leur imputait; seulement, l'une d'elle, Jeanne de Bourgogne, femme de Philippe, comte de Poitiers, se vit transférée dans le château de Dourdan, où son mari l'alla chercher pour lui rendre la liberté, sinon l'honneur. Marguerite, quoique moins coupable que ses sœurs, périt étranglée dans sa prison, et Blanche ne sortit de la sienne, que pour se voir répudiée et conduite au couvent de Maubuisson. La voix publique attribuait à ces trois sœurs une monstrueuse complicité de débauches et de crimes; on racontait qu'elles s'étaient logées à dessein dans l'hôtel de Nesle, situé hors de l'enceinte de Paris, au bord de la Seine, sur l'emplacement actuel du palais de l'Institut de France, et qu'elles attiraient dans cet hôtel, appartenant à Jeanne, comtesse de Poitiers, les jeunes écoliers qu'elles avaient distingués à leur bonne mine, parmi ceux qui fréquentaient le Pré-aux-Clercs. Ces écoliers, après avoir satisfait la lubricité des trois princesses, étaient empoisonnés ou poignardés, et jetés ensuite dans la rivière, qui ensevelissait les tristes victimes de la tour de Nesle. Deux officiers de la maison de ces princesses, Philippe et Gautier de Launay, qui étaient frères, furent jugés à Pontoise, en 1314, et condamnés à être écorchés vifs, ce qui fut exécuté, et leurs corps restèrent exposés sur un gibet, comme ceux des plus vils criminels. Une conformité de nom enveloppa un moment dans l'accusation la reine elle-même; mais Jeanne de Navarre, qui n'avait jamais habité l'hôtel de Nesle, n'eut pas de peine à se justifier vis-à-vis des juges. L'impudicité de ses belles-filles n'en rejaillit pas moins sur elle; et une tradition injurieuse, perpétuée dans le peuple, fit d'elle l'héroïne sanglante des débauches de l'hôtel de Nesle : « Suivant cette tradition erronée, dit Robert Gaguin dans son *Compendium* de l'histoire de France, cette reine avait fait partager sa couche à plusieurs écoliers (*aliquot scholasticorum concubitu usam*), et pour cacher son crime, après les avoir fait tuer, elle les jetait de la fenêtre de sa chambre dans la rivière. Un seul de ces écoliers, Jean Buridan, échappa par hasard à ce guet-apens; c'est pourquoi il publia ce sophisme : *Reginam interficere nolite, timere bonum est.* » Ce sophisme célèbre, qui peut s'entendre et s'expliquer de plusieurs façons, est une énigme assez peu digne du fameux Jean Buridan, que l'Université de Paris cite avec honneur parmi ses professeurs de philosophie au quatorzième siècle. Ce dernier, qui était recteur de l'Université en 1320 (voy. la *Bibl. belg.* de Valère André, p. 471), n'aurait pu être un simple écolier, six ou sept ans auparavant. Quant au sophisme dont il serait l'auteur, nous croyons pouvoir le rétablir dans le sens de son origine, en l'écrivant ainsi : *Reginam interfodere nolite, timere bonum est.* Nous mettons à la place du verbe *interficere*, qui ne veut rien dire ici, *interfodere, interferire, interferre,* ou tout autre verbe ayant une signification érotique, et nous traduirons alors : « N'allez pas coucher avec une reine; il est bon de craindre ce dangereux honneur. »

La tradition attachée à la tour de Nesle, qui a subsisté jusqu'à la fin du dix-septième siècle, était si généralement répandue dans le peuple de Paris, que Brantôme en fait mention dans ses *Dames galantes* : « Cette roine, dit-il, se tenoit à l'hôtel de Nesle à Paris, laquelle faisant le guet aux passans, et ceux qui lui revenoient et agréoient le plus, de quelque sorte de gens que ce fussent, les faisoit appeler et venir à soy, et, après en avoir tiré ce qu'elle en vouloit, les faisoit précipiter du haut de la tour, qui paroist encore, en bas, en l'eau, et les faisoit noyer. Je ne veux pas dire que cela soit vray, mais le vulgaire, au moins la pluspart de Paris, l'affirme; et n'y a si commun, qu'en luy monstrant la tour seulement et en l'interrogeant, que de luy-mesme ne le die. » Avant Brantôme, Villon avait rappelé aussi cette tragique histoire, en disant dans sa *Ballade des dames du temps jadis* :

> Semblablement où est la reine
> Qui commanda que Buridan
> Fût jeté en un sac en Seine!

Mais la légende historique se trouvait singulièrement affaiblie, et au lieu de trois princesses libertines se disputant et se partageant les caresses de beaux et robustes écoliers qu'elles renouvelaient toutes les nuits, on ne voyait, dans les récits du vulgaire, qu'une reine de France amoureuse de Buridan. Remarquons encore que ce Buridan avait pu faire allusion à son aventure de la Tour de Nesle, en inventant une allégorie qui était devenue proverbiale, et qu'on appelait l'*âne de Buridan* : il avait représenté un âne affamé et mourant de faim entre deux boisseaux d'avoine, plutôt que d'opter entre l'un ou l'autre. Cet âne n'est-il pas Buridan lui-même entre deux ou trois princesses également belles, également impatientes de plaisir ?

Au reste, si les femmes, si les princesses elles-mêmes se montraient si empressées de courir après les hommes, c'était peut-être que les hommes faisaient mine de les dédaigner et ne s'occupaient plus d'elles. Un horrible libertinage s'était glissé dans toutes les classes de la société depuis les croisades, et le vice contre nature, que le séjour des Français en Palestine avait acclimaté en France, menaçait encore, en dépit de la chevalerie, d'infecter les mœurs et de corrompre la population tout entière. Nous avons cité ailleurs un passage de l'*Histoire occidentale*, de Jacques de Vitry, qui fait un effrayant tableau de la perversité de ses contemporains. Un poëte français de la même époque, Gautier de Coincy, quoique prieur de l'abbaye de Saint-Médard de Soissons, représente la vie des cloîtres sous des couleurs aussi honteuses dans son *Fabliau de sainte Léocade* :

La Grammaire *hic* à *hic* accouple ;
Mais Nature maldit le couple.
La mort perpétuel engenre
Cil qûi oime masculin genre
Plus que le féminin ne face,
Et Diex de son livre l'efface.
Nature rit, si com moi semble,
Quand *hic* et *hoc* joignent ensemble.
Mais *hic* et *hic*, chose est perdue,
Nature en est tost esperdue.....

Cet abominable vice s'était multiplié à ce point,

que la Prostitution légale méritait alors d'être encouragée comme un remède, ou du moins comme un palliatif à une pareille turpitude. L'existence de la société elle-même pouvait paraître menacée, lorsque Philippe le Bel, qui ne manquait ni de résolution, ni d'énergie, se proposa d'arrêter les progrès de la sodomie, en frappant de terreur ceux qui donnaient l'exemple de cette criminelle aberration des sens : telle fut la principale cause du procès des Templiers. La lecture attentive des pièces authentiques de ce procès nous a prouvé que Philippe le Bel n'avait poursuivi, dans cet ordre religieux et militaire, que le sacrilége et la débauche arrivés au dernier degré de l'audace et du scandale. « Quelque opinion qu'on adopte sur la règle des Templiers et l'innocence primitive de l'ordre, » dit l'illustre historien Michelet effrayé des imposants témoignages qu'il mettait au jour pour la première fois et qui tous confirment notre opinion, « il n'est pas difficile d'arrêter un jugement sur les désordres de son dernier âge, désordres analogues à ceux des ordres religieux. » La publication des documents originaux prouve d'une manière irrécusable que l'ordre du Temple était infecté tout entier de la plus exécrable dépravation. Philippe le Bel, d'accord avec le pape Boniface VIII, eut le courage d'attaquer le mal dans son foyer, et tenta de l'étouffer sous les débris de l'ordre du Temple, qui l'avait propagé en le couvrant de son manteau blanc. Nous ne savons quelle chronique impute à la vengeance d'une femme l'accusation infamante qui s'éleva contre les Templiers en 1307, et qui alluma bientôt leurs bûchers par toute l'Europe. L'interrogatoire que le grand maître et deux cent trente et un chevaliers ou frères servants subirent à Paris, en présence des commissaires pontificaux, « fut conduit lentement, » dit Michelet, « et avec beaucoup de ménagement et de douceur, » par de hauts dignitaires ecclésiastiques, et malgré les dénégations systématiques des accusés, il reste avéré que la plupart des charges relatives aux mœurs déshonnêtes de l'ordre n'étaient que trop réelles. La nature même du supplice infligé aux condamnés prouve assez la nature des crimes que la rumeur publique leur attribuait depuis longtemps, avant qu'une enquête minutieuse en eût caractérisé l'ignominie.

Les Templiers étaient universellement décriés ; leurs principaux vices, leur orgueil, leur avarice, leur ambition, leur ivrognerie, leur méchanceté, avaient passé en proverbe ; mais si l'on disait dans le peuple : *boire, jurer, se gorgiaser comme un Templier;* si les poëtes satiriques se plaisaient à énumérer les vices de ces moines soldats, on ne savait pas les monstrueuses infamies qui se pratiquaient dans le sein de l'ordre du Temple, devenu une secte odieuse, vouée à la plus ignoble Prostitution. D'après les dépositions des premiers témoins qui s'étaient présentés spontanément pour accuser les Templiers, on dressa une série de questions sur lesquelles on interrogea séparément tous les accusés, et, de leurs réponses plus ou moins évasives, on put conclure avec certitude que, dans la cérémonie de réception des frères, celui qui était reçu et celui qui le recevait se baisaient mutuellement sur la bouche, au nombril ou sur le ventre, à l'anus ou au bas de l'épine du dos, et quelquefois sur le membre viril (*aliquando in virga virili*); que le récipiendaire, ordinairement, se voyait seul soumis à ce mode de baisers impurs, après avoir renié Jésus-Christ et craché sur la croix; que son parrain lui défendait d'avoir commerce avec les femmes, mais l'autorisait à s'abandonner avec ses confrères aux plus horribles excès d'impudicité. Un grand nombre de Templiers, fidèles à leurs serments réciproques, se renfermèrent dans une fière protestation contre ce qu'ils appelaient de ridicules calomnies. Plusieurs, intimidés ou gagnés, en vinrent promptement à des aveux circonstanciés, et les autres se contentèrent de déclarer qu'ils n'avaient participé à aucun acte répréhensible, tout en constatant les obscénités de la réception des chevaliers, selon les statuts de l'ordre. Au reste, ces statuts ne furent expliqués par personne, et l'on n'essaya pas même de justifier leurs étranges et mystérieuses horreurs. Huguet de Paris raconta que, pendant la cérémonie de sa réception, lorsqu'il se fut dépouillé de ses vêtements, excepté de sa chemise, le frère chargé de le recevoir, l'ayant aidé à se vêtir de la robe et du manteau de l'ordre, lui leva ses habits par devant et par derrière (*frater P. levavit ipsi testi vestes ante et retro*) et le baisa brusquement sur la bouche, au nombril et à la chute des reins. Mathieu de Tilley dit, au contraire, que le frère qui l'avait reçu, après lui avoir fait renier Jésus-Christ et cracher sur la croix, lui ordonna de le baiser sur sa chair nue, et se découvrit la cuisse, où le récipiendaire appliqua ses lèvres (*præcepit quod oscularetur eum in carne nuda, et discoperuit se circa femur, et ipse fuit osculatus eum in anca circa illum*); puis, le frère *receptor* ajouta : *Et devant!* en retroussant sa robe, ce qui fit supposer au récipiendaire qu'il devait se prêter à une odieuse pratique (*quod deberet eum osculari ante circa femoralia*); mais on ne lui en demanda pas davantage, et il en fut quitte pour la honte d'avoir entendu la vilaine injonction qu'on lui adressait. Jean de Saint-Just, ayant été sommé de baiser à l'anus le frère qui le recevait (*præcepit ei quod oscularetur eum in ano*), répondit avec indignation qu'il ne se soumettrait jamais à cette infamie.

Beaucoup de Templiers avouèrent que, lors de leur réception, ils avaient été invités et autorisés à se prostituer avec leurs frères en religion ; mais ils soutinrent tous qu'ils n'en avaient rien fait, et qu'ils croyaient même la sodomie aussi rare dans l'ordre du Temple que dans tout autre ordre monastique. Voici la déposition de Jean de Saint-Just : *Deinde dixit ei quod poterat carnaliter commisceri cum fratri-*

bus ordinis et pati quod ipsi commiscerentur cum eo; hoc tamen non fecit, nec fuit requisitus, nec scit, nec audivit quod fratres ordinis committerent peccatum prædictum. La déposition de Rodolphe de Taverne est plus explicite encore, puisque, en exigeant de lui le vœu de chasteté à l'égard des femmes, on lui conseilla d'éteindre autrement les feux de son ardeur naturelle : *Deinde dixit ei quod, ex quo voverat castitatem, debebat abstinere a mulieribus, ne ordo infamaretur; verumtamen, secundum dicta puncta, si haberet calorem naturalem, poterat refrigerare, et carnaliter commisceri cum fratribus ordinis, et ipsi cum eo : hoc tamen non fecit, nec credit quod in ordine fieret.* La déposition de Gérard de Causse ne fut pas moins circonstanciée, quoique elle offrît une contradiction évidente. Ainsi, selon lui, tout chevalier du Temple qui se rendait coupable de sodomie (*si essent convicti de crimine sodomitico*) était condamné à la prison perpétuelle, et les frères, redoutant à cet égard les tentations du démon, entretenaient de la lumière dans leurs dortoirs durant la nuit (*et quod tenerent lumen de nocte in loco in quo jacerent, ne hostis inimicus daret eis occasionem delinquendi*); cependant, lorsque Gérard de Causse avait été reçu chevalier, un des frères assesseurs lui avait dit que, s'il ne pouvait résister aux entraînements de la convoitise charnelle, il ferait mieux, pour l'honneur de l'ordre, de pécher avec ses compagnons, que de s'approcher des femmes (*dixit eis quod si haberent calorem et motus car-*

nales, poterant ad invicem carnaliter commisceri, si volebant, quia melius erat quod hoc facerent inter se, ne ordo vituperaretur, quam si accederent ad mulieres). Ce Templier ne manqua pas de protester, comme les autres, qu'il n'avait jamais vu ni appris que ce précepte infâme eût été suivi par ses confrères.

Les conséquences de ce procès furent terribles : une foule de Templiers périrent dans les supplices. L'ordre du Temple, aboli et anathématisé, ne disparut pourtant pas tout à fait, et il se perpétua dans l'ombre, avec les mêmes mœurs, si l'on en croit certains témoignages qui n'ont pas toute la valeur d'une preuve historique. Mais, après avoir lu et comparé les pièces de ce procès mémorable, qui nous montre une secte de sodomites et d'impies couverts d'un habit religieux, et se livrant, en face des autels, à d'exécrables désordres, on est forcé de chercher les causes de la corruption de cet ordre, qui s'était fait longtemps respecter par ses mœurs régulières et par ses vertus : ces causes, on les trouve dans le long séjour des Templiers en Orient, où le vice contre nature est presque endémique, et où la crainte de la lèpre, du mal des ardents et de diverses affections cutanées ou organiques, est toujours attachée au commerce des femmes. Les Templiers, de peur de devenir lépreux et *méseaux*, avaient souillé leur âme et leur corps, en acceptant, en approuvant la plus honteuse de toutes les prostitutions.

CHAPITRE X.

SOMMAIRE. — Les mauvais lieux de Paris. — Topographie de la Prostitution parisienne au moyen âge. — La rue *de la Plâtrière.* — La rue *du Puon.* — La rue *des Cordèles.* — La *petite ruellette de Saint-Sevrin.* — La rue *de l'Ospital.* — La rue *Saint-Syphorien.* — La rue *de la Chaveterie.* — La rue *Saint-Hilaire.* — Le clos *Burniau.* — La rue *du Noyer.* — La rue *du Bon-Puits.* — La rue *de l'École.* — La rue *Cocatrix.* — La rue *Charoui.* — La *ruelle Sainte-Croix.* — La rue *Gervese-Laurens.* — La rue *du Marmouset.* — La rue *de Chevez.* — Le *Val d'amour.* — La rue *Saint-Denis de la Chartre.* — La rue *des Lavandières.* — La *place aux Pourceaux.* — La rue *Béthisy.* — La rue *de l'Arbre-Sec.* — La rue *de Maître-Huré.* — La rue *Biaubourc*, etc.

Nous avons très-peu de renseignements sur l'histoire des mauvais lieux de Paris, et c'est à peine si nous pouvons établir d'une manière positive leur situation locale, à certaines époques antérieures au seizième siècle. Cependant, à partir du treizième siècle, nous les trouvons nommés dans les actes (*instrumenta*) publics de la prévôté, dans les cartulaires des paroisses et des couvents, dans les papiers terriers, dans les comptes de différentes juridictions et même dans les vieilles poésies. Il nous est donc permis, à l'aide de ces autorités, de constater, pour ainsi dire, la topographie de la Prostitution parisienne au moyen âge. Malheureusement, en relevant avec peine cette carte routière des rues malfamées de la capitale, nous sommes dans l'impossibilité d'y joindre des détails pittoresques et de curieuses particularités, qui viendraient fort à propos distraire le lecteur au milieu d'une monotone dissertation d'antiquaire. Ces particularités et ces détails nous manquent absolument, et si nous savions quelles rues et quelles ruelles avaient alors la triste destination que plusieurs d'elles ont conservée jusqu'à nos jours, nous ne savons pas quel était l'aspect extérieur de ces séjours de débauche, quels étaient leurs noms et leurs enseignes, du moins pour le plus grand nombre, quel était le système ordinaire de leur organisation impudique, quelle était enfin leur physionomie intérieure. Tout, sur ce chapitre, est livré au domaine de l'imagination, qui a le soin de chercher dans Rabelais et même dans Regnier les couleurs appropriées à la peinture des *bordeaux* de nos ancêtres. Mais, néanmoins, quoique nous n'ayons que des notions très-vagues et très-imparfaites sur les mystères d'un pareil sujet, nous croyons utile et intéressant de dresser l'inventaire archéologique de ces repaires, que nous verrons s'éloigner graduellement du centre de la cité et qui semblent avoir été les fiefs de *dame Vénus* et de son fils *Cupidon*, que le moyen âge français n'entourait guère de réminiscences mythologiques.

Dans ces temps de priviléges et de traditions, chaque métier possédait en propre certains quartiers et certaines rues, auxquels il attachait son nom : là étaient les *ouvroirs*, les *fenêtres*, les *étaux* des maîtres de ce métier; là seulement ils concentraient leur industrie et leur commerce. La Prostitution, qui se régissait comme un de ces métiers, n'aurait pu se confiner dans un seul quartier ni occuper quelques rues attenantes l'une à l'autre; car il était de son essence et de son intérêt de diviser ses forces et de rayonner dans tous les quartiers à la fois, pour être plus à même d'étendre partout ses filets et d'y faire tomber plus de victimes. La police, qui la réglementait, s'opposa toujours à cette diffusion du libertinage sur tous les points de la ville, et elle travailla constamment à restreindre le domaine impur qu'elle concédait aux femmes communes. Telle est la lutte que nous présente, pendant plusieurs siècles, la Prostitution qui tient tête tour à tour à l'autorité de l'archevêque de Paris, à celle du prévôt, à celle du parlement, même à celle du roi. Ses empiétements, ses obstinations, ses audaces résistent aux ordonnances, aux arrêts et aux sergents; elle ne cède que de guerre lasse un terrain qui lui plaît et que la tradition lui attribue; elle y revient sans cesse, après en avoir été chassée, et ne l'abandonne jamais entièrement; elle n'est pas difficile, d'ailleurs, sur le choix des lieux où elle se fixe : elle se rend justice, en adoptant de préférence les rues les plus sombres, les plus étroites, les plus sales, les plus infectes; c'est une habitude qu'elle garde encore, comme si elle n'osait pas sortir de son repaire, comme si l'air que respirent les honnêtes gens était malsain pour elle. De même que les juifs qui n'avaient pas le droit de mettre le pied hors de leur juiverie et qui s'y voyaient enfermer la nuit à l'instar des lépreux dans leurs ladreries, les ribaudes et leur infâme sequelle ne dépassaient pas les limites de leur résidence, sous peine de s'exposer au fouet, à la prison ou à l'amende; mais, depuis que leur existence légale était réglée par les ordonnances de saint Louis, elles n'avaient plus besoin de se cacher, pour vaquer à leur profession obscène, pourvu qu'elles se conformassent aux prescriptions et aux statuts de la *ribaudie*.

Le plus ancien document dans lequel nous trouvons une nomenclature des mauvais lieux de Paris, c'est un poëme ou un monologue en vers, composé au treizième siècle par un certain Guillot, qui ne nous est connu que par son *Dit des Rues de Paris*. Ce poëme fut publié pour la première fois en 1754 par l'abbé Lebeuf, d'après un manuscrit qu'il avait découvert à Dijon et qu'il déposa dans la bibliothèque de l'abbé Fleury, chanoine de Notre-Dame. Depuis cette époque, on a souvent réimprimé l'ouvrage de Guillot et l'on s'en est servi surtout pour fixer la topographie parisienne au treizième siècle; car on peut dater de 1270 ce catalogue rimé, où l'*acteur* parle de *Dom Sequence*, chefecier de Saint-Merry, comme d'un contemporain; or ce personnage vivait encore en 1283. Les critiques, qui ont cité le Dit des Rues, auquel Guillot a donné la forme d'un itinéraire commençant à la rue de la Huchette, dans le quartier de l'Université, n'ont pas pris garde que le poëte ou plutôt le rimeur, en accumulant des noms de rues et de ruelles qu'il se plaît à faire rimer ensemble le plus naïvement du monde, semble n'avoir eu d'autre préoccupation que la recherche et le signalement des endroits consacrés à la débauche. Nous ne voulons pas dire cependant que cet honnête Guillot, qui a peut-être vu son nom passer en proverbe avec l'épithète de *songeur*, se soit préoccupé de cette recherche dans un but honteux; mais il est toutefois remarquable que, dans ces trois cents rimes nomenclatives, les principales digressions du poëte soient relatives à la Prostitution; sur cette matière, du moins, il se relâche de l'aridité de son catalogue onomastique et il y ajoute complaisamment quelques images qui ne sont pas du meilleur goût. Chaque fois que Guillot rencontre sur son chemin un de ces clapiers que la police urbaine environnait d'une mystérieuse tolérance, il a l'air de s'y arrêter, ne fût-ce que pour en marquer la place et en constater l'existence. Comme il désigne plus de 20 rues suspectes dans les trois grandes divisions de Paris, comprises sous les dénominations d'*Université*, de *Cité* et de *Ville*, on a lieu de supposer qu'il fut appelé *Guillot le songeur*, par les femmes bordelières qui lui reprochaient d'avoir mentionné des *bordeaux* qui n'existaient que dans son imagination.

Le premier qu'il croit reconnaître sur son passage, à partir du Petit-Pont, en remontant dans le quartier de l'Université, c'est dans la rue *de la Plâtrière*, qui paraît être celle qu'on a nommée depuis rue du Battoir :

> La maint (demeure) une dame loudière
> Qui maint chapel a fait de feuille.

L'abbé Lebeuf, que la pudeur égare sans doute, explique le mot *loudière* par *faiseuse de couvertures*; mais, dans la vieille langue française, *loudière* signifiant *couverture* au propre, équivalait au figuré à *prostituée*, et il n'était pas autrement question de couvertures. Cette *loudière*, que Guillot ne se fût pas permis de qualifier ainsi au hasard, pouvait bien, dans les loisirs que lui laissait son vilain métier, s'occuper à faire des *chapeaux de fleurs* ou de *verdure*, que les confrères des corporations portaient aux fêtes patronales, dans les processions et en diverses circonstances solennelles. Nous ne sommes pas éloigné de croire que ces *chapels*, dont la fabrication était une industrie assez importante à Paris, figuraient sur la tête des fiancés, des épouses et des amoureux, aux repas de famille. Guillot ne s'arrête pas longtemps rue de la Plâtrière, quels que fussent les charmes de la dame; il poursuit sa route, dit-il, par la rue du Paon, qu'il appelle *Puon* :

Je descendi tout bellement
Droit à la rue des Cordèles :
Dame ia : le descord d'elles
Ne voudroie avoir nullement.

Cette rue *des Cordèles* est maintenant la rue des Cordeliers, qui devait son nom au couvent des Grands-Cordeliers, que la Révolution a détruit. Il est probable que Guillot a remplacé *Cordeliers* en *Cordèles* pour les besoins de la rime et aussi par allusion aux affaires de cœur qui se traitaient dans cette rue-là. Les *dames* qui y demeuraient n'étaient sans doute pas d'une humeur accorte et facile, puisque le poëte ne craint rien tant que d'avoir un débat (*descord*) avec elles. Cela prouve que de tout temps les femmes de plaisir ont été très-promptes à la dispute et très-ardentes dans leurs colères. Guillot, pour rencontrer d'autres femmes de la même espèce, est obligé d'aller jusqu'à la rue des Prêtres-Saint-Severin, qu'il appelle la *petite ruellette de Saint-Sevrin*, où

. . . . Mainte meschinete
S'y louent souvent et menu,
Et font batre le trou velu
Des fesseriaux, que nus ne die.

Nous n'entreprendrons pas de dégager des voiles du vieux langage le métier scandaleux des *meschinetes*, que Guillot met en scène avec beaucoup d'indulgence. Nous le suivrons plutôt dans la rue *de l'Ospital*, qu'on a nommée ensuite rue Saint-Jean-de-Latran, en mémoire des hospitaliers de Saint-Jean-de-Jérusalem, qui y avaient une maison. Guillot tombe au milieu d'une querelle de femmes qui s'injuriaient et se battaient en pleine rue, malgré le voisinage des pères hospitaliers; le texte est ici moins obscur que corrompu :

Une femme i d'espital (despita),
Une autre femme folement
De sa parole moult vilment.....

Guillot s'enfuit, sans attendre la fin de la dispute, et il craignait si fort de s'y voir mêler, qu'il ne fit que traverser la rue *Saint-Syphorien*, aujourd'hui rue des Cholets, où il connaissait pourtant une fille nommée Marie, qui devait être à la fois égyptienne (tireuse d'horoscope) et *loudière* :

La rue de la Chaveterie (à présent rue Chartière)
Trouvay. N'allay pas chez Marie,
En la rue Saint-Syphorien,
Où maignent li logiptien.

En passant dans la rue Saint-Hilaire, qui a conservé son nom, il se rappelle qu'une *dame débonnaire* y demeure, mais il n'a pas le temps de faire une pose chez cette dame de bonne volonté, qu'il nomme *Gietedas*, sobriquet où il serait aisé de découvrir un sens obscène. Le voilà dans le clos Bruneau (*Burniau*), *où l'on a rosti maint bruliau*, dit-il; mais, par *bruliau*, il n'entend pas certainement parler des fagots qu'on y aurait brûlés. Le clos Bruneau était au centre des écoles, et les écoliers, qui, du temps de Rabelais, y allaient faire leurs ordures, s'y rendaient auparavant pour y faire *chere-lie* avec leurs *meschines*. Guillot a donc raison de dire que l'on *a rôti maint bruliau* dans ce repaire sombre et infect. Nous disons encore dans le même sens *rôtir le balai*. Près de là se trouve la rue des Noyers, où il y avait alors autant de femmes de mauvaise vie qu'on en rencontrerait de nos jours dans tout le quartier :

Et puis la rue du Noyer,
Où plusieurs dames, por louier
Font souvent battre leurs cartiers.

Guillot, dans la rue du Bon-Puits, qui devait son nom à une allusion gaillarde, n'oublie pas d'enregistrer les hauts faits d'une commère, femme d'un charpentier, fameuse par le nombre d'hommes qu'elle a envoyés de son lit au cimetière, suivant une interprétation hasardée de ces deux vers :

La maint la femme à un chapuis
Qui de maint homme a fait ses glais.

Leduchat ou Lenglet Dufresnoy, en expliquant le second vers, y verrait sans doute une figure érotique empruntée à la sonnerie des cloches que l'on ébranle lentement pour tinter le glas des morts. Guillot, qui connaît tous les bons endroits, comme on disait dans la langue familière du siècle dernier, pousse un soupir en traversant la rue *de l'École, où demeure dame Nicole*. Cette rue de l'École, qui est devenue la rue du Fouarre, à cause de la paille ou *feurre* qu'on y étendait pour y amortir le bruit des pas, renfermait les grandes Écoles de l'Université, et en même temps plus d'une école de Prostitution. Voilà pourquoi Guillot dit avec malice :

> En celle rue, ce me semble,
> Vent-on et fain et feurre ensemble.

Guillot n'a plus rien à apprendre dans ces écoles ; il se sauve par la rue Saint-Julien-le-Pauvre, et il invoque ce saint-là, *qui nous gard de mauvais lieu.* Saint Julien était le protecteur des voyageurs; il les garantissait des mauvais pas et des mauvaises rencontres. Guillot entre donc sain et sauf dans la Cité, et la première rue où il éprouve l'attrait de la concupiscence, c'est la rue Cocatrix :

> Où l'on boit souvent de bons vins
> Dont maint homs souvent se varie.

Il n'y avait pas, à cette époque, de cabaret qui ne fût un lieu de débauche. Guillot mentionne encore une *bonne taverne* dans la rue *Charoui*, qui s'étendait depuis l'entrée du cloître Notre-Dame jusqu'à la rue des Trois-Canettes. Ces tavernes et leurs dépendances étaient fréquentées probablement par les chantres et les écolâtres de la cathédrale. Guillot, sans doute, leur fait raison en passant; espérons, pour son honneur, qu'il ne fait que passer aussi dans la ruelle Sainte-Croix, *où l'on chengle* (cingle) *souvent des cois* (cuisses), et dans la rue Gervais-Laurent, qu'il appelle *Gervese Laurens*,

Où maintes dames ignorent
Y mesnent, quis de leur guiterne.

Nous ne pensons pas que les habitantes de cette rue mal famée attirassent les innocents aux sons de la *guiterne* (guitare), et nous attribuons plutôt au mot *guiterne* un sens figuré que la pudeur nous défend d'approfondir. Nous ne nous arrêterons pas davantage à une rencontre étrange que Guillot fait dans la rue des Marmousets, alors *du Marmouset*, où un quidam lui adresse une infâme proposition :

Trouvay homme qui m'eut fet
Une musecorne belourde.

Dans la rue du Chevet-Saint-Landry, Guillot n'a plus affaire qu'aux femmes débauchées, dont il définit la profession d'une manière peu compréhensible :

Femmes qui vont tout le chevez
Maignent en la rue de Chevez.

Guillot s'enfonce de plus en plus dans le domaine héréditaire de la Prostitution ; il est en plein Glatigny, qu'on appelait le *Val d'amour* :

En bout de la rue descent.
De Glateingni où bonne gent
Maignent et dames au cors gent

Qui aux hommes, si com moy semblent,
Volontiers charnelment assemblent.

Il échappe peut-être au péril de la tentation, et se jette dans la rue du Haut-Moulin, qui se nommait rue *Saint-Denis de la Chartre*, à cause de l'église qu'on y voyait et qui n'a été démolie qu'à l'époque de la Révolution. Le mauvais lieu que Guillot signale dans cette rue, devait être un des plus considérables de Paris, et les femmes qu'il renfermait ne sortaient jamais de cette abbaye lubrique,

Où plusieurs dames en grant chartre
Ont maint v.. en leur c.. tenu,
Comment qu'ilz y soient contenu.

Ce passage et beaucoup d'autres prouveraient que le *Dit des Rues* eût été intitulé, avec non moins d'à-propos, le *Dit des Bordeaux* de Paris. Guillot en avait fini avec ceux de la Cité; il traversa le Grand-Pont ou le Pont-au-Change, et il continua dans la Ville son enquête pornographique.

Dans la rue des Lavandières, *où il a maintes lavendières*, il nous fait entendre que ces filles ne se bornaient pas à rincer du linge à la rivière. De tout temps, les blanchisseuses ont eu la même réputation, et la reine qu'elles élisaient chaque année avait des pouvoirs analogues à ceux du roi des ribauds, mais seulement dans ses États et sur ses sujettes. Guillot ne se laisse pas retenir par ces joyeuses ribaudes; il poursuit sa route, à travers les rues fangeuses du quartier des Halles; il entre un moment, pour se rafraîchir, chez un tavernier de la place *aux Pourceaux*, qui devint ensuite la *place aux Chats*, puis la *fosse aux Chiens*, parce qu'on y entassait des charognes et des immondices : c'est le carrefour formé par la jonction des rues Saint-Honoré, des Déchargeurs et de la Lingerie. Guillot, qui se plaint ici de n'avoir point de bonheur (*Guillot, qui point d'heur bon n'as*), dit pourtant qu'il trouva sa *trace*, son chemin ou plutôt ce qu'il cherchait, la piste de quelque jolie *galloise*, avec laquelle il vida un pot de clairet ou de muscadet. Dans la rue Béthisy, il ne fut pas étonné de se heurter contre un homme qui tenait conférence avec une ribaude, sans se soucier de faire rougir les passants :

> Un homs trouvai en ribaudez,
> En la rue de Bethisi
> Entré : ne fus pas éthisi.

Guillot ne se déferrait pas pour si peu. Il était arrivé dans la rue de l'Arbre-Sec, et il n'avait garde d'oublier un petit cul-de-sac, qui existe encore sous le nom de *Cour Baton*, et qui avait autrefois le nom malhonnête de *Coul de Bacon*. Il est bien certain que, dans cette dénomination locale, il ne faut pas attribuer au mot *bacon* le sens de chair de porc salée, ni même chercher dans ce mot une image plus ou moins rapprochée de ce sens primitif. C'était une cour de ribaudie, avec son puits, autour duquel les femmes d'amour tenaient leurs assises. Guillot ne se fait pas scrupule de dire :

Trouvai et puis Col de bacon
Où l'on a trafarcié maint c...

Il y aurait à faire sur ce vers une curieuse dissertation philosophique, que nous recommandons à l'ombre de Leduchat, et qui permettra de rétablir la véritable acception du vieux verbe *trafarcier* ou *trafarcer*, que le *Complément du Dictionnaire de l'Académie française* traduit assez mal par *traverser*. Guillot suit le bord de la rivière et arrive à l'entrée d'une grande rue qui conduit à la porte du Louvre; le voisinage de la rivière caractérise assez les dames qu'il rencontre et qui vendaient leurs *denrées* à un prix trop élevé pour sa bourse :

Dames i a gentes et bonnes;
De leurs denrées sont trop chiches (ou riches).

Il ne perd pas son temps à marchander ce qu'il ne peut acheter, et il se dirige vers la rue Saint-Honoré. Auprès d'une *rue de Maître-Huré*, rue dont il n'est plus possible de déterminer la position, quoiqu'elle avoisinât la rue des Poulies, il eut sans doute à se louer de la politesse de certaines dames qui lui souhaitèrent la bienvenue :

La rue trouvai-je maistre Huré,
Lez lui séant dames polies.

En faisant de *maître Huré* un personnage vivant, au lieu d'un nom de rue, on serait forcé de l'accuser d'un odieux métier que desservaient les *dames polies* dont il paraît entouré. Guillot ne remarque rien qui soit relatif à la Prostitution dans les deux rues de la Truanderie, où il n'omet pourtant pas de nous montrer le fameux Puits d'Amour : *le puits le carrefour despart*, dit-il seulement; mais il se ravise dans la rue Mauconseil :

Une dame vi sur un seil,
Qui moult se portoit noblement :
Je la saluai simplement,
Et elle moi, par saint Loys!

Les habitudes de cette dame ne différaient pas de celles de ses pareilles que nous voyons, dans les mêmes rues, exercer le même manége qu'autrefois, attendre et guetter leur proie sur le seuil des maisons, à l'entrée de sombres allées, en appelant ou invitant les passants. Guillot, qui jure par saint Louis lorsqu'il répond à cet appel libidineux, pourrait bien avoir voulu rappeler à cette ribaude les ordonnances du saint roi. Quand il fut dans la rue Saint-Martin, il entendit chanter l'office de Notre-Dame de Saint-Martin-des-Champs, et il s'arma de continence pour achever sans encombre son voyage à la recherche des lieux impurs. Il traversa rapidement la rue Beaubourg, qui lui eût offert de quoi satisfaire tous les genres de débauche :

Alai droitement en Biaubourc,
Ne chassoie chievre ne bouc.

De la rue des Étuves, il s'aventura dans une rue *Lingarière,* qui ne peut être que la rue Maubué, un des fiefs les plus anciens de la Prostitution :

Là où leva mainte plastrière
D'archal mise en œuvre pour voir,
Plusieurs gens pour leur vie avoir.

Ces gens-là, qui levaient des grillages en fil d'archal pour regarder dans la rue, étaient, sans contredit, les hôtes ordinaires de cette rue Maubué, dans laquelle il y avait autant de clapiers que de maisons, autant de filles et d'hommes dissolus que d'habitants. Les rues voisines se ressentaient de ce honteux voisinage. Guillot se contente de nommer la rue Quincampoix (*Qui qu'en poit*), la rue Aubry-le-Boucher, et le *Conreerie*, dont la modestie du quinzième siècle avait fait la *Corroierie*, et qui est cachée à présent dans la rue des Cinq-Diamants, par allusion à ses impudiques origines. Il craint qu'un malheur ne lui advienne, en approchant de la rue Trousse-Vache, qui avait tiré son nom ignoble des mœurs plus ignobles encore de sa population ordinaire.

La rue Amaury de Roussi
Encontre Troussevache chiet,
Que Dieu garde qu'il ne nous meschiet!

Guillot approchait du terme de ses pérégrinations; il était si fatigué, qu'il s'assit, pour prendre quelques instants de repos, dans la rue des Arcis; il reprit bientôt sa course et négligea sans doute de désigner certaines rues comme affectées spécialement à la Prostitution. Ainsi, en passant dans la rue de *l'Étable-du-Cloistre*, qui ne peut être que la rue du Cloître-Saint-Merry, il est surpris de n'y pas rencontrer de femmes bordelières, comme il en avait vu à une autre époque, et il reconnaît que cette rue est maintenant *honestable*; mais, quand il va de Saint-Merry en *Baillehoe, où je trouvai beaucoup de boe*, dit-il; cette rue Baillehoé, dont le nom n'était qu'un hideux sobriquet et qui prit celui de *Brisemiche*, qu'elle a gardé jusqu'à nos jours, ne lui représente aucune réminiscence de libertinage, et il s'en éloigne, sans l'avoir qualifiée comme elle le méritait. Il s'avance dans le Marais, et donne un coup d'œil à la rue du Plâtre :

Où maintes dames leur emplastre
A maint compagnon ont fait battre,
Ce me semble pour eux esbattre.

Guillot est inépuisable pour trouver des périphrases plus libres que naïves, qui caractérisent les endroits qu'il cherche. Au carrefour *Guillori*, dont le nom équivaut à celui de *Jean-de-l'Épine*, qu'il a porté plus tard, et que le savant De l'Aulnaye n'eût pas manqué de mettre en évidence avec toute l'obscénité que ce nom-là peut offrir, Guillot ne sait plus à qui entendre :

Li un dit *ho!* l'autre *hari.*

Nous croyons qu'il était aux prises avec deux *meschines* qui voulaient l'entraîner chacune de son côté; mais il leur résista : *Ne perdis pas mon essien*, dit-il, et il débouche dans la rue *Gentien*, maintenant rue des Coquilles, où demeurait un *biau varlet* qui lui inspira peut-être une coupable pensée. Il ne se hasarda pas dans la rue de l'*Esculerie,* qui était le cul-de-sac de Saint-Faron, et qui n'avait pas un honnête homme parmi ses locataires ; il longea rapidement la rue de *Chartron* ou des Mauvais-Garçons, près de Saint-Jean en Grève :

> Où mainte dame en chartre ont
> Tenu maint v.. pour se norier (*nourrir*).

C'est la seconde fois que Guillot nous montre *enchartre* les méprisables artisanes de la Prostitution : il est clair que leur clôture n'était pas volontaire et qu'elle ne dépendait que des règlements de police. Dans la rue du Roi de Sicile, Guillot se souvint d'une nommée Sedile, qui logeait dans la rue Renaut-Lefèvre, *où elle vend et pois et febves,* dit-il dans le langage figuré auquel il a recours pour exprimer les mystères de l'impudicité. Il s'engage ensuite, avec précaution, dans la rue de *Pute-y-musse*, dont le nom significatif ne permet pas de doute à l'égard de sa destination : cette rue *bordelière*, que le peuple avait baptisée, conserva toujours traditionnellement ce nom indécent, quoiqu'on eût essayé de le modifier en *Petit-Musc* et de le changer en *Cloche-Perche,* qu'elle porte encore sur son écriteau. La vertu de Guillot avait échappé à bien des dangers, quand il entra dans la rue Tyron, où il alla voir dame Luce :

> Y entrai dans la maison Luce
> Qui maint en la rue Tyron :
> Des dames hymnes vous diron.

Nous ne pensons pas, avec l'abbé Lebeuf, qu'il

s'agisse ici des cantiques et des chants religieux qui pouvaient s'élever d'un couvent de filles pénitentes. La *maison Luce* a toute la physionomie d'un mauvais lieu, et les hymnes qu'on y chantait s'adressaient évidemment à Vénus. Telle est l'abbaye galante que nous persistons à voir dans cette rue, où les archéologues ont imaginé de placer un logis appartenant à l'abbé de Tiron. Guillot, au terme de son excursion, se donne du bon temps; dans la rue Percée, une des cinq rues qui portaient alors ce nom, indiquant une ancienne impasse transformée en rue, il se repose et se rafraîchit :

> Une femme vi destrecié
> Pour soi pignier, qui ne donna
> De bon vin.....

Cette femme, qui se peigne ou qui s'ajuste en versant du vin à Guillot, ne peut être qu'une fille publique. Mais Guillot ne se lasse pas : il va de la rue des Poulies-Saint-Paul dans la rue des Fauconniers,

> Où l'on trouve bien, por deniers,
> Pour son cors solacier.

Il ne nous dit pas s'il a usé de la recette qu'il donne à ses lecteurs. Puis, dans la rue *aux Commanderesses*, qui est aujourd'hui la rue de la Coutellerie, Guillot fait un retour sur lui-même, en disant :

> Où il a maintes tencheresses (*querelleuses*)
> Qui ont maint homme pris au brai (*à la pipée*).

Enfin, la tâche de Guillot est achevée; il a ramassé la boue de toutes les rues de Paris, et il se glorifie de son Dit, rimé en leur honneur, sans craindre de dédier cette œuvre, pleine d'impuretés, *au doux Seigneur du firmament* et *à sa très-douce chiere mère.*

Nonobstant cette dédicace, qui n'épurait pas les rimes de Guillot, un autre poëte anonyme, qui vivait à la fin du quatorzième siècle, eut l'idée de s'approprier le *Dit des Rues*, en lui ôtant son cachet obscène et en rajeunissant le style de cette pièce de vers, dans laquelle on ne reconnaissait plus les rues qui avaient changé de nom. C'est Henri Geraud qui a publié ce nouveau Dit, d'après un manuscrit des Archives nationales, et qui l'a placé à la suite de la Taille imposée sur les habitants de Paris en 1292, dans son ouvrage intitulé *Paris sous Philippe-le-Bel.* Remarquons, à ce propos, que le rôle de la taille ne contient aucun détail particulier qui se rattache à la Prostitution : ce qui prouverait que les femmes *folles de leurs corps* ne participaient point, du moins sous cette désignation, aux tailles extraordinaires, et que leur indignité les exemptait de payer un droit proportionnel. Le poëte qui a voulu refaire le poëme de Guillot et qui ne fait souvent que le reproduire en l'abrégeant, s'est attaché surtout à en ôter ce qui lui donnait un caractère libertin ou ordurier. Cet anonyme, au lieu de nous représenter Guillot allant de rue en rue à la découverte des mauvais lieux, a inventé une fable assez amusante : il se met en scène lui-même, nouvellement débarqué à Paris, où il n'était jamais venu, et il parcourt cette capitale, en cherchant de rue en rue sa femme, qu'il avait perdue près de Notre-Dame; rien ne peut le distraire de ses recherches, qui sont infructueuses, et toutes les femmes qu'il rencontre à chaque pas ne lui font pas oublier la sienne, jusqu'à ce qu'il ait terminé sa poursuite conjugale à travers 310 rues, qu'il a pris soin d'énumérer; il s'écrie alors :

> Tant l'ay quise, que j'en suis las!
> Or la quiere qui la voudra :
> Jamais mon corps ne la querra.

Dans cette nomenclature de rues, il ne parle que des chambrières qu'on louait dans la rue des Lavandières, et des *trusseresses* de la rue aux Commanderesses; mais il cite, d'ailleurs, les rues les plus malfamées, sans faire même allusion à la nature de leur mauvaise renommée.

Depuis le *Dit des Rues* de Guillot, il y a un intervalle de près d'un siècle jusqu'à la première ordonnance du prévôt de Paris, qui fixe les endroits où la Prostitution pouvait avoir cours sans être exposée à une pénalité quelconque. Cette ordonnance rapportée par Delamare est du 18 septembre 1367. On pressent déjà l'influence moralisatrice du règne de Charles V. Dans cette ordonnance, le prévôt enjoint à toutes les femmes de vie dissolue d'aller demeurer dans les bordeaux et lieux publics qui leur sont destinés; savoir : « à l'Abreuvoir Mâcon, en la Boucherie, en la rue du Froidmantel, près du Clos Bruneau, en Glatigny, en la Cour Robert-de-Paris, en Baillehoe, en Tyron, en la rue Chapon, en Champ-fleury. » Ce sont les mêmes lieux à peu près que Guillot avait désignés dans le *Dit des Rues*, mais leur nombre est infiniment plus restreint et l'on doit en conclure que la police prévôtale s'efforçait de diminuer les effets déplorables de la débauche, en lui disputant le terrain où elle était autorisée à se produire. Le prévôt de Paris fait défenses, en outre, à toutes personnes honorables de louer des maisons aux femmes de mauvaise vie en aucun autre endroit, sous peine de perdre le prix du loyer; il défend aussi à ces femmes d'acheter des maisons hors des rues réservées à leur métier, sous peine de perdre ces maisons. Celles qui seraient trouvées faisant leur commerce infâme en d'autres lieux, pourraient être, sur la réquisition de deux voisins, arrêtées par les sergents et amenées prisonnières au Châtelet. Après constatation du fait, on les chasserait hors de la ville, en prenant sur leurs biens huits sols parisis par chacune d'elles, pour le salaire des sergents. Il y a toute apparence que cette mesure de police fut exécutée avec une extrême rigueur.

Les asiles de tolérance que le prévôt de Paris accordait à la Prostitution étaient des espèces de cours plutôt que des rues entières; nous verrons plus tard s'ouvrir de la même façon les cours des Miracles, qui renfermaient les gueux et les mendiants, les voleurs et les autres malfaiteurs, comme les cours de ribaudie réunissaient les femmes publiques et les *hommes dissolus*, leurs ignobles complices. L'Abreuvoir Mâcon était, au quatorzième siècle, un groupe de masures environnant une ruelle putride qui descendait à la rivière près du pont Saint-Michel, au coin de la rue de la Huchette. Cet abreuvoir, que les titres de 1272 nomment *Aquatorium Matisconense* et *Adaquatorium comitis Matisconensis*, tirait son nom du voisinage de l'hôtel des comtes de Mâcon, situé dans la rue qui porte encore leur nom. Ce mauvais lieu s'est perpétué au même endroit jusqu'à nos jours : il avait une horrible célébrité au seizième siècle, et les libertins lui faisaient honneur des impures analogies de son nom, qu'ils s'obstinaient à prononcer d'une façon déshonnête. Ce fut sans doute à cause de cette grossière équivoque, qu'on essaya de débaptiser l'Abreuvoir mâconnais et d'en faire l'*Abreuvoir du Cagnart*, soit parce qu'il servait de repaire nocturne aux cagnardiers, rôdeurs de rivière, soit plutôt parce que les habitants du bord de l'eau y élevaient des canards. En tout cas, il y avait là bien des cagnardiers, vagabonds dangereux, qu'on appelait ainsi, selon Pasquier, à cause de leur genre de vie, car, à l'exemple des canards, « ils vouoient leur demeure à l'eau. » Borel, au contraire, veut que *cagnardier* dérive de *canis* et dénote des *gens qui vivent en chiens*.

Il est difficile de préciser l'endroit que le prévôt appelle la *Boucherie*, sans autre désignation ; mais, quoique plusieurs boucheries eussent établi leurs étaux dans différents quartiers de la capitale, nous présumons qu'il est question de la Grande Boucherie de l'Apport de Paris, qui existait depuis le dixième siècle vis-à-vis du Châtelet, et qui s'était agrandie successivement, de manière à former une sorte de bourg au milieu de la ville. C'était là qu'on tuait et dépeçait les bêtes dont la viande se détaillait ensuite dans tout Paris. On comprend que la prévôté autorisât le séjour des ribaudes au milieu d'une population de ribauds, tels que les bouchers, les écorcheurs et les équarrisseurs; il y eut, à toutes les époques et dans tous les pays, une marque d'infamie attachée à ces professions qui respiraient l'odeur du sang des animaux. Cependant on exigeait certaines conditions de moralité chez ceux qui touchaient aux viandes et qui les taillaient aux étaux de la Grande Boucherie.

Le Clos Bruneau, dont Guillot avait déjà fixé la réputation, ainsi que pour les rues de Glatigny, de Baillehoé et de Tyron, comprenait encore, au quinzième siècle, un vaste espace rempli de jardins et de vergers, quoique les rues Saint-Jean-de-Beauvais et Saint-Hilaire eussent été prises sur le terrain de ce clos : les *bordes* des femmes de mauvaise vie s'étaient répandues de toute ancienneté aux environs du clos *Brunel*, et peut-être, dans son enceinte, derrière les haies et parmi les vignes. La rue *Froidmantel*, qu'on a nommée alternativement *Frementel*, *Fres-*

mantel, Fremanteau, etc., en latin *Frigidum mantellum*, et qui est devenue la rue Fromentel, au mépris de son étymologie, dut certainement son nom primitif à une comique allusion aux ordonnances de saint Louis qui dépouillaient de leur manteau et de leur *peliçon* les femmes convaincues de Prostitution ; celles qui habitaient cette rue de prostituées étaient donc naturellement privées de manteau : de là leur surnom de *dames de Froidmantel.*

Le fief de Glatigny, qui appartenait en 1241 à Robert et à Guillaume de Glatigny, avait donné son nom à un labyrinthe de ruelles étroites et malpropres que la Prostitution occupait par privilége et dont elle avait fait le fameux *Val d'amour :* Guillot, qui s'y engagea en plein jour, y avait vu des *dames au corps gent* qu'il ne craignait jamais de rencontrer sur son chemin. La destination impudique de Glatigny a persisté jusqu'au dix-septième siècle, où les rues adjacentes furent rebâties et mieux habitées. Sauval et ses continuateurs ne nous disent pas en quel quartier était située la Cour Robert-de-Paris, et le nom sous lequel cette Cour est désignée ne nous aiderait pas à retrouver sa situation, si la Taille de 1292 ne fixait pas notre incertitude à cet égard. Cette Cour, qui devait être fort petite, puisque le rôle de la taille n'y compte que treize personnes imposables, attenait à la rue Baillehoé, qui lui servait de corollaire et qui rassemblait la même sorte d'habitants. Henri Geraud prétend que la rue du Renard-Saint-Merry a été percée sur l'emplacement de la Cour Robert-de-Paris. La rue Chapon, qui n'a pas changé de nom, l'avait pris au treizième siècle d'un de ses habitants, Robert Beguon, ou Begon, ou Capon, que nous supposons avoir été un roi des truands, un maître gueux, car *begon* ou *beguon* semble dérivé de *beguinus*, qui veut dire originairement *quêteur* ou *mendiant*, en anglais *begging; capon*, qui vient de *capus*, oiseau de proie ou faucon, était synonyme de *beguon*. Nous ne pensons pas que l'on ait attribué, par antiphrase, le nom de *Chapon* à une rue qui se trouvait affectée spécialement à la débauche. Enfin, la rue de *Champfleury*, qui, sous le nom de rue de la Bibliothèque, conserve toujours religieusement ses traditions bordelières, avait été ouverte depuis peu d'années sur l'emplacement du *parc* du Louvre, car, dans la Taille de 1292, elle ne figure que pour quatre contribuables. Cette rue de *Champ-fleury* ne se composait donc que de quelques petites maisons, encloses de haies et ombragées d'arbres, dans lesquelles la Prostitution n'avait rien à redouter du regard curieux des passants, qui ne venaient là que pour y trouver ce qu'ils y cherchaient.

CHAPITRE XI.

Sommaire. — Le cabaret du *Char doré*. — La rue de Glatigny. — La rue du *Fumier*. — La rue d'*Enfer*. — La cour *Ferry*. — La maison de Cocatrix. — Le *Caignard*. — Les voûtes de la Calandre et du Marché-Palu. — L'île *de Gourdaine*. — Le *Terrain* ou *la Motte aux Papelards*. — Les faubourgs. — Le *Champ Gaillard*. — Les quatre tavernes *méritoires*. — Le *Château-de-Paille*. — La taverne de la Mule. — Les *lupanaires* de l'Université. — Le *Champ-d'Albiac*. — La rue *Gracieuse*. — Les Champs de la *Boucherie*, *Petit* et de l'*Allouette*. — La rue de l'*Aronde*. — La rue *Gît-le-Cœur*. — La rue *Sac-à-Lie*. — La rue *Bordet*. — Les Cours des Miracles. — Etc., etc.

Nous continuons notre voyage pornographique dans le vieux Paris, en nous attachant à signaler les rues suspectes qui ne sont pas mentionnées comme telles dans le poëme de Guillot, ni dans les ordonnances du Châtelet. L'ancien nom de ces rues est presque toujours l'enseigne de leur caractère particulier. D'abord, dans la Cité, nous constaterons que, malgré l'usage général qui éloignait du centre des villes les femmes de mauvaise vie, pour les rejeter au delà des murs et, pour ainsi dire, hors de la vie commune, la Prostitution s'était maintenue en plusieurs rues autour de Saint-Denis-de-la-Châtre, qui avait vu se former la première confrérie de la Madeleine, comme nous l'avons rapporté d'après les traditions recueillies par Dubreul et Sauval. Il était tout naturel que le voisinage du Val d'Amour de Glatigny fût envahi de préférence par les ribaudes, qui y allaient *commettre le péchié*, suivant les termes des anciens édits. On peut donc affirmer que la plupart de ces horribles ruelles, qui ont disparu depuis peu d'années dans les grands travaux de voirie exécutés à travers la vieille cité lutécienne, étaient au moyen âge le théâtre permanent de la débauche, quoique les règlements de police municipale eussent essayé de la circonscrire dans son sanctuaire de Glatigny. Les rues des Marmousets, Cocatrix, d'Enfer, de Perpignan et d'autres, qui formaient un labyrinthe de maisons entassées l'une sur l'autre, privées de jour et d'air, convenaient merveilleusement aux habitudes bordelières. Nous savons, par exemple, que la rue de Perpignan s'était nommée rue *Charoui*, à cause d'un cabaret du Char doré (*de carro aurico*); Guillot a parlé de ce cabaret :

> En Charoui, — bonne taverne achiez ovri.

Toute taverne devenait, au besoin, un lieu de Prostitution. Cette taverne de Charoui devait être accompagnée d'un jardin planté de roses, puisque la rue prit successivement les noms significatifs de *Champrousiers*, de *Champflory* et de *Champrosy*. Ce champ de roses n'était peut-être qu'une image du plaisir qu'on allait chercher dans ce cabaret, qui fut remplacé par un jeu de paume, d'où la rue tira son dernier nom de *Panpignon* ou *Perpignan*.

Le nom de *Val d'Amour* s'appliquait plus particulièrement à l'entrée fort étroite de la rue de Glatigny, qui descendait vers la rivière et qui menait au port Saint-Landry. Le long de ce petit port, où venaient atterrir quelques barques chargées de bois et de blé, régnait une ceinture de maisons qui, accrochées l'une à l'autre et se soutenant à peine, baignaient dans l'eau leurs pieds vermoulus; ces maisons appartenaient de droit à la plus abjecte Prostitution, que nous verrons partout se réfugier aux bords des fleuves. La rue humide et ténébreuse, que ces hideuses masures formaient par derrière, se nommait tantôt rue du *Port-Saint-Landry-sur-l'Yeau*, et tantôt rue du *Fumier*. La famille des Ursins ne craignit pas d'y faire bâtir un hôtel où demeura un des membres les plus illustres de cette famille, Juvénal des Ursins, prévôt des marchands et chancelier de France sous Charles VI. La présence de ce grave personnage dans une rue si mal famée ne servit qu'à lui faire changer de nom, elle se nomma dès lors rue des Ursins; mais son extrémité inférieure (*via inferior*) fut appelée rue *d'Enfer*, par allusion à la damnable vie que menaient ses habitants. Nous avons déjà hasardé une conjecture, peut-être téméraire, à l'endroit de la rue des Marmousets, que Guillot semble nous représenter comme fréquentée par des ribauds, plus encore que par des ribaudes. Cependant, une liste des rues de Paris, que l'abbé Lebeuf estime avoir été dressée en 1450, enregistre cette rue sous le nom de rue *des Marmouzètes*. Nous savons aussi qu'un grand logis, dit maison des Marmousets (*domus Marmosetarum*), auquel on montait par des degrés extérieurs, y a existé jusqu'au seizième siècle. Ce logis renfermait-il une cour de ribaudie? Près de là, il y avait un lieu de cette espèce nommé la *cour Ferry*, qui avait donné son nom à la rue des Trois-Canettes. Faut-il encore reconnaître un lieu analogue dans la maison de Cocatrix (*domus Coquatricis*), qui attenait à celle des Marmousets et portait le nom de la rue où il était situé? Cette rue, que les archéologues de Paris prétendent honorée du nom d'un bourgeois qui l'habitait au treizième siècle, pourrait plutôt, à cause de son vilain renom, offrir un champ curieux à l'étymologie. Ainsi, dans notre vieille langue, *cocatre* signifie un *chapon châtré à demi ; cocatrix* est, au propre, un lézard qui s'engendre dans les puits et les citernes ; au figuré, c'est une fille de joie qui fait des *coues* et des *coqs*, suivant l'expression facétieuse d'un vieux conteur. Dans la *Verba erotica* de son édition de Rabelais, le docte De l'Aulnaye définit *Cocquatris*, une prostituée. A l'appui de cette définition, et pour ne laisser aucun doute sur les anciennes franchises de la rue Cocatrix, les auteurs de la grande *Histoire de Paris*, Félibien et Lobineau, ont extrait des registres du parlement les premières lignes d'un arrêt qui commence ainsi : « Du mardi, 15e jour de juin 1367, entre Jehanne la Peltiere, appelante, d'une part, maistre Jehan d'Alcy et les autres habitants de la rue des Marmouzets, d'autre part. L'appelante dict qu'elle demeure en la rue Coquatrix, qui est foraine, où il y a eu bordel, de si longtemps, qu'il n'est mémoire du contraire, etc. » Ce passage prouve, en outre, que les rues où il y avait *bordel* étaient regardées comme *foraines*, c'est-à-dire étrangères au régime et au droit commun de la voirie ordinaire.

A l'opposite des mauvais lieux de Glatigny, on trouvait encore dans la Cité d'autres asiles de Prostitution connus seulement des plus vils vagabonds. C'étaient le *Caignard* et les voûtes de la Calandre et du Marché-Palu. Quoique l'aspect de ces lieux-là soit encore aujourd'hui aussi triste que répugnant, on se ferait difficilement une idée de ce qu'ils étaient aux treizième et quatorzième siècles, lorsqu'ils servaient de repaire nocturne à la débauche la plus immonde. La rue de la Calandre, par son nom emprunté à une petite alouette babillarde, caractérisait les assemblées de femmes, qui s'y tenaient du matin au soir, et qui ne faisaient que *jargonner et débattre*, quand elles ne péchaient pas. Cette rue, pleine de boues et d'immondices, conduisait au Marché-Palu, dont le nom annonce un étang ou marais (*palus*), et qui n'était qu'un cloaque, un *trou punais*, comme on disait en ce temps. Mais ce n'étaient que roses auprès des ruelles qui y aboutissaient et qui ne furent fermées qu'au milieu du dix-septième siècle. Une de ces ruelles, qui, du temps de Sauval, existait encore en partie entre les premières maisons du Petit-Pont et quelques maisons du Marché-Neuf, s'appelait le *Caignard*, « à cause, dit Sauval (t. I, page 174), qu'elle servoit de passage aux hommes et aux femmes de mauvaise vie, qui y passoient, en se retirant, la nuit, sous les logis du Petit-Pont, où ils menoient une étrange vie. » Enfin, la Prostitution errante avait encore dans la Cité deux champs de foire nocturne, l'un sous les saussaies d'une petite île, qui, nommée l'*île de Gourdaine* au quinzième siècle, et l'*île aux Vaches* trois siècles auparavant, forma depuis la pointe occidentale de l'île de la Cité, et l'autre, sur un monticule qui s'élevait à l'extrémité orientale et qui s'est toujours nommé le *Terrain*. Ce monticule, que les décombres provenant de la reconstruction de Notre-Dame avaient exhaussé dans le lit de la rivière, et que le chapitre de la cathédrale s'était approprié sans en tirer parti, devenait tous les soirs le rendez-vous des débauchés et de leurs méprisables instigateurs : on l'avait surnommé, pour cette raison, dès l'année 1258, *la Motte aux Papelards* (*Motta Papelardorum.*). Une citation, tirée d'un sermon de Robert de Sorbon, sur la Conscience, nous fera comprendre dans quel sens équivoque le peuple employait ici le mot *Papelards* pour désigner les honteux pousuivants des femmes perdues : *Imo propter hoc dicuntur papelardi, quia frequentant confessiones.* Il est remarquable que le sermon de Robert de Sorbon, où Ducange a pris cette citation singulière, est presque contemporain du baptême de ce *terrain* ou *terrail* (*terrale*), où les Papelards trouvaient à qui parler. Quant à l'île de la Gourdaine, qui avait été l'*île aux Vaches*, suivant d'anciens titres que les archéologues n'ont pas tenté d'expliquer, son nom a des analogies ou des accointances avec *goudine*, *gourgandine* et *gordane*, qui étaient synonymes de *prostituée.* Cette île-là, d'ailleurs, dans laquelle furent brûlés les Templiers sous le règne de Philippe le Bel, paraît avoir été un lieu de supplice consacré particulièrement à la punition des crimes obscènes, parce qu'on voulait tenir à distance du peuple les coupables qui s'étaient souillés de cette espèce de crime et qui pouvaient être un objet de scandale à leurs derniers moments.

Dans le quartier de l'Université, qui renfermait tant de rues désertes, tant de clos et de champs inhabités, tant de *bordes* et de tavernes, la Prostitution avait une foule de retraites que les sergents du Châtel et n'osaient pas violer et dans lesquelles affluait jour et nuit la gent écolière. La définition que fait de la vie des faubourgs une ordonnance de Henri II, en 1548, peut être appliquée à l'état de ces mêmes lieux, deux ou trois siècles auparavant : « Plusieurs des maisons desdits faubourgs ne sont que retraites de gens malfaisants, taverniers, jeux et bourdeaux, et la ruine d'un grand nombre de jeunes gens qui, alléchez et attirés d'oisiveté, consument et perdent là profusément leur jeunesse. » Il est aisé d'imaginer les besoins de débauche qui dominaient cette population universitaire, composée de robustes compagnons ayant la plupart âge d'homme et souvent pervertis par la fainéantise et la misère. Les ordonnances de saint Louis n'avaient autorisé que deux asiles de ribaudes, l'Abreuvoir Mâcon et Froidmantel, près le clos Bruneau, dans l'Université; mais Guillot nous a signalé six ou sept rues où s'exerçait ouvertement la Prostitution. Les écrivains du même temps, Jacques de Vitry surtout, nous apprennent que chaque maison du quartier des Écoles contenait au moins un mauvais lieu. Alain de l'Ile, *le docteur universel*, disait des écoliers de son temps, qu'ils aimaient mieux contempler les beautés des jeunes filles que les beautés de Cicéron. Ce sont les Flamands que Jacques de Vitry représente comme plus corrompus que les autres : « Ils sont prodigues, dit-il, aiment le luxe, la bonne chère et la débauche, et ont des mœurs très-relâchées. » Il fallait une quantité prodigieuse de femmes de bonne volonté, pour satisfaire les passions de cette jeunesse indisciplinée, qui s'en allait par bandes à ses plaisirs comme à ses études. Rabelais, dans son *Pantagruel*, en nous racontant les exploits de Panurge, nous apprend que la police municipale n avait pas encore d'action, au seizième siècle, sur les franchises de l'Université, et que l'ombre d'un écolier mettait en fuite les sergents du guet : il résulte de là que les femmes dissolues se trouvaient placées sous la sauvegarde des écoliers, qui les tenaient hors de la portée des règlements du Châtelet. Outre les rues de la Plâtrière, des Cordeliers, du Bon-Puits, des Noyers, des Prêtres-Saint-Séverin, etc., où l'auteur *du Dit des Rues de Paris* confesse avoir rencontré *mainte meschinète*, nous sommes surpris qu'il n'en ait pas trouvé davantage au *Champ-Gaillard* et au *Champ-d'Albiac*. Le *Champ-Gaillard* était une place ou plutôt un préau qui s'étendait le long des murs de l'enceinte de Philippe-Auguste, depuis la porte Saint-Victor jusqu'à la porte Saint-Marcel; la rue qu'on ouvrit sur ce terrain au treizième siècle prit le nom de rue *des Murs*, à cause de sa situation ; on l'appela ensuite rue *d'Arras*, lorsqu'on y fonda un collége, ainsi nommé, en 1332; mais le peuple qui l'avait qualifié de *Champ-Gaillard*, pour exprimer sa destination nocturne, ne lui retira pas ce nom, que justifiait d'ailleurs l'établissement d'une ribaudie fréquentée surtout par les écoliers. Ce mauvais lieu avait encore assez de célébrité au seizième siècle, pour que Rabelais, qui n'en parlait pas vraisemblablement par ouï-dire, l'ait cité, seulement avec trois autres, pour caractériser les désordres des écoliers de Paris : c'est dans le chapitre VI du second livre, où le Limousin qui contrefaisait le langage français raconte les faits et gestes de ses pareils : « Certaines diecules, nous invisons les lupanaires de Champ-Gaillard, de Matcon, de cul-de-sac de Bourbon, de Huélеu, et, en ceste ecstase venereique, inculcons nos veretres ès penetissimes recesses des pudendes de ces meretricules amicabilissimes. » Le langage de l'écolier limousin, qui écorchait le latin et croyait pindariser, est assez inintelligible, par bonheur, pour qu'on ose le rapporter comme un monument de la grammaire érotique de l'Université.

Dans le même chapitre de Rabelais, il est aussi question de quatre cabarets qui devaient être aussi mal famés que les bourdeaux, puisque nous savons, par plusieurs ordonnances de la prévôté, que la plupart des *caves* et tavernes où l'on donnait à boire étaient tenues par des femmes publiques ou par leurs maquignons, ou *courratiers*. « Puis, nous cauponisons, dit l'écolier à Pantagruel, ès tabernes méritoires de la Pomme-de-Pin, du Castel, de la Maddelaine et de la Mulle. » Voilà bien les *tabernæ meritoriæ* des historiens romains, notamment de Suétone, qui nous prouve par là que le mot *meretrix* a été tiré du verbe *mereri* et du substantif *meritum*. Mais nous ne chercherons pas à fixer, au moyen d'une dissertation archéologique, l'emplacement de ces quatre tavernes *méritoires*, et nous nous bornerons à faire remarquer que leurs noms semblent concorder avec ceux des rues où elles étaient sans doute situées; ainsi la rue *de la Madeleine* et la rue *de la Pomme* dans la Cité, sont devenues depuis le quatorzième siècle la rue de la Licorne et la rue des Trois-Canettes, tout en conservant leurs cabarets à l'enseigne de la Madeleine et de la Pomme-de-Pin; la rue *du Châtel* ou *du Château-Fètu* se composait d'une partie de la rue de la Ferronnerie, aboutissant à la rue de l'Arbre-Sec, et une maison, dite le *Château-Fètu* ou *Château-de-Paille*, dont l'origine n'est pas connue, a subsisté longtemps entre l'église de Saint-Landri et la rivière : la place n'était-elle pas bien choisie pour y mettre un cabaret et le reste? Quant à la taverne de la Mule, il faut aller la chercher jusque dans la rue du Pas-de-la-Mule, que la fondation de la place Royale n'a pas débaptisée de son vieux nom, en lui imposant celui de rue Royale qu'elle n'a pas gardé. Nous ne craignons donc pas de comprendre, dans l'inventaire des mauvais lieux de Paris, ces quatre cabarets fameux, qui sont mentionnés souvent par les poëtes et les conteurs du seizième siècle. Mais cette digression sur les cabarets nous a un peu écarté des *lupanaires* de l'Université, que nous n'avons pas la prétention de connaître tous. La rue Gracieuse, qui a porté d'abord le nom de rue *d'Albiac*, avait été bâtie sur un terrain qu'on appelait le *Champ-d'Albiac*, et qui était, de temps immémorial, consacré à la Prostitution : les asiles qu'elle y avait occupés par droit héréditaire, ne furent détruits qu'en 1555, comme nous le verrons sous cette date. Les antiquaires étymologistes ont trouvé, dans les Comptes de Paris, le nom d'une famille d'*Albiac* et celui d'une famille *Gracieuse*, qu'ils nous donnent pour les parrains rivaux de cette même rue, si mal habitée à toutes les époques; mais, si nous hasardons une conjecture plus analogue au caractère de ce lieu-là, nous aimons mieux reconnaître dans le nom d'*Albiac* une allusion aux Albigeois (*Albiaci* et *Albigenses*), qui étaient des hérétiques, non-seulement en religion, mais encore en amour, suivant l'opinion populaire qui confondait sous la dénomination d'*Albigeois* et d'*Albiacs* tous les débauchés perdus de vices et souillés d'impuretés. Le Champ-d'Albiac devait donc être le champ de foire de ces impuretés, et la rue qui s'ouvrit sur ce repaire, sans le purifier, fut surnommée *Gracieuse*, par moquerie ou par antinomie.

Il y avait d'autres *champs* où les ribaudes tenaient leurs *bouticles au péché*, tels que le *champ de la Boucherie*, près de la rue des Mauvais-Garçons; le *champ Petit*, près de la rue du Battoir; le *champ de l'Alouette*, etc. Le mot *champ* désigne ordinairement un endroit où l'on vend et où l'on achète. Mais, en nous renfermant dans la catégorie des rues et ruelles impures, nous ne pouvons oublier la rue de *l'Aronde* ou de l'Hirondelle, voisine de l'Abreuvoir Mâcon, que Rabelais, peu avare d'étymologies ordurières, appelle *Matcon*. Cette rue de l'Hirondelle, qui se cache noire et infecte derrière les maisons du quai Saint-Michel, avait tiré son nom de l'enseigne d'un lieu de débauche. Près de là, il serait facile de découvrir une équivoque très-significative dans le nom de la rue Gît-le-Cœur, qui a été appelée tour à tour, par corruption malicieuse ou involontaire, *Villequeux*, *Guillequeux*, *Gilles-Queux*, *Gui-le-Comte*, etc. A peu de distance de cette rue (à propos de laquelle il faut sous-entendre la spirituelle parenthèse de Boufflers : *Je dis* LE COEUR, *par bienséance*), on avait encore la rue Pavée, que les bonnes langues nommaient tout au long rue *Pavée-d'Andouilles*. Les rues voisines, dont les anciens noms accusent l'ancienne industrie, furent également infestées de femmes de mauvaise vie; la rue *Sac-à-Lie*, sobriquet donné à ces sortes de femmes, est devenue rue Zacharie; la rue de l'Éperon se nommait rue de *Gaugai* (*Gaut-gay*, plaisir gai) et annonçait ainsi le genre de passe-temps qu'on y trouvait. Enfin, c'est dans ce dédale de ruelles, qui avaient remplacé le vignoble de Laas ou Liaas, où la Prostitution errante promenait ses amours; c'est entre la rue de Hurepoix et la rue Poupée, que nous voudrions retrouver le *lupanaire du cul-de-sac de Bourbon*, que les commentateurs de Rabelais transportent près du Louvre. En un mot, le quartier de l'Université était plus riche en lieux de débauche, ou du moins, plus peuplé de filles de joie, que tous les autres quartiers de Paris ; et cela n'a pas besoin de preuves, si l'on considère les habitudes licencieuses des écoliers, qui ne sortaient guère des limites de leur domaine et qui avaient chez eux assez de *chière-lie*, comme ils disaient, pour n'en point chercher ailleurs. Mais les savants qui ont écrit sur les rues de Paris se sont attachés à les réhabiliter dans leurs vieux noms et dans leurs vieilles traditions pornographiques ; ils n'ont pas remarqué que ces noms de rues, nés la plupart d'une boutade populaire, avaient passé aux hommes plutôt que des hommes aux rues, et ils n'ont presque jamais tenu compte de l'autorité de l'étymologie. Ainsi, quand ils veulent étudier l'origine du nom de la rue *Bordet*, qui part de la fontaine Sainte-Geneviève et monte jusqu'à la rue Mouffetard, à l'endroit même où était la porte Bordelle, qui lui a légué son nom, ils prétendent qu'un personnage, nommé Pierre de Bordelles (*de Bordelis*), demeurait dans cette rue au douzième siècle, et qu'il y a naturellement laissé un nom qu'on ne saurait interpréter à mal. « C'est une erreur populaire, disent les auteurs du *Dictionnaire historique de la ville de Paris*, de croire qu'à cause de la ressemblance de nom, cette rue ait été autrefois affectée à la débauche. » Il est certain pourtant que Pierre de Bordelles avait été qualifié ainsi dans les actes, parce qu'il possédait une maison

La Cour des Miracles de Paris.

dans cette rue, qui fut nommée *Bordelles, Bourdelle* et *Bordel*, en raison de son usage primitif et des nombreuses *bordes* que l'enceinte de Paris avait comprises dans ses murs. La rue Bourdelle, qui conduisait à la porte du même nom, ne fit rien pour donner un démenti à ce nom malhonnête, que confirmait encore le voisinage d'un *Champ Gaillard*, qui se changea en *Chemin-Gaillard*, lorsqu'on y perça une rue, et qui est maintenant la rue Clopin, nom moderne où se reflète encore la tradition des mauvaises mœurs de toutes ces rues attenantes aux murs d'enceinte et aux portes de la ville.

Il ne nous reste plus qu'à indiquer la place topographique de certaines cours de ribaudie, qu'on qualifiait de *Cours des Miracles*, parce que les gueux, qui s'y rassemblaient et qui simulaient les plus hideuses infirmités pour émouvoir la commisération publique, sortaient de là boiteux, culs-de-jattes, aveugles, manchots, lépreux et couverts d'ulcères, et rentraient le soir ingambes, joyeux et dispos, pour faire la débauche toute la nuit. Ces cours des miracles renfermaient une population de voleurs, de mendiants, de vagabonds, de ladres et de créatures abjectes qui n'avaient conservé de la femme que le nom qu'elles déshonoraient. La plus ancienne de ces cavernes d'infamie était celle de la Grande-Truanderie, qui envoya des colonies dans tous les quartiers de Paris où la police prévôtale leur permit d'ouvrir une cour. Les deux grandes succursales de la Truanderie furent *les petites maisons du Temple*, ou *les loges des Aumônes* dans la rue des Francs-Bourgeois au Marais, et la *Cour des Miracles*, par excellence, près des Filles-Dieu, entre les rues Saint-Denis et Montorgueil. On comptait, en outre, plus de vingt cours ou repaires de la même famille, où l'on menait la même vie de désordre et de turpitude. Il suffira de citer la Cour de la Jussienne, dans la rue Montmartre, à côté de la chapelle des prostituées, dédiée à sainte Marie l'Égyptienne; la Cour Gentien, dans la rue des Coquilles; la Cour Brisset, dans la rue de la Mortellerie; la Cour de Bavière, dans la rue Bordet; la Cour Sainte-Catherine et la Cour du roi François, dans la rue du Ponceau; la Cour Tricot, dans la rue Montmartre; la Cour Bacon, dans la rue de l'Arbre-Sec, etc. Sauval dit, en parlant des hôtes dangereux de la rue des Francs-Bourgeois : « A toute heure, leur rue et leur maison étoient un coupe-gorge et un asile de débauche et de prostitutions. » Sauval fait encore un tableau plus effrayant de la principale Cour des Miracles, qu'il avait pu voir dans toute sa splendeur, lorsqu'elle servait de refuge à tout ce qu'il y avait de plus criminel, de plus impur, de plus ignoble dans le peuple de Paris. C'était là que la Prostitution, à l'ombre de l'impunité, atteignait le dernier degré du vice.

Cette Cour des Miracles avait eu autrefois une étendue considérable; mais elle se trouva insensiblement resserrée entre la rue Montorgueil, le couvent des Filles-Dieu et la rue Neuve-Saint-Sauveur; elle ne se composait plus que d'une place irrégulière et d'un cul-de-sac boueux et puant : « Pour y venir, dit Sauval, il se faut souvent égarer dans de petites rues, vilaines, puantes, détournées; pour y entrer, il faut descendre une assez longue pente de terre, tortue, raboteuse, inégale. J'y ai vu une maison de boue à demi-enterrée, toute chancelante de vieillesse et de pourriture, qui n'a pas quatre toises en carré, et où logent néanmoins plus de cinquante ménages chargés d'une infinité de petits enfants légitimes, naturels et dérobés. » Sauval, qui a recueilli des détails si curieux sur les habitants des cours des Miracles, ne nous apprend rien malheureusement des femmes que le *royaume argotique* enrôlait sous le gouvernement du *grand Coesre*. On regrettera davantage de n'avoir pas un portrait physique et moral de ces sujettes du roi des gueux et des argotiers, en sachant une étrange particularité de leur infâme métier. « Des filles et des femmes, raconte Sauval, les moins laides se prostituoient pour deux liards, les autres pour un double, la plupart pour rien. La plupart donnoient souvent de l'argent à ceux qui avoient fait des enfants à leurs compagnes, afin d'en avoir comme elles, et de gagner par là de quoi exciter la compassion et arracher les aumônes. » Le tarif des prostituées de la grande Cour des Miracles était sans doute le plus humble qu'une femme pût demander pour prix de ses honteuses complaisances ; mais il faut faire observer que deux liards du temps de Sauval valaient environ dix sous de notre monnaie, et que le double denier tournois représentait les deux tiers d'un liard, c'est-à-dire trois sous au cours actuel. Nous doutons que le taux de la Prostitution soit jamais descendu plus bas.

On comprend que cette espèce de Prostitution était tout à fait hors de l'action de la police du Châtelet. Les malheureuses qui l'exerçaient, protégées par les franchises des cours des Miracles, appartenaient à la race cosmopolite des gueux et des voleurs qui peuplaient ces asiles du crime. Elles étaient couvertes de haillons et squalides de malpropreté; la plupart, qui avaient du sang de *cagot* ou de bohémien dans les veines, se distinguaient par leur laideur repoussante, leur teint basané, leurs cheveux crépus et leur odeur infecte; celles dont la peau était blanche et la chevelure blonde, passaient pour jolies, et servaient, comme telles, d'amorce aux étrangers que leur mauvaise étoile égarait à la nuit tombante aux environs d'une cour des Miracles. La belle, dressée à cette espèce de chasse, aiguillonnait la convoitise de la proie qu'elle guettait au coin d'une rue : tantôt elle se montrait en larmes et inventait une fable propre à exciter la compassion de celui qui l'interrogeait ; tantôt elle allait à la rencontre de l'imprudent qui s'offrait à elle, et sous mille prétextes elle l'entraînait à sa suite; tantôt elle lui adressait des injures et des provocations, pour le forcer à entrer en débat avec elle et pour avoir une occasion de crier au secours : alors, ses complices, père, frères, amis, accourant à sa voix, se jetaient sur l'homme qu'elle accusait d'une insulte imaginaire et qu'on dépouillait sous ses yeux, en le maltraitant, en l'assassinant même, s'il cherchait à se défendre. Le même sort attendait l'infortuné, quand il s'était laissé séduire par cette sirène de carrefour et qu'il avait eu le courage de la suivre dans son bouge : c'était encore un père, un mari, un frère qui venait lui demander compte d'une séduction qu'on ne lui donnait pas toujours le temps d'accomplir, et de gré ou de force il devait payer une rançon, dans laquelle on comprenait tout ce qu'il portait sur sur lui, sans excepter ses vêtements. Heureux si on lui permettait de s'en aller en chemise, sain et sauf! Il n'est pas besoin de dire que, quant aux ruses et à la théorie de cette pipée amoureuse, le père les enseignait à sa fille, le mari à sa femme, le frère à sa sœur. Les enfants, dès leur bas âge, étaient livrés à la merci de la plus exécrable corruption ; ils faisaient de leur corps une pâture, vendue, abandonnée, sacrifiée à la lubricité de leurs parents ou de leurs maîtres ; ils n'avaient aucune notion du bien et du mal, surtout dans les choses qui intéressent la pudeur : fille ou garçon, leur premier pas dans la vie les menait à la Prostitution la plus éhontée, et ils ne sortaient plus de cette fange, quand ils y avaient mis le pied. C'était là, de tout temps, la pépinière des prostituées, qui en sortaient pour chercher fortune et qui y rentraient quand elles étaient devenues vieilles sous le harnois. Elles continuaient leur métier, à vil prix, et si elles ne trouvaient plus même deux liards ou un double pour salaire, elles se résignaient à changer d'industrie, et, selon leur degré de capacité, elles tiraient des horoscopes, lisaient l'avenir dans les lignes de la main, préparaient des breuvages d'amour, des philtres, des amulettes, ou vendaient de la graisse et des cheveux de pendus, pour les maléfices et les opérations magiques.

Il ne faut pas croire que les propriétaires des maisons d'une rue affectée au service de la débauche publique fussent très-empressés à se soustraire à cette honteuse servitude qui leur procurait de grands bénéfices. Nous voyons, au contraire, d'après les actes d'un procès souvent renouvelé à l'occasion de la rue Baillehoé, que la destination même d'une rue de ce genre constituait un privilége fort avantageux en faveur de ses propriétaires ou de ses locataires, qui se montraient toujours jaloux de le défendre et de le conserver. Ce procès, dont nous retrouvons les traces çà et là dans les registres du parlement, dura plus d'un siècle et se renouvela sous toutes les formes entre les parties intéressées, qui étaient, d'une part, certains bourgeois, possesseurs des maisons de cette rue infâme, et d'autre part, le curé et les chanoines de Saint-Merry. Le prévôt de Paris et le roi, alternativement, intervenaient dans le débat et l'embrouillaient davantage par des édits et des ordonnances contradictoires. Le parlement, saisi de l'affaire à son tour, ménageait les uns et les autres, prononçait des arrêts, ordonnait des enquêtes et ne se sentait pas le courage d'anéantir des droits fondés par la législation de saint Louis et confirmés par un long usage. Un arrêt du 24 janvier 1388, rapporté dans les preuves de l'*Histoire de Paris,* par Félibien et Lobineau (t. IV, p. 538), nous fait connaître l'état de la question et les prétentions réciproques des parties en litige. Le chevecier, le curé et les chanoines avaient obtenu des lettres royaux qui supprimaient définitivement la Prostitution dans la rue Baillehoé, et une ordonnance du prévôt de Paris, nouvellement élu, Jean de Folleville, enjoignit aux femmes publiques qui habitaient cette rue de vider les lieux sur-le-champ; comme ces femmes se voyaient soutenues par les propriétaires des maisons qu'elles occupaient, elles ne se pressaient pas d'obéir à l'ordonnance de l'expulsion : le prévôt envoya des archers qui les firent sortir de vive force et des maçons qui murèrent l'entrée de leurs logis. Les propriétaires lésés, dans leurs intérêts et indignés de cet abus d'autorité, portèrent plainte devant le parlement et mirent en cause le chevecier, le curé et les chanoines de Saint-Merry, qu'ils accusaient d'avoir trompé la religion du roi et du prévôt. Ces honnêtes propriétaires avaient remis leurs pleins pouvoirs à trois d'entre eux, Jacques de Braux, dit Jacobin, Philippe Gibier et Guillaume de Nevers. Voici les arguments que chaque partie faisait valoir en faveur de sa cause, qui fut sans doute plaidée à fond en audience solennelle par les meilleurs avocats du barreau de Paris.

Le chevecier, le curé et les chanoines disaient que le roi saint Louis avait ordonné que les ribaudes ne demeurassent point *en lieux et rues honnêtes*; le prévôt de Paris, qui était alors en charge, décida que la rue Baillehoé était dans les conditions d'honnêteté prescrites par l'ordonnance, et il chassa de cette rue les ribaudes, en condamnant à l'amende, c'est-à-dire *au quadruple du louage*, les *seigneurs* des maisons louées à ces femmes dissolues : « La rue, ajoutent les défendeurs, est près de belles et grandes rues notables, où il demeure plusieurs bourgeois et plusieurs bourgeoises et les chanoines et chapelains de ladite église. En outre, plusieurs inconvénients s'en sont ensuis et pourroient plusieurs plus grands inconvénients ensuir; car, se aulcun houillier ou ribault tuoit un homme, il seroit près de l'église où il pourroit se retraire; et est la rue belle et honneste pour aller à Saint-Merry et pour aller d'icelle rue en la Verrerie; et en telles rues si honnestes ne doivent demeurer femmes folieuses. Item, que la rue est près du moustier, et près du moustier telles femmes ne doivent point demourer, et c'est le chemin par lequel les chanoines et chapelains doivent aller à l'église. »

Les demandeurs répondaient « qu'il est expédient que telles femmes soient emprès les rues publiques, que en forsbourgs, et y sont faits moins de maux et inconvénients que en rues foraines; que la rue est estroicte et n'est bonne que à ce mestier et n'y a que petites bouticles, et s'aucun y faisoit aucun delict, il ne s'en pourroit fouir que par grande rue et honneste, et seroit plustost prins que se tel delict estoit faict loing de grande rue : et de tout tems telles femmes ont demouré en ladite rue; et anciennement y souloit avoir une porte, et, pour un inconvénient qui advint dans ladite rue, la porte fut abattue, et depuis tousjours y ont demouré. » Ils rappelaient, à cet égard, que sous le règne de Charles V, Hugues Aubriot, prévôt de Paris, ayant visité les *bordiaux,* en supprima plusieurs et laissa subsister celui de Baillehoé, par cette raison que les *gens honteux oseroient mieux y aller* que dans d'autres. Ils prétendaient que l'église de Saint-Merry avait intérêt même à ce que la destination de la rue ne fût pas changée, « pour les rentes qui en vallent mieux, et ce dit raison escripte, que : *in virorum honestorum domibus sæpe lupanaria exercentur*, etc. Dieu mercy, oncques mal ne fut fait en Baillehoé! » Ils arguaient des ordonnances de saint Louis qui avait voulu qu'*il y eût bourdel* en Baillehoé, comme en Glatigny et en la Cour Robert-de-Paris : « par ainsi volt que près de la Verrerie eust telles femmes, et maintenant n'en a plus aucunes en la Cour Robert-de-Paris; par conséquent, il est expédient qu'elles demeurent en Baillehoé. » Ils objectaient, de plus, que cette petite rue n'était pas le passage naturel pour aller à l'église, et que la grande rue Saint-Merry y conduisait plus directement; on pouvait aussi se dispenser d'y faire passer le corps de Nostre-Seigneur, quand on le portait aux malades, quoiqu'on ne fît pas scrupule de le porter souvent par la rue Tiron, qui n'était pas plus honnête « et est expédient, concluaient-ils, que le bordiau soit près de l'église, car combien de telles femmes pèchent, elles ne sont point du tout damnées, et est expédient qu'elles voisent aucune fois à l'église: ce qu'elles font plustost quand elles sont près que si elles estoient loing. Et n'est pas inconvénient que bordiaux soient près de l'église, car nous veons que Glatigny est proche de Saint-Denis de la Chartre, l'une des plus dévotes églises de cette ville et aussy près de Saint-Landry. » Les défendeurs, dans leur réplique, évitèrent de toucher à une question aussi épineuse que celle de la convenance du voisinage des églises et des bordiaux; ils se bornèrent à dire que la lettre de l'ordonnance de saint Louis s'opposait à ce que les femmes de mauvaise vie demeurassent auprès des églises, et ils citèrent un texte de loi romaine à l'appui de cette décision : *Deterius est quod penès sacrosanctas ædes morentur.* « Et de droit naturel, ajoutaient-ils avec tristesse, il n'est si petit en ceste ville, qui ne puet requérir et faire vuider icelles femmes d'auprès sa maison; par plus forte raison, le chevecier qui est curé : qui fault aller à matines et aux autres heures, et aller à toutes heures pour baptiser enfants et anulleer malades et porter *corpus Domini*, c'est le plus droict chemin d'aller de l'église Saint-Merry ez rue de la Brille (sans doute la rue du Poirier) et Simon-le-Franc, et de venir les bourgeoises à l'église par Baillehoé. »

Nous ne savons pas positivement à quelle époque se termina le procès, et nous devons regarder comme un de ses derniers épisodes l'ordonnance de Henri VI, roi d'Angleterre et de France, qui se déclara, en 1424, pour le curé et le chapitre de Saint-Merry. Il est probable néanmoins que, malgré toutes les ordonnances royales ou prévôtales, la Prostitution n'abandonna jamais une rue dont elle avait *joui et usé par tel et si long temps, que ne est mémoire du contraire*. Mais le curé de Saint-Merry se vengea, dit-on, d'un des *seigneurs* de cette rue, qu'il avait eu pour adversaire dans l'affaire des *bouticles au péché*, et il le fit condamner, par l'officialité, à faire amende honorable, un dimanche après la messe, devant la porte de l'église, comme coupable d'avoir mangé de la viande un vendredi. Ce n'est pas tout; le chapitre, ayant enfin triomphé des oppositions judiciaires, changea le nom indécent de la rue, qui fut alors confondue avec sa voisine la rue Brisemiche, et qui perdit de la sorte son vieux caractère d'ignominie; car, en prononçant *Baillehoé*, le peuple ajoutait une pantomime et une grimace malhonnêtes, qui n'avaient plus de sens à l'égard de la rue *Taillepain* ou *Brisemiche*. Toutes ces étymologies de *Baillehoé* étaient également significatives, soit qu'on l'écrivît *Baillehoue* ou *Baillehore* ou *Baillehort*, soit qu'on préférât adopter l'ancienne orthographe de *Baillehoc* ou *Baillehoche;* car le verbe *baille* variait d'acception, suivant le mot qu'on y accolait, et ce mot emportait toujours avec lui une valeur obscène : *houe*, c'est un instrument de labour; *hore*, c'est une fille publique; *hort*, c'est un choc violent; *hoc*, c'est cela; *hoche*, c'est une entaille, etc. En un mot, il y avait constamment une image indécente attachée aux différents noms de cette rue, qui, en perdant ses noms équivoques, ne devint pas plus honnête, puisque dans le dernier siècle les filles de la rue Brisemiche avaient encore une célébrité proverbiale.

Le document, que nous avons analysé en parlant du procès de la fabrique de Saint-Merry contre les *seigneurs* de Baillehoé, nous permet de fixer certains points d'archéologique pornographique. Nous pouvons presque, avec certitude, constater que les rues affectées à la Prostitution avaient été autrefois fermées la nuit avec des portes; que ces rues, hantées par les *ribauds* et gens dissolus, étaient souvent le théâtre de rixes, de meurtres et d'inconvénients graves; que néanmoins les maisons s'y louaient plus cher qu'ailleurs et y produisaient de bons revenus à leurs propriétaires ou tenanciers; que les *femmes folieuses* avaient l'entrée libre dans les églises, où elles allaient, moins pour prier, que pour chercher aventure ; enfin, que la présence d'un *bordiau* était avantageuse à la paroisse en raison des aumônes que ses pensionnaires payaient au curé et à la fabrique. Remarquons, en outre, que dès lors un usage de droit coutumier, qui s'est maintenu jusqu'à nos jours, autorisait chaque bourgeois à porter plainte contre toute femme de mauvaise vie, qu'il voulait faire expulser, de sa maison ou de son voisinage, par les sergents du Châtelet chargés de la police des prostituées et des lieux de débauche.

CHAPITRE XII.

Sommaire. — Le livre de la Taille de Paris. — Le roi des ribauds *de la royne Marie.* — Ysabiau *l'Espinète.* — Jehanne *la Normande.* — Edeline *l'Enragiée.* — Aaliz *la Bernée.* — Aaliz *la Morelle.* — *La Baillie* et *la Perronnelle-aux-chiens.* — Perronèle *de Sirènes.* — Anès *l'Alellète.* — Jehanne *la Meigrète.* — Marguerite *la Galaise.* — Geneviève *la Bien-Fêtée.* — Jehanne *la Grant.* — Ysabiau *la Camuse.* — Maheut *la Lombarde.* — Marguerite *la Brete.* — Ysabiau *la Clopine.* — Anès *la Pagesse.* — Juliot *la Béguine.* — Jehanne *la Bourgoingne.* — Maheut *la Normande.* — Gile *la Boiteuse.* — Mabile *l'Escote.* — Agnès *aux blanches mains.* — Jehanette *la Popine.* — Ameline *la Petite.* — Ameline *la Grasse.* — Marie *la Noire.* — Anès *la Grosse.* — Jehanne *la Sage*, etc., etc.

Nous avons dit que le livre de la Taille de Paris, pour l'an 1292, ne présentait aucun fait relatif à la

Prostitution; mais, après avoir examiné de nouveau ce livre si précieux pour l'histoire de Paris à cette époque, nous croyons pouvoir modifier un peu ce jugement, qui, pour être vrai au premier coup d'œil, mérite de n'être accepté qu'avec certaines réserves; car si, en en effet, on ne trouve nulle part dans les *quêtes* de la taille une désignation précise des femmes *communes* qui exerçaient le métier de ribauderie, on est tenté de les reconnaître çà et là sous des sobriquets qui les caractérisent. Il est certain, toutefois, que ces femmes ne payaient aucun impôt, dans les tailles extraordinaires levées au profit du roi, en qualité de *ribaudes*; mais elles payaient à titre de locataires des maisons qu'elles habitaient en ville, hors de leurs *bouticles au péchié*. Nous ne savons rien, par malheur, sur les conditions de l'assiette des taxes; et, par exemple, il nous est impossible de comprendre pourquoi Paris, qui renfermait, sous Philippe le Bel, une population de 400,000 âmes environ, ne fournit que 15,200 contribuables, suivant les calculs du savant Henri Geraud, payant ensemble 12,218 livres et 14 sous. Ces contribuables ne sont pas certainement les plus riches habitants, que les priviléges de bourgeoisie exemptaient de la taille; ce ne sont pas aussi les plus pauvres, comme nous le voyons par les différences de fortune que semblent accuser les variations de la taille. Il ne faut pas se fier aux étranges suppositions de Dulaure, qui veut que le nombre des *tailles* indique le nombre des *feux*; si cela était, le rôle de la Taille ne mentionnerait pas, avec une taxation spéciale, les enfants, les valets, les chambrières, les ouvriers compagnons des personnes imposées. Nous hasarderons une conjecture, qui ne repose pas sur des preuves écrites, en disant que la taille n'atteignait que les individus logés au rez-de-chaussée, ayant *ouvroir*, ou *fenêtre*, ou issue de plain-pied sur le pavé du roi. Cette conjecture, que rien, d'ailleurs, ne contredit, a l'avantage d'expliquer naturellement la singulière disproportion qui existe entre le nombre des habitants et celui des contribuables, parmi lesquels les femmes ne comptent pas pour la dixième partie.

La Taille de 1292 nous permettra de constater un fait que confirment plusieurs ordonnances postérieures de la prévôté de Paris : c'est que les rues affectées à la débauche publique ne recevaient les femmes de mauvaise vie, qu'à certaines heures du jour, dans des *bordeaux* ou *clapiers* où elles exerçaient librement leur abjecte profession. Nous verrons qu'elles ne logeaient pas la nuit dans ces mêmes rues, comme si le législateur avait voulu qu'elles respirassent l'air de la vie honnête en sortant de l'atmosphère de leur infamie. Nous ne les rencontrerons donc que dans les rues voisines, et nous n'aurons pas de peine à les reconnaître à leurs surnoms populaires et à l'uniformité de leur taxe. Avant d'aller à leur recherche dans les paroisses où elles cachaient leur existence souvent chrétienne et presque honorable en apparence, puisqu'elles étaient quelquefois mariées et avaient un ménage, nous devons extraire du livre de la Taille une particularité très-bizarre, que l'éditeur a laissée passer inaperçue et qui se rattache à l'histoire de la Prostitution. Dans la quête des *menues gens* qui résidaient au quartier Saint-Germain-l'Auxerrois et qui furent tous taxés indifféremment à 1 sol ou 12 deniers par tête, on est étonné de trouver le *roy des ribaus de la royne Marie* (voy. p. 5 du *Livre de la Taille*, publié avec des commentaires par H. Geraud). Quel est ce roi des ribauds qui avait sa demeure dans la rue *d'Osteriche*, aujourd'hui rue de l'Oratoire, vis-à-vis du Louvre? A coup sûr, il ne s'agit pas ici d'un officier de la maison du roi de France; et la misérable quotité de sa contribution témoigne assez de sa condition infime. Ce n'est pas le roi des ribauds de la cour de France, qui eût payé au fisc la même redevance que *Adam le çavetier, Jehan menjuepain* (mendiant) et *Helissent, ferpiere de linge.*

Il y avait, comme nous l'avons dit, un roi des ribauds élu dans chaque *cour de ribaudie*, et cette espèce de portier, chargé de maintenir l'ordre dans le clapier, n'était qu'une piètre caricature du roi des ribauds de l'hôtel du roi. Celui de la rue *d'Osteriche* appartenait à la plus pauvre ribaudie de la ville, et ce titre pompeux, dont il se décorait, ne l'empêchait pas de n'être qu'un *truand* de piteuse espèce. Quant à cette *royne Marie*, dont il se déclarait l'officier et le ministre, ce ne peut être qu'une ribaude ou quelque vieille entremetteuse qui aurait été intronisée reine par ses sujettes ou par ses compagnes. Il n'y a pas d'autre conclusion à tirer de cette qualification de *reine* appliquée à une femme du nom de Marie, qui avait un roi des ribauds taxé à 12 deniers ; et il est inutile de démontrer que ce chétif roi des ribauds ne pouvait, en aucun cas, appartenir à la reine Marie de Brabant, veuve de Philippe le Hardi, laquelle vivait encore à cette époque. Nous sommes fondé à croire, d'après cette simple indication, que, du moins dans certaines ribaudies, les femmes publiques se donnaient une reine, comme d'autres corporations de femmes, notamment les lavandières, les lingères, les harengères, etc. Cette reine devait avoir naturellement un roi des ribauds, chargé de la police particulière du mauvais lieu où régnait son impudique maîtresse. Peut-être, aussi, attribuait-on le nom de *reine* à la gouvernante d'une cour de ribaudes. Nous avons vu cependant, à la suite des rois de France, au seizième siècle, une gouvernante de cette espèce, à qui les ordonnances de François Ier et de Henri II n'accordent pas les honneurs d'une indécente royauté. En général, le clapier étant honoré du titre comique d'*abbaye*, dans le langage pittoresque du peuple, la directrice d'une semblable abbaye se disait *abbesse* ou *prieure*. On pourrait encore supposer que la reine Marie était l'élue d'une de ces joyeuses associations de *fous*, de *conards*, de *jongleurs*, etc., qui simulaient un gouvernement avec une burlesque imitation des offices de la royauté.

Venons-en à notre enquête sur les femmes sans profession, que la Taille de 1292 nous montre logées dans les rues suspectes et aux environs des rues consacrées à la Prostitution. Nous remarquons d'abord, parmi les *menues gens* de la paroisse Saint-Germain-l'Auxerrois, imposés chacun à 12 deniers, Florie *du Boscage*, qui demeurait en dehors de la porte Saint-Honoré et, par conséquent, sur le fossé de la ville; Ysabiau *l'Espinète*, dans la rue *Froid-mantel* du Louvre, qui vient à peine de disparaître avec ses vieux repaires de débauche; Jehanne *la Normande*, dans la rue *de Biauvoir*, qui existait encore il y a quarante ans sous le nom de rue de Beauvais; Edeline *l'Enragiée* dans la rue *Riche-Bourc*, qui est à présent la rue du Coq-Saint-Honoré; Aaliz *la Bernée*, au coin de l'abreuvoir qui était à l'entrée de la rue des Poulies; Aaliz *la Morelle*, dans la rue *Jehan Evrout*, qui n'a pas laissé de traces; *la Baillie* et *Perronnelle-aux-chiens*, dans la rue des Poulies; Letoys, fille d'*Aaliz-sans-argent*, dans la rue *d'Averon*, qui est la rue Bailleul. Il est assez bizarre que les rues sombres et fétides où résidaient ces filles, dont le sobriquet indique assez la profession, n'ont jamais cessé d'être habitées par le rebut de la population. Parmi les menues gens du quartier Saint-Eustache, nous trouvons Perronèle *de Serènes* (ou sirène), Anès *l'Alellète* (l'alouette), Jehanne *la Meigrète*, Marguerite *la Galaise*, Geneviève *la Bien-*

Fêtée, Jehanne *la Grant*, etc. Les mêmes sobriquets se sont conservés traditionnellement parmi le monde de la Prostitution populaire.

Dans les mêmes quartiers et les mêmes rues, la Taille de 1292 signale encore par des sobriquets analogues un nombre de femmes qui pouvaient vivre également de leur corps, mais qui en tiraient meilleur profit, puisqu'elles sont imposées à 2, à 3 et même à 5 sous. Telles étaient, en dehors de la Porte-Saint-Honoré, Ysabiau *la Camuse* et Maheut *la Lombarde;* dans la rue *Froidmantel*, Marguerite *la Brete* et Ysabiau *la Clopine;* dans la rue *Biauveoir*, Anès *la Pagesse;* dans la rue Richebourg, Juliote *la Beguine*, Jehanne *la Bourgoingne*, Maheut *la Normande*, Gile *la boiteüse*, etc. Il faut faire observer que les rues pauvres et malfamées, qui acceptaient de pareilles habitantes, n'étaient occupées, d'ailleurs, que par des artisans de la plus vile espèce : pêcheurs, passeurs, savetiers, fripiers, etc. Dans les rues plus passagères et mieux habitées, on ne remarque pas souvent une seule femme dont la condition semble équivoque. Nous rencontrons seulement ces femmes suspectes aux alentours des rues bordelières, où elles ne logeaient pas, comme nous le prouverons plus loin. Ainsi, dans la rue de Glatigny, où la débauche avait son plus fameux atelier, on ne voit pas sans doute figurer des personnes bien honorables : ce sont Margue *la crespinière*, Jean *le pastéeur*, Héloys *la chandelière*, Jaque *le savetier*, etc. Mais, en voyant au nombre des locataires de cette rue infâme un certain Jeharraz, qui paye 22 sols de contribution, Guibert le Romain, qui en paye 25, la femme de Nicolas le *cervoisier* et ses deux filles, qui payent ensemble 38 sols, et Giles Marescot, 36; nous sommes tenté de prendre ces individus pour des fermiers de mauvais lieux, et nous allons chercher leurs pensionnaires dans les rues voisines. Elles nous présentent Mabile *l'Escote* (ou l'Écossaise), Perronèle *Grosente*, de Gervoi; Lucette, Lorencete, Agnès *aux blanches mains*, Jehannette *la Popine* et d'autres que nous reconnaissons pour des *femmes d'amour*. Dans un centre de Prostitution, non moins actif que le Val d'amour, en *Baillehoe* et en *Cour Robert-de-Paris,* nous ne comptons que quatre femmes sans profession entre trente-huit contribuables, dont le plus imposé, il est vrai, ne paye que 5 sols : ce sont Ameline *Beleassez*, Ameline *la Petite*, Anès *la Bourgoingne* et Maheut *la Normande*, qui sont taxées chacune à 2 sols; la chambrière de Maheut est taxée de même que sa maîtresse, dont elle partageait apparemment les travaux et les bénéfices. Mais, dans les rues adjacentes, il y a des femmes que leur surnom nous fait reconnaître, et qui appartenaient sans doute à la ribaudie de Baillehoé, quoiqu'elles eussent leur domicile en *honnête mesgnie.* Citons seulement Chrétienne et Marie, sa sœur, dans la rue Neuve-Saint-Merry; Juliane et Anès, *sa nourrice*, dans la même rue; Ameline *la Grasse*, dans le cloître; Marie *la Noire,*

Marie *la Picarde*, Anès *la Grosse*, Jehanne *la Sage*, dans la rue Simon-le-Franc, etc. Ce n'était pas là, certainement, tout le personnel de la Prostitution dans ces quartiers populeux ; et nous sommes fort en peine d'apprécier le motif qui faisait comprendre telle ribaude plutôt que telle autre sur les listes de la taille.

Il faut admettre aussi que toutes les prostituées n'étaient pas vouées exclusivement à leur honteuse profession et que la plupart d'entre elles se trouvaient réparties dans diverses catégories de métiers. Il paraît ressortir de l'esprit des ordonnances de saint Louis, qui régissaient toujours la Prostitution, que toute femme était libre de son corps et pouvait en faire trafic à son gré, pourvu qu'elle ne s'abandonnât au péché que dans *les anciens bordeaux et rues à ce ordonnées d'ancienneté*. Selon les termes de plusieurs arrêts du parlement, Delamare, qui avait sous les yeux tous les monuments de la législation du Châtelet, n'a pas jugé autrement l'état des femmes publiques, qui n'avaient cette condition infamante que dans l'exercice de leur scandaleuse industrie, et qui, hors de là, retrouvaient presque la qualité de femme honnête. Il résulterait de cette distinction singulière dans l'une et l'autre phase de leur genre de vie, que l'autorité municipale n'avait rien à voir dans les désordres secrets des femmes qui se conformaient scrupuleusement aux ordonnances et qui ne devenaient ribaudes communes qu'en mettant le pied dans les endroits consacrés à cette Prostitution transitoire et locale. Celle qui venait de se prostituer en un mauvais lieu, se purifiait, pour ainsi dire, dès qu'elle en était sortie. On s'explique de la sorte un jugement des magistrats de Bordeaux qui condamnèrent au gibet un homme coupable d'avoir violé une fille publique. Ce jugement mémorable est rapporté par Angelo-Stefano Garoni, dans son Traité de jurisprudence intitulé : *Commentaria in titulum de meretricibus et lenonibus Constit. Mediol.* « Les lieux infâmes de Prostitution, dit Delamare dans son *Traité de la Police*, étoient communs à plusieurs de ces femmes publiques et leurs demeures en étoient séparées. C'étoit un lieu d'assemblée, où elles avoient la liberté de se rendre pour leur mauvais commerce, et qui leur étoit marqué, pour les faire davantage connoître et en éloigner celles qui étoient encore susceptibles de quelque pudeur. Il leur étoit défendu (selon le *livre vert ancien* du Châtelet, fol. 159) de commettre le vice partout ailleurs, non pas même dans les lieux de leurs demeures particulières, sous les peines portées par les règlements. Elles crurent éluder ces sages précautions, en se rendant si tard dans ces lieux publics qu'elles n'y seroient point connues et que les voisins ne les y verroient point entrer. »

On réglementa dès lors les heures d'entrée et de sortie dans les bordeaux et clapiers qui ne s'ouvraient qu'au point du jour et se fermaient au coucher du soleil. On ne voit pas néanmoins que les femmes qui y venaient pour pécher, fussent soumises à une inscription quelconque; mais on peut prétendre, à coup sûr, qu'elles étaient tenues d'acquitter un droit fixe qui figurait dans la recette de la ville ou qui faisait partie des revenus du roi des ribauds de l'hôtel du roi. Le prévôt de Paris rendit une ordonnance, le 17 mars 1374, portant que : « toutes femmes qui s'assemblent ès rues Glatigny, l'Abreuvoir Mâcon, Baillehoé, la Cour Robert-de-Paris, et autres bordeaux, soient tenues de s'en retirer et de sortir de ces rues, incontinent après dix heures du soir sonnées, à peine de vingt sous parisis d'amende pour chaque contravention. » Le taux de l'amende, qui équivalait à plus de vingt francs de notre monnaie, prouve, ce nous semble, que le salaire d'une journée de *péché* n'était pas inférieur à cette amende, qui revenait probablement pour moitié aux sergents du Châtelet; elle fut laissée depuis à l'arbitraire du juge, et, par conséquent, doublée ou quadruplée, ce qui permettrait de supposer que des femmes de haut rang ne craignaient pas quelquefois d'affronter les hasards impudiques de ces lieux infâmes et se souciaient peu de l'amende, pourvu qu'elles achetassent par là l'impunité et le secret de leur vie dissolue. Le 30 juin 1395, le prévôt de Paris fit défense à toutes filles et femmes de joie, « de se trouver dans leurs bordeaux ou clapiers, après le couvre-feu sonné, à peine de prison et amende arbitraire. » Delamare, qui rapporte cette ordonnance d'après le *livre rouge ancien* du

Châtelet, ajoute une particularité qu'il a vérifiée sur les registres de la prévôté : « Les ordonnances étoient renouvelées tous les ans deux fois, et cette retraite leur étoit marquée à six heures en hiver, et à sept heures en été, qui est l'heure que l'on sonne le couvre-feu. »

Telle était la force de l'usage, tel était l'empire de l'habitude au bon vieux temps, qu'il fallut plusieurs siècles pour enlever à la Prostitution une des rues que Louis IX lui avait spécialement affectées. Lorsque l'ordonnance du prévôt de Paris, du 18 septembre 1367, eut renouvelé et confirmé la destination de ces rues malhonnêtes, l'évêque de Mâcon adressa des représentations au roi Charles V, pour obtenir que la rue Chapon fût soustraite à cette impure servitude. Les évêques, comtes de Châlons, possédaient depuis plusieurs siècles un grand hôtel, situé dans la rue Transnonain, appelée alors *Trousse-nonain*, entre les rues Chapon et *Court-au-vilain*, maintenant rue de Montmorency. Les femmes de mauvaise vie s'étaient emparées de toutes ces rues, mais elles s'assemblaient tous les jours dans leur *asile* de la rue Chapon, et là, leurs chants, leurs rires, leurs altercations, leurs indécences, troublaient sans cesse la vue, les oreilles et la conscience des pieux habitants de l'hôtel de Châlons. L'évêque, qui était membre du conseil privé du roi, employa tout son crédit pour éloigner de sa demeure, et, en même temps, du cimetière de Saint-Nicolas-des-Champs, l'odieux voisinage qui semblait insulter à la fois les vivants et les morts. Charles V rendit une ordonnance, datée du 3 février 1368 (nouveau style, 1369), dans laquelle il remettait en vigueur le premier édit de saint Louis contre la Prostitution en général. Pour en venir non pas à l'exécution complète de cet édit, mais pour l'appliquer seulement à la rue Chapon, les conclusions qu'il tirait de l'ordonnance prohibitive de 1254 n'étaient ni justes ni motivées; car, après avoir rappelé l'ancienne ordonnance qui expulsait de la ville (*de villâ*) les femmes publiques (*publicæ meretrices*) et qui confisquait tous leurs biens, jusqu'à la cote et au péliçon (*usque ad tunicam vel pelliceam*), il ordonnait aux propriétaires et aux locataires de la rue Chapon qui auraient loué leurs maisons à des ribaudes, de les mettre dehors sur-le-champ et de ne faire aucun bail avec elles à l'avenir, sous peine de perdre le loyer d'une année, afin, disait l'édit, que ces viles créatures ne logent plus dans ladite rue et n'y tiennent plus leurs assemblées (*quod ibidem sua lupanaria ulteriùs de cetero non teneant*); cela, pour l'honneur de l'évêque et dans l'intérêt des personnes honnêtes qui habitaient aux environs de cette rue ou même dans cette rue, où l'on n'osait plus passer. L'ordonnance a l'air d'attribuer au nom de la rue Chapon une origine que démentent des titres plus anciens (*saltem metu pene dictus vicus*). Sauval affirme que les femmes publiques résistèrent aux ordres du roi, en se fondant sur leurs priviléges confirmés par saint Louis, et prouvèrent que la rue Chapon leur avait été concédée comme un lieu d'asile par Philippe-Auguste, avant que cette rue fût enfermée dans l'enceinte de Paris. Les évêques de Châlons eurent beau se plaindre et s'autoriser de l'ordonnance de Charles V pour se débarrasser de leurs scandaleuses voisines : ils n'y réussirent pas, tant la législation de saint Louis avait conservé d'autorité, tant la coutume avait de pouvoir dans l'administration municipale. « Les ribaudes tinrent bon, dit Sauval, et elles ne sortirent de la rue Chapon qu'en 1565, lorsque les asiles de femmes publiques furent ruinés de fond en comble à Paris. »

Les ordonnances des rois n'étaient pas mieux exécutées, il est vrai, lorsqu'elles avaient pour objet de s'opposer aux envahissemens de la Prostitution dans les rues de Paris auxquelles ce fléau n'avait pas été infligé par droit d'ancienneté. Une fois que les femmes publiques envahissaient une rue ou un quartier, elles s'y enracinaient et y pullulaient, sans qu'il fût possible de les en chasser, malgré toutes les menaces d'amende et de prison. Elles avaient, on le voit, une répugnance invincible à se rendre dans les lieux qui leur étaient attribués et qui leur imprimaient sans doute une marque particulière d'infamie; elles préféraient s'exposer aux rigueurs de la loi et pratiquer leur métier en cachette, dans des rues où l'œil de la police n'était pas toujours ouvert sur elles. En 1381, Charles VI réclama l'exécution des ordonnances de saint Louis contre ceux qui loueraient des maisons ou des logements à des femmes de mauvaise vie dans certaines rues qu'elles avaient accaparées et qui n'étaient pourtant pas comprises dans le nombre de leurs lieux d'asile. Charles VI adressa des lettres patentes, le 3 août, au prévôt de Paris, qu'il chargeait d'en faire exécuter la teneur; il s'appuyait sans raison sur les anciennes ordonnances de saint Louis qui expulsaient de la ville et des champs (*tam de campis quam de villis*) les femmes de vie dissolue et qui prohibaient absolument la Prostitution; mais, en vertu de ces ordonnances, il n'exigeait que l'expulsion des prostituées qui avaient élu domicile dans les rues Beaubourg, Geoffroy-l'Angevin, des Jongleurs, Simon-le-Franc, ainsi qu'aux alentours de Saint-Denis-de-la-Châtre et de la fontaine Maubué. De même que dans l'édit de Charles V, les propriétaires et locataires de ces rues et de ces carrefours, qu'on voulait délivrer de leurs hôtes incommodes, étaient sommés de ne passer aucun contrat de loyer avec des femmes suspectes, sous peine d'avoir à payer une année de loyer au bailli du lieu ou au juge du Châtelet. On est fondé à croire que le prévôt de Paris fit d'abord diligence pour que les commandements du roi fussent observés : il y eut des propriétaires mis à l'amende, des femmes expulsées et emprisonnées; mais, en dépit des sergents, la Prostitution se maintint dans le nouveau domaine qu'elle avait conquis. Toutes ces rues, excepté le cloître de Saint-

Denis-de-la-Châtre, avaient fait partie du hameau de Beaubourg, que Philippe-Auguste réunit à la ville, en l'entourant de murailles; ce Beaubourg était donc naturellement occupé par des ribaudes qui s'y perpétuaient par tradition. La fontaine Maubué, environnée de chétives bicoques, faisait le centre de cette ribaudie qui s'annonçait assez par le nom même de sa fontaine (*Maubué*, malpropre, mal lessivé). L'établissement des ribaudes autour de l'église de Saint-Denis-de-la-Châtre, dans la Cité, remontait à une antiquité encore plus reculée, car nous avons prouvé que la confrérie de la Madeleine avait eu d'abord son siége dans cette paroisse : il était tout simple que les *joyeuses commères* qui composaient cette confrérie se groupassent aux abords de leur église patronale et regardassent ce quartier comme un ancien fief de leur corporation.

Le prévôt de Paris, en publiant les lettres patentes du 3 août 1381, destinées à protéger l'*honnêteté* de certaines rues, crut devoir rappeler, en même temps, que d'autres rues avaient été particulièrement affectées à la Prostitution ; mais, de peur de se mettre en contradiction avec quelque ordonnance du roi, telle que celle qui avait voulu réhabiliter la rue Chapon, il évita de désigner ces rues; il fit défense aux femmes déshonnêtes « de ne eux tenir, héberger ne demeurer ès bonnes rues de Paris, mais qu'ils vuident eux et leurs biens hors desdites bonnes rues et voisent (aillent) demeurer ès moiens bordeaux et ès rues et lieux ad ce ordonnés, sur peine de bannissement. » Cet avis, que Ducange a tiré du *livre vert nouveau* du Châtelet, gardait le silence sur les lieux que la prévôté attribuait nominativement au marché de la débauche; aussi, les prostituées tirèrent avantage de ce silence, pour se répandre dans tous les quartiers de Paris et pour y fonder une multitude de lieux infâmes. Le prévôt eut besoin d'expliquer l'avis amphibologique de 1381, par un nouvel édit plus explicite, que Ducange, dans son Glossaire (au mot GYNÆCEUM), rapporte, sous la date de 1395, comme emprunté du *livre noir* du Châtelet : « *Item*, l'on commende et enjoint à toutes femmes publiques bordelières et de vie dissolue, à présent demeurans ès rues notables de Paris..., qu'elles vuident incontinent après ce présent cry, et se retraient, et qu'elles facent leur demeure ès bordeaux et autres lieux et places publiques, à eux ordonnez d'ancienneté pour tenir leurs bouticles au péchié devant dit, c'est assavoir ès rues de l'Abreuvoir de Mascon, de Glatigny, de Tiron, de Court Robert de Paris, Baillehoé, la rue Chapon et la rue Palée, sur peine d'estre mises en prison et d'amende volontaire. » Ce *cri*, ou proclamation, qui fut fait à son de trompe par les crieurs jurés dans les carrefours de Paris, présente cette singularité, qu'on n'y a point égard à l'ordonnance du roi relative à la rue Chapon; peut être, un arrêt du parlement était-il venu suspendre l'effet de cette ordonnance. Parmi les lieux réputés infâmes, on ne trouve plus la rue de Champ-Fleuri, mais on voit qu'elle a été remplacée par la rue *Palée*, qu'on nomma depuis ruelle *Saint-Julien* et plus tard rue de *la Poterne* ou *Fausse-Poterne*, parce qu'elle était à peu de distance de la poterne Saint-Nicolas-Huidelon. Cette rue, qui tient à la rue Beaubourg et qui s'appelle aujourd'hui rue du Maure, renfermait une cour de ribaudie, dite *la Cour du More*, dénomination que nous rapprocherons du sobriquet de certaines filles, qui devaient être moresses ou sarrasinoises, puisque la Taille de 1292 les qualifie de *morelles*. C'était là un des principaux repaires de la Prostitution, quoique nous ne cherchions pas à retrouver cette rue *Palée* dans la rue du Petit-Hurleur, où Géraud, Jaillot, Lebeuf, ont essayé de la placer. La grande rue Palée (il y en eut deux de ce nom) était, selon nous, le lieu d'asile des filles de la rue Beaubourg et des rues voisines.

Il y avait encore dans Paris une quantité de mauvais lieux non autorisés; mais il semble que la prévôté ait négligé de s'en occuper jusqu'en l'année 1565, où Charles IX les enveloppa dans une mesure générale de prohibition. Mais, avant cette mesure, nous pouvons citer deux essais de réforme au sujet de deux rues, dont l'une appartenait traditionnellement à la Prostitution, et dont l'autre en avait été infectée à une époque bien postérieure. Une ordonnance de Charles VI, du 14 septembre 1420, pendant l'occupation de Paris par les Anglais, avait renouvelé les anciennes défenses aux femmes dissolues, de loger ailleurs que dans les rues de l'Abreuvoir-Macon, de Glatigny, de Tyron, la Cour Robert-de-Paris, Baillehoé et la rue Palée, à peine de prison. (Delamare a lu *rue Pavée*, dans le registre *noir* du Châtelet, où il copia ce document.) Mais, quatre ans après, Charles VI étant mort, Henri VI, roi d'Angleterre, qui s'intitulait *roi de France,* prêta l'oreille aux suppliques des marguilliers et paroissiens de l'église de Saint-Merry, qui demandaient la suppression des honteuses franchises de Baillehoé; « auquel lieu de Baillehoé, disent les lettres patentes de Henri VI, datées du mois d'avril 1424, et délivrées à Paris dans le conseil du roi; siéent, sont et se tiennent continuellement femmes de vie dissolue et communes que on dit bordelières, lesquelles y tiennent clappier et bordel publique : qui est chose très-mal séant et non convenable à l'honneur qui doit être déféré à l'Église et à chacun bon catholique; de mauvais exemple, vil et abominable, mesmement à gens notables, honorables et de bonne vie. » En conséquence, pour satisfaire au vœu des exposants et de leurs femmes, que scandalisait le spectacle de ces impudicités, le roi anglais défendit « qu'il y eust dorénavant aucune prostituée en la rue de Baillehoé, ni aux abords de l'église Saint-Merry, attendu qu'il y avoit dans la ville moult d'autres lieux et places ordonnées à ce, et mesmement assez près d'icelle, comme au lieu que l'on dit la Cour

Robert, et ailleurs, plus loing de l'église, pour retraire lesdites femmes, qui sont comme non habités. »

Il était enjoint au prévôt de Paris de faire exécuter cet édit *irrévocable*, et d'expulser sur-le-champ les femmes perdues qui logeaient dans la rue Baillehoé. Il est probable que cette ordonnance n'eut pas plus de valeur effective que les précédentes, car la rue Baillehoé resta consacrée au vice. Nous remarquons pourtant, dans les lettres de Henri VI, que les lieux de tolérance étaient *comme non habités;* tandis que la proclamation du prévôt de Paris, faite à cor et à cri en 1395, ordonne aux prostituées de *faire leur demeure* dans ces mêmes lieux qui leur avaient été attribués *d'ancienneté*. Nous conclurons de ces deux pièces, presque contemporaines, que la législation relative aux femmes de mauvaise vie avait changé sur ce point : qu'elles étaient forcées de loger sur le théâtre même de leurs désordres, et qu'elles n'avaient plus la liberté de cacher leur domicile dans tous les quartiers, pourvu qu'elles y vécussent honnêtement. Il résulte aussi de l'ordonnance de Henri VI, que, nonobstant des injonctions réitérées, les femmes dissolues refusaient de s'agglomérer dans les bordeaux et clapiers, qui restaient déserts et abandonnés. Un arrêt du parlement, du 14 juillet 1480, cité par Sauval, nous prouve avec quelle obstination cette espèce de femmes s'éloignait, des rues réservées à leur commerce déshonorant, pour se jeter, comme des harpies, sur des rues qu'elles souillaient de leurs débauches. Cet arrêt ordonne de faire déloger les femmes de vie déshonnête, de la rue des Cannettes et des autres rues voisines, et enjoint à ces femmes « d'aller demeurer ès anciens bordeaux » (*Antiquités de Paris*, t. III, p. 652). On ne peut pas douter, d'après les termes de l'arrêt, que la prévôté de Paris n'eût reconnu la nécessité de confondre le logement des femmes publiques avec l'asile de leurs impudicités, et que les lieux de tolérance ne fussent devenus de la sorte la demeure permanente de ces femmes, qui dans l'origine n'y venaient qu'à certaines heures du jour et n'y restaient jamais la nuit.

Il faut maintenant chercher à découvrir, dans la topographie du vieux Paris, les rues dont la Prostitution errante avait fait la conquête, et que cependant les ordonnances des rois, les arrêts du parlement et les *mandements* de la prévôté ne nous signalent pas nominativement. Ces rues, où s'exerçait en secret la coupable industrie des *putes* libres, étaient en assez grand nombre, et le nom souvent obscène qu'elles devaient à la malice du *populaire* les désignait à la réprobation des honnêtes gens, qui s'en écartaient avec prudence. Outre les cours des Miracles, qui englobaient dans la même fange les voleurs et les prostituées de la dernière classe, on compterait aisément une vingtaine de rues aussi mal famées que celles dont saint Louis avait livré entièrement le séjour à la débauche publique. Nous avons déjà remarqué plus haut que ces rues étaient ordinairement voisines d'un centre de Prostitution. Ainsi, la rue Transnonain dépendait, pour ainsi dire, de la rue Chapon; la rue Bourg-l'Abbé, de la rue du *Hueleu;* la rue Cocatrix, de la rue Glatigny. Dès les premiers temps, les ribaudes avaient choisi leur résidence auprès du lieu de leurs *assemblées*, afin de pouvoir s'y rendre à toute heure sans être exposées aux insultes et aux huées de la populace. La rue Bourg-l'Abbé, qui fut ouverte hors de l'enceinte de Philippe-Auguste, sur le territoire de l'abbaye Saint-Martin-des-Champs, participait à la mauvaise réputation de la rue ou plutôt du cul-de-sac de *Hueleu*, qui formait l'entrée de la rue actuelle du Grand-Hurleur. Sauval (t. Ier, p. 120) rapporte une locution proverbiale qui nous fait connaître quels étaient les habitants de cette rue : « Ce sont gens de la rue Bourg-l'Abbé, disait-on; ils ne demandent qu'amour et simplesse. » Quant à la rue de *Hueleu*, exclusivement réservée à la Prostitution depuis son origine jusqu'à nos jours, elle ne devait pas son nom, comme l'a dit l'abbé Lebeuf, à un chevalier, nommé Hugo Lupus (en vieux français, *Hue-leu*), lequel vivait au douzième siècle et fit plusieurs donations à l'église de Saint-Magloire; mais bien aux huées qui accompagnaient alors les gens simples ou crédules que le hasard amenait dans ce lieu infâme. Cette étymologie, conforme à l'esprit du baptême des rues de Paris, est confirmée par le nom des *Innocents*, que la rue a porté aussi vers la même époque ; on l'appelait encore rue *du Pet*. On lui donna depuis le nom de *Grand-Hueleu*, pour la distinguer de la rue du *Petit-Hueleu*, sa voisine, qui avait été d'abord la *petite rue Palée*, et qui mérita d'être comparée plus tard à celle de Hueleu, pour la honteuse destination qu'elle avait prise : « Dès qu'on voyoit entrer un homme dans l'une ou l'autre de ces rues, disent les auteurs du *Dictionnaire historique de la ville de Paris*, on devinoit aisément ce qu'il y alloit faire, et l'on disoit aux enfants : *Hue-le*, c'est-à-dire, crie après lui, moque-toi de lui ! » Quoi qu'il en soit, de tous les *bourdeaux* de Paris, celui de Hueleu fut celui qui conserva la plus horrible renommée ; ce fut lui surtout qui détermina les sévères mesures de répression que Charles IX étendit à tous les mauvais lieux de sa capitale. On pourrait soutenir, par de bonnes autorités, que les enfants avaient l'habitude de crier *au loup* et, par corruption, *houloulou*, quand un homme accostait une femme débauchée dans la rue, ou quand une de ces malheureuses osait se montrer en plein jour avec le costume de son état.

Les rues qui conduisaient à la rue Chapon n'étaient pas mieux habitées qu'elle. La rue Transnonain a longtemps servi de prétexte aux grossiers jeux de mots du peuple, qui l'appelait tantôt *Trousse-Nonain* ou *Tasse-Nonain* et tantôt *Trotte-Putain* et *Tas-de-Putain*. La rue Ferpillon, dans le nom de laquelle on a cru retrouver le nom d'un de ses premiers habitants, fut d'abord nommée *Serpillon*, vieux mot qui correspond à *torchon*. La rue de Montmorency, où les seigneurs de Montmorency eurent autrefois un hôtel avec des dépendances considérables, n'était connue que sous le nom de *Cour au vilain*, à cause d'une espèce de cour des Miracles qu'elle renfermait. La plupart des rues situées hors des murs ou le long de cette enceinte de remparts construits par Philippe-Auguste, étaient dévolues à la Prostitution libre, qui y bravait en paix les ordonnances de la prévôté et la police des sergents du Châtelet. Ainsi, la rue des Deux-Portes, la rue Beaurepaire, la rue Renard, la rue du Lion-Saint-Sauveur, la rue Tireboudin, appartenaient de droit aux ribaudes du plus bas étage. La rue des Deux-Portes, qui prit son nom de ses deux portes qu'on fermait pendant la nuit, avait été inévitablement un lieu de débauche, ce que prouve assez le sobriquet de *Gratec..*, qu'elle a porté jusqu'au quinzième siècle. C'est sous ce nom obscène, qu'elle est désignée dans une liste des rues de Paris, publiée par l'abbé Lebeuf d'après un ancien manuscrit de l'abbaye de Sainte-Geneviève (*Hist. de la ville et du diocèse de Paris*, t. II, p. 603). Dans le Compte du domaine de Paris, pour l'année 1421 (*Sauval*, t. III, p. 273), le receveur de la ville déclare avoir reçu de Jean Jumault « les rentes d'une maison, cour et estables, ainsi que tout se comporte, séant à Paris dans la rue Gratec.., près de Tirev.., où pend l'enseigne de l'Escu de Bourgogne estant en la censive du roi. » La rue Tirev.., dont il est question dans ce Compte, a gardé son infâme dénomination jusqu'au seizième siècle, où la reine Marie Stuart, femme de François II, passant par là, s'avisa de demander le nom de cette rue à un de ses officiers et donna lieu à l'altération du nom primitif. Quoi qu'il en soit de cette anecdote, que Saint-Foix prétend avoir empruntée à la tradition locale, on eut l'étrange idée, en 1809, d'inscrire le nom de Marie Stuart sur l'écriteau de la rue Tire-boudin.

Les noms de rues, inventés et corrompus par le peuple, qui se plaisait aux équivoques les moins décentes, suffiraient presque pour nous faire découvrir les traces de la Prostitution publique et secrète dans le vieux Paris. Sans sortir des nouveaux quartiers qui composaient la Ville et qui rayonnaient au nord de la Cité sur la rive droite de la Seine, en deçà et au delà de l'enceinte de Philippe-Auguste, nous trouvons, dans les vieux inventaires, les rues de la *Truanderie*, du *Puits-d'Amour*, de *Poilec..*, de *Merderel*, de *Putigneuse*, de *Pute-y-musse*, etc. Ces noms-là disent eux-mêmes ce qu'étaient les rues qui les portaient. Celle de la Truanderie, la seule qui ait gardé son nom à travers plus de six siècles, offrait un asile non-seulement aux prostituées errantes, mais encore aux gueux, aux voleurs, aux vagabonds, en un mot, aux truands. La rue du Puits-d'Amour, qui est maintenant la rue de la Petite-Truanderie, avait un puits célèbre, dont nous avons parlé déjà et que les femmes amoureuses connaissaient bien : ce puits, dont le souvenir se lie à plusieurs chroniques d'amour, existait au centre de la petite place de l'Ariane, dont le nom primitif semble avoir été place de *la Royne*, peut-être à cause d'une reine de ribaudie ou d'amour, qu'on sacrait avec l'eau de ce puits. La rue de *Poilec..*, qui est encore reconnaissable sous son nom moderne de rue du Pélican, qu'une maladroite pruderie avait métamorphosée en rue *Purgée* au commencement de la Révolution; cette vilaine rue n'a jamais changé d'emploi et l'on y rencontre toujours les mêmes mœurs. La rue *Merderel* ou *Merderet* ou *Merderiau* s'est un peu nettoyée, depuis qu'on en a fait une rue *Verderet*, puis *Verdelet*, mais elle a maintenu en partie ses vieux us d'impureté et la Prostitution s'y promène, comme autrefois, dans la boue et les immondices. La rue *Putigneuse*, au faubourg Saint-Antoine, est à présent rue Geoffroy-Lasnier. La rue *Pute-y-Musse* (c'est-à-dire, fille s'y cache) a pris un air honnête, en devenant rue du Petit-Musc. Guillot indique, dans son itinéraire, une autre rue de *Pute-y-Musse* ou *Pute-Musse*, que l'abbé Lebeuf a cru reconnaître dans la rue *Cloche-Perce* ou *de la Cloche-Percée*. Il n'est pas besoin de dire que ces rues ou ruelles, hantées par les femmes de mauvaise vie et leurs impudiques satellites, furent remarquables, entre toutes, par leur saleté et leur puanteur; c'est dans cet état d'ignominie, qu'elles nous apparaissent encore au milieu du dix-septième siècle, lorsque les commissaires voyers firent une enquête de salubrité dans les rues de la capitale et constatèrent, dans la plupart des rues bordelières, la présence de cloaques infects qui empestaient l'air et de hideuses carognes qui affligeaient les regards autant que l'odorat. La Prostitution, comme on en peut juger par là, ne se piquait pas des délicatesses et des recherches sensuelles que lui inspira plus tard l'exemple d'une cour galante et voluptueuse.

CHAPITRE XIII.

SOMMAIRE. — Ordonnances somptuaires de Philippe-Auguste. — Législation des rois de France contre la *dissolution* et la *superfluité* des habillements. — Les *reines de ribaudie*. — Défenses des prévôts de Paris et arrêts du parlement. — Arrêt du 26 juin 1420. — Ordonnance du roi Henri VI, roi d'Angleterre. — Arrêt du parlement du 17 avril 1426, prohibant les *ornements que portent les damoiselles*. — Les *reines* et *princesses d'amour*. — L'*Ordinaire de Paris*. — Jehannette veuve de Pierre Michel, Jehannette la Neufville et Jehannette la Fleurie. — Les ceintures d'argent. — Inventaires des défroques de Marguerite, femme de Pierre de Rains, et de damoiselle Laurence de Villers, femme amoureuse. — Jehanne la Paillarde et Agnès la Petite. — Ordonnance de Henri II. — Jehanneton du Buisson. — De ceux et celles qui vivaient du produit du *maquerellage*, tenaient *bordiaux*, louaient *bouticles au péché*, ou gouvernaient *clapier* de filles publiques. — Le *marché aux Pourceaux*. — Supplice des *gueuses*.

Nous avons vu que le prévôt de Paris, par son ordonnance de 1360, avait fait défense aux filles et femmes de mauvaise vie, sous peine de confiscation et d'amende, de porter sur leurs robes ou sur leurs chaperons « aucuns gez ou broderies, boutonnières d'argent blanches ou dorées, ni des perles, ni des manteaux fourrez de gris. » Cette ordonnance, la plus ancienne que nous connaissions qui soit relative à la police somptuaire des prostituées, avait été certainement précédée de quelques autres qui n'ont pas été conservées dans les archives du Châtelet de Paris. Philippe-Auguste fut le premier roi qui s'occupa de corriger le luxe des habits ou plutôt qui, sous prétexte de le réformer dans l'intérêt du bien public, fit servir le costume à établir la hiérarchie sociale, selon la naissance, le rang et la fortune. On peut donc supposer que, dès les premiers règlements de Philippe-Auguste, à l'égard des habits, des étoffes et des joyaux, les prostituées de profession se trouvèrent dépossédées du privilége d'être vêtues comme des *dames* et des *châtelaines*; mais il n'est resté qu'un souvenir des lois somptuaires de Philippe-Auguste. Celles de Philippe le Bel, qui n'étaient sans doute que la répétition et la confirmation des précédentes, n'ont pas éprouvé le même sort; et nous pouvons dater de 1294 la législation des rois de France contre la *dissolution* et la *superfluité* des habillements. Dans cette ordonnance de 1294, il n'est pas question sans doute des femmes publiques et des *livrées* qui leur appartiennent; mais on doit croire qu'elles n'étaient pas plus privilégiées que les bourgeois et bourgeoises, qui ne devaient plus porter ni *vair*, ni *gris*, ni hermine, ni or, ni pierres précieuses, ni couronnes d'or ou d'argent, et qui étaient tenus de *se délivrer*, dans le cours de l'année, des fourrures et des joyaux qu'ils auraient acquis antérieurement à l'ordonnance. L'exécution d'une pareille ordonnance n'était pas chose facile, et parmi les désobéissances les plus obstinées, on rencontra celle des *reines de ribaudie*, qui ne manquèrent pas de soutenir qu'un édit concernant les bourgeoises ne les atteignait pas, et que le roi de France n'avait pu les déshonorer au point de vouloir les contraindre à ne *faire* que des *robes à 12 sols l'aune*.

L'ordonnance de Philippe le Bel fut le point de départ de toutes les ordonnances du même genre, qui ne firent que la renouveler et la compléter, en y ajoutant des prescriptions qui variaient avec les modes et les usages. Plusieurs de ces ordonnances ont dû être publiées, avant celle de 1367, qui, seulement destinée aux habitants de Montpellier, surtout aux femmes de cette ville, est pleine de détails minutieux sur la forme des vêtements et la qualité des étoffes. Il est difficile de croire que plusieurs règlements somptuaires, aussi détaillés au moins, n'aient pas été appliqués aux femmes de Paris, dans le long espace de temps qui s'est écoulé entre le premier édit de 1294 et celui de 1367, lequel n'avait force de loi que dans la ville de Montpellier. On ne trouve cependant que la proclamation du prévôt de Paris, datée de 1360, que nous avons citée et dont les femmes communes étaient seules l'objet. Il y eut certainement d'autres proclamations analogues, sans compter celle qui concernait exclusivement les ceintures dorées et que la tradition nous indique d'une manière certaine, quoique le texte original ne soit pas parvenu jusqu'à nous. Ce texte, d'ailleurs, n'était qu'une paraphrase explicative d'un article de l'ordonnance de Philippe le Bel. Mais on a lieu de croire que les filles publiques de Paris se montrèrent peu dociles aux avis de la prévôté et se mirent peut-être en révolte ouverte contre ses agents chargés de faire exécuter la loi, car nous voyons, dans le cours du quinzième siècle, reparaître à plusieurs reprises, et toujours avec un surcroît de sévérité, les *défenses* que le prévôt adressait à ses humbles sujettes et que des arrêts du parlement ne cessaient de venir corroborer. Par son ordonnance du 8 janvier 1415, entièrement relative à la Prostitution, le prévôt défendit de nouveau à toutes femmes dissolues d'avoir la hardiesse de porter, à Paris ou ailleurs, de l'or et de l'argent sur leurs robes et chaperons, des boutonnières d'argent blanches ou dorées, des perles, des ceintures d'or ou dorées, des habits fourrés de gris, de menu vair, d'écureuil ou d'autres fourrures *honnêtes*, et des boucles d'argent aux souliers, sous peine de confiscation et d'amende arbitraire. On leur accordait huit jours pour quitter ces ornements et pour s'en défaire; après quoi il était enjoint aux sergents, qui les trouveraient en contravention, de les arrêter en quelque lieu que ce fût, excepté dans les églises, et de les mener en prison au Châtelet, pour que là, leurs habits ayant été enlevés et arrachés, elles fussent punies suivant l'exigence des cas. Cette ordonnance fut renouvelée et criée à son de trompe dans les rues et carrefours de Paris, en 1419, ce qui prouve qu'elle n'avait pas été trop bien observée par les intéressées et que la persistance des rebelles avait découragé la surveillance des sergents.

Le parlement, malgré la guerre civile, la peste et la famine qui désolaient alors la capitale et plusieurs provinces du royaume, regarda comme assez importante la question somptuaire, en tant que relative aux filles et femmes de mauvaise vie, pour rendre un arrêt le 26 juin 1420, par lequel défenses étaient faites à ces impures, « de porter des robes à collets renversez et à queue traînante, ni aucune fourrure de quelque valeur que ce soit, des ceintures dorées, des couvre-chiefs, ni boutonnières en leurs chaperons, » et cela, sous peine de prison, de confiscation et d'amende arbitraire, après un délai de huit jours donné aux contrevenantes pour se conformer à la loi. L'arrêt du parlement ne trouva pas plus d'obéissance chez les ribaudes, que l'ordonnance du prévôt de Paris; et il fallut que ce dernier, cinq ans après, recommençât ses publications, qui furent souvent répétées avec aussi peu de succès. Les *damoiselles* de la Prostitution ne voulaient pas renoncer à leurs affiquets de toilette, et elles éludaient sans cesse l'ordonnance, en modifiant quelque chose dans les inventions de la mode et en renchérissant sur le luxe des femmes de bonne vie.

Il paraîtrait que la saisie des habits et joyaux défendus formait encore, à cette époque, une assez bonne *aubaine*, puisque le prévôt de Paris se l'appropriait comme un des revenus de sa charge ; mais Henri VI, roi d'Angleterre, qui était maître de Paris en 1424, ne souffrit pas que cette source impure de *profits* fût détournée des coffres du roi, et par une ordonnance en date du mois de mai de cette année-là, il enjoignit au prévôt, « que dorénavant il ne preigne ou applique à son prouffit les ceintures, joyaux, habitz, vestemens ou autres parements defenduz aux fillettes et femmes amoureuses ou dissolues. » (Voy. le recueil des *Ordonn. des rois de la 3e race.*)

Un nouvel arrêt du parlement prohiba, le 17 avril 1426, « les ornements que portent les damoiselles, » les robes traînantes, les collets renversés, le drap d'écarlate en robes ou en chaperons, les fourrures de petit-gris et les *riches* autres *fourrures, soit en colets, poignets, porfils ou autrement.* Le même arrêt leur défendait aussi « de porter aucunes boutonnières en leurs chaperons, des ceintures en tissus de soye ni des fourrures d'or ou d'argent, qui sont les ornements des femmes d'honneur. » Ces arrêts réitérés prouvent l'obstination des femmes publiques à enfreindre les ordonnances : elles ne pouvaient pas se persuader qu'elles fussent soumises, comme les petites bourgeoises, à la législation somptuaire, qui devenait de plus en plus rigoureuse, à mesure que le luxe s'accroissait et que la mode tendait sans cesse à établir son niveau frivole dans toutes les classes de la société. Pendant le quinzième et le seizième siècle surtout, les rois de France, qui donnaient eux-mêmes l'exemple d'une prodigalité excessive dans leurs dépenses de toilette, défendaient pourtant, sous les peines les plus sévères, tout ce qui semblait appartenir à la *dissolution* des vêtements; ils ne permettaient pas même à leurs gentilshommes et aux dames de leur maison l'usage de certaines étoffes réservées aux princes et princesses; ils refusaient à *toutes manières de gens* l'emploi de certaines broderies, de certaines pourfilures, de certains passements en or ou argent, en velours et en soie; mais les femmes de plaisir, qui s'intitulaient *reines et princesses d'amour*, ne tenaient aucun compte des édits et continuaient à porter sur elles, dans leurs rues privilégiées, toutes ces *superfluités* défendues. On doit supposer qu'elles ne s'aventuraient pas dans les rues *honnêtes* avec cette parure, qui les eût fait remarquer aussitôt et qui aurait certainement ameuté contre elles les passants indignés. Nous avons dit que le peuple ne leur était nullement sympathique et que souvent, à leur passage, on les injuriait, on leur jetait de la boue, on allait jusqu'à les battre.

Il fallait, de temps à autre, donner satisfaction à la

vindicte populaire, en punissant une de ces femmes effrontées qui se mettaient à tout propos en contravention avec les lois. On arrêtait donc en pleine rue quelques malheureuses que la voix publique dénonçait comme ribaudes de profession et qui étaient trouvées nanties d'objets prohibés. Ces arrestations n'atteignaient jamais les plus coupables, qui, étant les moins pauvres, avaient toujours en poche de quoi rendre aveugles les sergents, lors même qu'on les eût rencontrées dans toute leur *pompe*, comme on disait à cette époque; il y en avait même qui payaient à ces débonnaires sergents une redevance mensuelle ou hebdomadaire pour n'être jamais inquiétées, quels que fussent leurs accoutrements et ornements. Celles qui se voyaient menées en prison et qui perdaient leurs hardes n'avaient souvent que des guenilles sur le corps et ne laissaient pas même au Châtelet une dépouille suffisante pour solder les honoraires des sergents. Ainsi, Sauval et Delamare ont tiré des Comptes du Domaine de Paris plusieurs articles curieux en ce qu'ils nous montrent la pauvreté des victimes ordinaires du Châtelet. L'extrait de l'*Ordinaire de Paris*, au chapitre des *Forfaitures*, *Espaves et Aubaines*, pour l'année 1428, mérite d'être rapporté tel que Sauval l'a recueilli dans les Preuves de ses *Antiquités de Paris* : « De la valeur et vendue d'une houpelande de drap pers, fourrée par le collet de penne de gris, dont Jehannette, vefve de feu Pierre Michel, femme amoureuse, fut trouvée vestue et ceinte d'une ceinture sur un tissu de soie noire, boucle, mordant et huit clous d'argent, pesant en tout deux onces et demie; auquel estat elle fut trouvée allant à val la ville, outre et par-dessus l'ordonnance et défense sur ce faite, et pour ce fait emprisonnée, et ladite robe et ceinture déclarées appartenir au roi, par confiscation, en ensuivant ladite ordonnance, et délivrée en plein marché le dixième jour de juillet 1427; c'est à sçavoir ladite robe le prix de sept livres douze sols parisis, dont les sergents qui l'emprisonnèrent eurent le quart pour ce; pour le surplus, etc. — De la valeur d'une autre ceinture sur un viel tissu de soie noire, où il y avoit une platine et huit clous d'argent, boucle et mordant de fer-blanc, trouvée en la possession de Jehannette la Neufville, pour ce emprisonnée, etc. — De la valeur d'une autre ceinture, ferrée de boucle et mordant sur un tissu de soie noire à huit clous d'argent, et d'un collet de penne de gris, trouvés en la possession de Jehannette la Fleurie, dite *la Poissonnière*, pour ce emprisonnée, etc. »

Nous remarquons, dans cet extrait, plusieurs circonstances qu'il importe de signaler comme détails de mœurs. On n'arrêtait, on n'emprisonnait que les femmes qui se trouvaient sur la voie publique avec des habits qu'elles ne devaient pas porter; d'où il résulte qu'elles étaient libres de se vêtir à leur guise dans l'intérieur de leurs maisons et même dans l'enceinte des lieux affectés à l'exercice de leur scandaleux métier. Les femmes amoureuses, que la police du Châtelet n'astreignait à aucune déclaration préalable, et qui échappaient de la sorte à l'ignominie de leur condition, pouvaient, par leur naissance et par leur état civil, conserver une apparence de bourgeoisie et cacher leur véritable profession, jusqu'à ce qu'un hasard malheureux fût venu trahir le secret de leur existence honteuse. Ainsi, Jehannette, veuve de Pierre Michel, n'avait aucun surnom qualificatif qui fît reconnaître le scandale de sa conduite; Jehannette la Neufville portait un nom notable parmi les bons bourgeois de Paris; quant à Jehannette la Fleurie, ou la Poissonnière, elle avait deux sobriquets pour un, et le dernier semble indiquer qu'elle se consacrait alternativement à la Prostitution et à la vente du poisson. Nous avons, au reste, constaté, dans un chapitre précédent, que le quartier actuel que traversent les rues Poissonnière et Montorgueil était entièrement occupé par les habitants des cours des Miracles et par la clientèle de la débauche foraine. Nous ajouterons que les marchands de poisson, qui avaient besoin d'être présents à l'arrivage de la marée, se logèrent d'abord sur le chemin appelé *Val larroneux*, qui devint alors *le chemin et rue des Poissonniers et des Poissonnières*. On devine tous les motifs qui avaient pu faire attribuer le surnom de *Poissonnière* à une femme amoureuse qui fréquentait la poissonnerie ou qui était entourée de marchands de poisson. Le nom de *Jehannette* n'était pas, comme le pense M. Rabutaux, commun et générique pour désigner une fille de joie. N'oublions pas de faire remarquer encore que les objets contraires à l'ordonnance trouvés en la possession des femmes amoureuses étaient assimilés aux objets perdus sur la voie publique, lesquels appartenaient au Domaine, quand ils n'avaient pas été réclamés en temps utile : après un délai de 40 jours, on vendait les uns et les autres *en plein marché*, et le produit de la vente, qui était bien minime, se distribuait entre le roi, la ville et les sergents, à titre d'épaves.

Sauval n'a pas analysé toutes les ventes de cette espèce que lui ont offertes les Comptes de l'Ordinaire de Paris; mais il en a pris note, et l'on voit qu'elles étaient fort rares, puisque Sauval mentionne plusieurs années qui n'en présentent pas une seule, du moins dans les registres de la prévôté. Le Compte de 1446 contient cet article : « Vente d'une petite ceinture, boucle, mordant et quatre petits clous d'argent, trouvée en la possession de Guyonne la Frogière, femme amoureuse, déclarée appartenir au roy par confiscation, etc. » C'est surtout aux ceintures d'argent ou ornées d'argent, que les sergents font la guerre, peut-être pour justifier le proverbe. Les amendes auxquelles donnait lieu le port illégal de ces ceintures, sont enregistrées dans les Comptes des années 1454, 1457, 1460, 1461 et 1464. Depuis cette dernière époque, les poursuites ont l'air de se ralentir, et l'on croirait volontiers que les ceintures sont mises hors de cause. L'extrait du chapitre des *Forfaitures* de 1457 est ainsi conçu : « Plusieurs ceintures à usage de femme, ferrées de boucle, mordant et clous d'argent, déclarées appartenir au roy par confiscation de plusieurs femmes amoureuses qui portoient lesdites ceintures parmi Paris contre les ordonnances sur ce faites. » Dans le Compte de 1459, on voit l'inventaire de la défroque de deux femmes amoureuses qui, l'une et l'autre, portaient un nom noble, mais qui étaient vêtues bien différemment. La première accusait, par son costume délabré, la misère où le vice l'avait fait tomber, sans que les charmes de sa personne lui procurassent les moyens de s'en relever ; elle devait donc être vieille et laide pour avoir été arrêtée en pareil équipage : « Une robe courte de drap gris sur le tenné (*tanné*, étoffe de soie brune), fourrée, de penne (fourrure) blanche, fort usée, avec vieilles chausses rempiécées de drap violet et un pourpoint de fustaine tel quel, dont Marguerite, femme de Pierre de Rains, avait été trouvée vestue et habillée, déclarée appartenir au roy, etc. » On est tout surpris de rencontrer une femme amoureuse avec pourpoint et chausses, comme si elle voulût se faire passer, au besoin, pour un homme. La seconde délinquante, qui fut sans doute arrêtée au sortir de l'église sur la dénonciation du populaire, valut une meilleure aubaine aux sergents qui l'amenèrent au Châtelet : « Une ceinture, ferrée de boucle, mordant et clous d'argent doré, pesant deux onces et demie, avec une surceinte (double ceinture fort large), aussi ferrée de boucle, mordant et clous d'argent doré, un *Pater noster* (chapelet) de corail, tels et quels à boutons, et un *Agnus Dei* d'argent, des heures à femme telles quelles, à un fermoir doré, et un collet de satin fourré de menu-vair tel quel, advenus au roy nostre sire, par la confiscation de damoiselle Laurence de Villers, femme amoureuse, constituée prisonnière pour le port d'icelles, etc. » Voilà bien une damoiselle, noble qui est qualifiée *femme amoureuse*, et qui laisse au roi les objets de luxe qu'elle n'avait pas le droit de porter sur elle, même dans un but de dévotion. Cette Laurence de Villers savait lire, puisqu'elle s'en allait à l'église avec un livre d'heures, ce qui devait être une exception parmi les femmes de mauvaise vie. Dans le Compte de 1460, les amendes pour port d'habits et de ceintures en contravention paraissent avoir été plus nombreuses, mais ces amendes, comme toujours, ne sont pas d'un grand profit pour le roi, la ville et les sergents. Ici, c'est « une robe de drap gris retourné, doublée de blanchet, de laquelle Jehanne la Paillarde, femme amoureuse, avait été trouvée vestue et pour icelle emprisonnée; » car les bourgeoises elles-mêmes n'avaient pas le droit de doubler leurs robes ou de les garnir en étoffe de soie. Là, c'est une « ceinture appartenant à Agnès la Petite, qui, combien qu'elle fût mariée, est de vie dissolue, et comme telle a esté plusieurs fois emprisonnée, de laquelle ceinture elle a esté trouvée ceinte et la portant parmi Paris. » Ce dernier article prouve, comme nous l'avons avancé, que souvent des femmes mariées exerçaient l'état de prostituée. Le port de ceintures étant à cette époque l'objet de poursuites spéciales, nous pensons qu'une ordonnance particulière avait motivé ce redoublement de poursuites, qui amenaient toujours l'emprisonnement des ribaudes arrêtées en contravention.

Ces sortes de femmes étaient incorrigibles, lorsqu'il s'agissait de toilette; elles avaient toutes plus ou moins la passion des joyaux, et elles ne craignaient pas de s'exposer à la prison et à l'amende pour se donner la satisfaction de porter un bijou d'or, ou d'argent, ou même d'étain argenté. Ce n'était pas qu'elles voulussent par là déguiser leur profession déshonorante et se confondre avec les dames et damoiselles d'honneur. Elles ne se révoltaient donc pas contre l'esprit des ordonnances, par lesquelles on avait voulu remédier à la confusion des classes sociales entre *hommes et femmes de tous états, lesquels*, dit une ordonnance de Henri II, *par ce moyen, on ne peut choisir ne discerner les uns d'avec les autres*. Les ribaudes de profession, au contraire, n'avaient garde de prétendre passer pour ce qu'elles n'étaient pas, mais elles prenaient plaisir à se parer et à s'*attifer*, pour attirer les regards, et pour faire entre elles assaut de magnificence. Comme les colliers, bracelets et bagues leur étaient interdits, elles se dédommageaient de cette interdiction, en portant des joyaux de sainteté, des chapelets d'orfévrerie, des médailles, des croix et des anneaux bénits; mais les sergents n'étaient pas tous assez dévots, pour fermer les yeux sur ces contraventions pieuses, et ils attendaient les délinquantes à la porte des églises pour les conduire au Châtelet à travers les huées de la populace. Il paraîtrait que Louis XI, qui faisait pour son propre compte un grand abus de médailles, et de chapelets, et d'*Agnus Dei*, ordonna un surcroît de sévérité contre les femmes amoureuses qu'on saisirait nanties de ces mêmes objets : non-seulement on confisquait au profit du roi les bijoux que leur caractère de dévotion ne mettait nullement hors de l'atteinte de la loi, mais encore on condamnait à l'amende la femme qui les avait portés. En 1463, Jehanneton du Buisson fut condamnée *en quinze sols quatre deniers parisis* (environ 25 francs de notre monnaie) pour le port illégal de deux *patenostres* en vermeil. Louis XI fit punir aussi avec rigueur les ribaudes qui étaient trouvées en habits d'homme dans les rues de Paris; on lit dans le chapitre des Forfaitures et Espaves de l'Ordinaire de Paris en 1471 : « De la vente d'une robe noire sangle, à usage d'homme, d'un chapeau et d'une cornette, tout vielz, dont Jehanne la Thibaude fut trouvée saisie et vestue, et en cet estat amenée prisonnière au Chastelet de Paris, le 21 may dernier, déclarés acquis et confisqués au roy. » Nous n'osons pas émettre de conjecture au sujet de ce déguisement masculin, qui semble avoir eu, parfois du moins, un but malhonnête dans les actes de la Prostitution.

A côté des ribaudes, il y avait toujours des courtiers de débauche, qui, malgré les terribles menaces de la législation contre eux, s'adonnaient assez tranquillement à leur infâme commerce; ils étaient rarement poursuivis et plus rarement encore jugés et condamnés. D'ordinaire, quand les plaintes de leurs voisins ou de leurs victimes avaient obligé la justice à sévir ou à faire une démonstration publique de sévérité, on arrêtait, on emprisonnait les prévenus, mais tout se terminait par une composition en argent, par une consfiscation d'immeubles et par le bannissement. Dans bien des cas, le coupable était renvoyé absous, après le payement d'une forte amende que compensait bientôt le produit de son *maquerellage*. Ceux et celles qui tenaient des *bordiaux* et qui louaient des *bouticles au péché*; qui gouvernaient un *clapier* de filles publiques; qui leur prêtaient à usure, soit de l'argent, soit des meubles, soit des hardes; qui vivaient, en un mot, aux dépens de la Prostitution légale; étaient tolérés, sinon protégés, et l'on reconnaissait dans leur ignoble intervention une influence salutaire sur l'exercice de la débauche. Les femmes consacrées à ce hideux emploi avaient besoin d'une autorité qui leur traçât une règle de conduite, et qui les maintînt sous une surveillance continuelle : on ne les empêchait donc pas d'avoir un *ribaud* pour gouverneur, ou une *ribaude* pour gouvernante. Ces chefs de *ribaudie* se couvraient généralement d'un nom décent et d'un masque d'honnêteté : tantôt c'était un portier, tantôt une chambrière, tantôt un hôtelier, tantôt un marchand forain; mais toujours, homme ou femme, c'était une personne d'un âge mûr, même d'une vieillesse respectable, au maintien austère, à la parole grave, à l'air solennel; ce qui n'empêchait pas cette digne personne d'être sans cesse exposée aux mésaventures de la prison, du fouet, du pilori et de l'exil, suivant les traditions de la loi romaine. La loi française prononçait la peine de mort contre les *maquereaux avérés;* mais cette pénalité n'était presque jamais appliquée, quoiqu'elle demeurât, comme un épouvantail, dans le code criminel. Au reste, l'opinion des jurisconsultes n'a pas varié à l'égard d'un crime qui ne rencontrait la même tolérance au point de vue moral, que dans l'application de la loi. « Macquereaux et macquerelles, dit le célèbre Josse de Damhoudère dans sa *Pratique judiciaire ès causes criminelles*, qui servait de formulaire à tous les magistrats du seizième siècle; macquereaux et macquerelles qui aydent les preudes et honnestes femmes à trébucher, sont, de droit, punis corporellement, et, de coustume, par le bannissement ou autre arbitraire punition, selon la diversité des pays et des villes. »

Les anciens criminalistes ne font que se répéter

sur ce point, et tombent d'accord que la peine a été laissée dans la loi comme une précaution utile pour arrêter les excès du libertinage, en opposant à ses agents les plus audacieux une barrière légale. Le docte Jean Duret, dans son *Traité des peines et amendes* (édit. de Lyon, 1583, in-8°, fol. 105), est aussi explicite que J. de Damhoudère à cet égard : « Ceux qui louent et prestent maisons pour exercer maquerelages, dit-il, perdent leur droit de propriété, condamnés d'abondant à dix livres d'or d'amende. De faict, nos praticiens, suivant les peines ordonnées de droict, les punissent capitalement et de mort. » On citerait cependant plus d'un exemple de supplice capital, infligé à des coupables des deux sexes, en raison des circonstances particulières de leur crime. Ainsi, Duret ajoute ce paragraphe, qui nous apprend en quels cas la peine de mort était requise contre les instigateurs de la débauche : « Que si c'est le père, mère, frère, sœur, oncle, tante, tuteur ou curateur qui livre ainsi sa fille, parente ou mineure, ou que le maquerelage soit pour induire à adultère, la seule mort est peine suffisante. Les servantes et nourisses de tel estat doivent perdre la vie. » Un autre jurisconsulte de la même époque, Claude Lebrun de la Rochette, dans son traité pratique intitulé *les Procez civil et criminel* (édit. de 1647, in-4°), emploie un chapitre entier pour établir les différents degrés du maquerellage, et il conclut que la paillardise, fille de l'oisiveté et dudit maquerellage, produit la fornication, l'adultère, le rapt, l'inceste et la sodomie. « Soit donc, dit-il, que les exécrables bourreaux des consciences tiennent les paillardes dont ils sont courratiers, en leurs maisons; soit que par allèchements, blandices, promesses et artifices, ils les y attirent, ou qu'ils conduisent vers elles les hommes débordez, ils ne sont en rien dissemblables de ceux *qui proprio corpore quæstum faciunt*, comme le décide Ulpian en la loi *Palam*. § *Lenocinium*, *ff. De ritu nupt. l. Athletas*, § 1, *ff. De his qui not. infam.* »

Claude Lebrun de la Rochette constate ensuite l'indulgence des tribunaux français sur le fait de *maquerellage* : « Et estoit encor anciennement, dit-il, puny du dernier supplice, s'il estoit veriné (avéré) que le maquereau fust coustumier de suborner les filles et femmes qu'il traînoit à perdition; qu'il les y eust induites par présent ou paroles persuasives, et que, par ce moyen, il les eust rendues obéyssantes à sa volonté et à la Prostitution qu'il en désiroit faire, pour tirer gain de telle turpitude.... Toutefois, les Cours souveraines des parlements de ce royaume, et les inférieures, les punissent plus doucement, se contentant du bannissement ou de la fustigation par les carrefours des villes où ils exercent leurs courtages et où ils sont apprehendez. » Nous croyons que la tolérance envers les proxénètes ne s'appliquait pas à ceux qui travaillaient à corrompre la jeunesse et l'innocence, mais seulement aux maîtres et maîtresses des mauvais lieux. On distinguait ceux-ci des vils et abominables tentateurs, qui, à l'instar des démons, battaient en brèche la pudicité et conspiraient contre l'honneur du sexe féminin : « Que si bien ils évitent icy la punition divine, disait de ces corrupteurs l'honnête Lebrun de la Rochette; ils n'éviteront pas la divine qui paye toujours au meschant avec usure le salaire de sa meschanceté. » Quant aux *seigneurs* et *dames* des bordeaux, on leur accordait partout une protection tacite, et on se servait d'eux à titre d'intermédiaires officieux pour l'exécution des règlements de police. C'étaient des vieilles, qu'on autorisait de préférence à diriger les établissements de débauche, et qu'on qualifiait de *maquerelles publiques*. Ducange cite un document daté de 1350, qui confirme cette qualification : *in domo cujusdam maquerellæ publicæ in villa Valentianis*, etc. Il est à peu près certain que la *maquerelle publique* existait et pratiquait son métier, sous la tolérance de la loi municipale.

Cependant les ordonnances des rois, les arrêts du parlement et les proclamations du prévôt de Paris avaient, à plusieurs reprises, flétri, prohibé et condamné le *maquerellage* en général, sans faire aucune réserve, sans admettre aucune circonstance atténuante. Dans une ordonnance de 1367, analysée par Delamare, le prévôt de Paris fit défense « à toutes personnes de l'un et de l'autre sexe, de s'entremettre de livrer ou administrer femmes, pour faire péché de leur corps, à peine d'être tournées au pilori et brûlées (c'est-à-dire marquées d'un fer chaud), et ensuite chassées hors de la ville. » Cette ordonnance, on le voit, comprenait indistinctement les personnes qui administreraient une *ribaudie* de femmes folles de leur corps. Toutes les ordonnances relatives à la location des maisons, touchaient indirectement la question de maquerellage, et les honteux auteurs de cette *vilainie* ne pouvaient la pratiquer sous la qualité de propriétaire ou de locataire principal. L'ordonnance prévôtale du 8 janvier 1415, renouvelée textuellement en 1419, tout en s'occupant d'interdire aux femmes débauchées la location des maisons « en rues honnêtes, » fait aussi « défenses à toutes personnes de se mesler de fournir des filles ou femmes pour faire péché de leur corps, sous peine d'estre tournées au pilori, marquées d'un fer chaud et mises hors la ville. » Tel était le châtiment le plus fréquent qu'on leur infligeait, quand ces *instruments de Satan*, comme les appelle Lebrun de la Rochette, avaient prêté la main à quelque scandale public. On les condamnait quelquefois à être fustigés et à avoir les oreilles coupées; il semblerait même que certaines maquerelles furent enfouies vives. Ces condamnations entraînaient sans doute, en plusieurs cas, la confiscation, la suppression et la démolition des logis qui avaient été le théâtre du crime. C'est, du moins, ce que nous permet de supposer ce passage des Comptes de l'Ordinaire de Paris pendant l'année 1428 : « De Nicolas Sandemen et Isabeau, sa femme, pour les ventes d'une place vuide où souloit avoir maisons, quatre bordeaux et édifices à présent abattus, assis à Paris, en la Cité, en Glatigny, tenant d'une part,... et de l'autre part faisant le coin d'une ruelle, par laquelle on descend à la rivière de Seine, du costé devers Grand-Pont. » On sait que, d'après un usage qui remonte à l'antiquité la plus reculée, on rasait une maison qui avait été souillée par un crime, et on en laissait l'emplacement vide pendant un laps de temps déterminé par la sentence, comme pour purifier l'endroit maudit. Nous croyons, en outre, qu'une maison où il y avait eu longtemps un mauvais lieu, n'était pas occupée par des gens d'honneur, sans avoir été rebâtie.

On verra, dans le chapitre suivant, consacré à rassembler les faits épars de la Prostitution en différentes villes, que le châtiment infligé aux proxénètes subissait quelques variantes suivant les pays. Parmi les exécutions qui ont eu lieu à Paris, nous n'en trouvons pas une seule où il soit question d'un patient qualifié de *maquereau*, mais, en revanche, les *maquerelles* ne manquent pas. Sauval nous apprend (t. II, p. 590) qu'une *maquerelle qui juroit vilainement*, en 1301, fut mise au pilori, *à l'échelle* de Sainte-Geneviève. Il y avait à Paris 20 à 25 *justices* particulières avec *échelle*, où les maquereaux et maquerelles pouvaient être fouettés, piloriés, essorillés.

L'évêque de Paris lui-même avait son échelle de justice sur le parvis de Notre-Dame, et les jugements de l'official, qui remplissait les fonctions de bailli de l'évêché, atteignaient souvent des femmes dissolues, ce qui prouve que la Prostitution n'était pas bannie entièrement du territoire de la justice épiscopale. En 1399, l'official de l'évêque de Paris, pour punir une femme qui avait « recepté et retrait plusieurs hommes et femmes mariées et à marier, et les avoit envoyé querir par certains messages, » la condamnèrent à être « pilorisée, les cheveulx bruslez, bannie de la terre dudit évesque, et tous ses biens confisquez. » (Voy. le *Glossaire* de Ducange et Carpentier, au mot CAPILLI.) Une autre exécution du même genre avait eu lieu auparavant à l'échelle du parvis : une certaine Isabelle, qui avait vendu une jeune fille à un chanoine de la cathédrale, fut exposée sur cette échelle et là tourmentée et brûlée avec une torche ardente; après quoi on la bannit à perpétuité. Mais, en 1357, cette Isabelle obtint des lettres de rémission du roi, probablement par l'entremise du chanoine, qui ne paraît pas avoir été poursuivi par le bras séculier. La torche ardente, qui figure dans le supplice de cette courtière de débauche, servait, si l'on peut employer ici une expression de cuisine, à *flamber* la patiente et à brûler tout ce qu'elle avait de poil sur le corps. Ces espèces d'exécutions attiraient plus de monde que toutes les autres. Dans le Compte de l'Ordinaire pour l'année 1416 (Preuves des *Antiq. de*

Paris, t. III), on lit que les sergents du châtelet achetèrent une douzaine de *boulaies* neuves (baguettes de bouleau), pour *faire serrer le peuple* et « pour assister à la justice qui fut faite des maquerelles qui furent menées par les carrefours de Paris, tournées, brûlées, oreilles coupées au pilori. » On trouve, dans les mêmes Comptes, plusieurs maquerelles menées au pilori, avec pareil cérémonial et pareille distribution de coups de boulaies aux spectateurs. Le pilori, où l'on exposait habituellement les maquerelles, était celui des Halles qui avait été construit à la place même du puits *Lori* (c'est-à-dire, sans doute, *puits de l'oreille*). Auparavant, au moment des exécutions, on élevait au-dessus de ce puits un échafaudage surmonté d'une cage tournante, dans laquelle étaient pratiquées des ouvertures où les patients passaient la tête et les mains, pour rester ainsi exposés aux regards curieux de la foule durant tout un jour de marché. Le bourreau qui présidait à ce supplice devait présenter successivement aux quatre points cardinaux les coupables qu'il avait mis au pilori, après avoir rempli les prescriptions de la sentence, coupé une ou deux oreilles, administré le fouet, etc. En général, les maquerelles qui subissaient cette peine infamante étaient assaillies d'injures, de huées, de boue et d'ordures. Tous les piloris n'étaient pas mobiles comme celui des Halles de Paris, il n'y avait souvent qu'une échelle dressée contre un gibet ; le *pilorié*, attaché au sommet de l'échelle, dans une position fort incommode, annonçait lui-même aux passants la nature de son délit, par l'écriteau qu'il portait au dos, ou sur la poitrine ou même sur le front. Dubreul raconte qu'il se souvenait d'avoir vu, à l'échelle du parvis Notre-Dame, appartenant à la justice de l'évêque et de son official, un vilain prêtre qui avait au dos cette inscription : *Propter fornicationes.*

La fustigation et l'exposition des maquerelles furent de tout temps un divertissement pour le peuple de Paris; on se portait en foule sur leur passage et on leur faisait cortége jusqu'au pilori. Toutes les filles publiques et tous les débauchés prenaient un singulier plaisir à voir la punition de ces indignes femmes qui s'étaient souvent enrichies aux dépens de leurs nombreuses victimes. Les exécutions de cette espèce, toujours accompagnées de la même affluence et de la même gaieté, se reproduisaient assez rarement, néanmoins, à cause du scandale qu'elles causaient dans la ville. On en citerait pourtant des exemples dans le dix-septième siècle : Lebrun de la Rochette parle, dans le *Procez criminel*, de la punition d'une *célèbre maquerelle* de Paris, nommée la Dumoulin, qui fut ainsi fustigée dans les carrefours, sous le règne de Louis XIII, et ensuite bannie du royaume à perpétuité; mais on lui laissa toutefois les oreilles intactes. On découvrirait sans doute dans les registres du parlement un grand nombre d'arrêts et d'exécutions du même genre; quelques-unes de ces exécutions offriraient probablement un spectacle plus tragique. Ainsi, dans les Comptes de la Prévôté de Paris en 1440, nous attribuerons volontiers à un fait de maquerellage renforcé de vols et d'exactions criminelles, cet extrait des *Forfaitures* rapporté par Sauval : « De la vente des biens meubles de feues Jeannette la Bonne-Valette et Marion Bonne-Coste, n'aguerre enfouyes vives lez la justice de Paris pour leurs démérites, etc., dont ont esté ostés, distraits et rendus à plusieurs personnes plusieurs desdits biens, comme à eux appartenans, et qui mal pris et emblés leur avaient esté par lesdites femmes. »

C'était ordinairement au *marché aux Pourceaux*, sur la butte Saint-Roch, que s'opérait l'enfouissement des femmes condamnées à être enterrées vives, supplice fort usité, avant qu'on se fût décidé à les pendre comme les hommes. La première que l'on pendit à Paris était une misérable qui exerçait tous les métiers inhérents à la Prostitution ; ce fut en 1449, suivant les historiens du temps de Charles VII, qu'on pendit deux gueux et une gueuse, « qui suivoient les pardons et les fêtes, » dit Sauval, et qui n'en furent pas moins convaincus de toutes sortes de crimes. Un de ces coquins fut pendu à la porte Saint-Jacques; l'autre, avec sa femme, à la porte Saint-Denis : « quoique tous deux fussent le mari et la femme, ajoute Sauval, néanmoins ils vivoient ensemble comme s'ils n'eussent point été mariés; » ce qui signifie que le mari prostituait sa femme et que celle-ci favorisait également les turpitudes de son mari. Sauval ajoute des détails curieux à cette histoire patibulaire : « Or, comme en France on n'avoit point encore vu pendre de femme, tout Paris y accourut. Elle y alla tout échevellée, vestue d'une longue robe et liée d'une corde au-dessus des genoux. Les uns disoient qu'elle avoit demandé à estre exécutée ainsi, parce que c'étoit la coutume du pays. D'autres voulurent que ce fût par l'ordre des juges, afin que les femmes s'en souvinssent plus longtemps. » La potence néanmoins ne fut pas dès lors exclusivement adoptée pour le supplice des *gueuses*, car Sauval a extrait, des Comptes de la Prévôté, en 1457, ces deux articles qui se rapportent peut-être à des *maquerelles* : « Une nommée Ermine Valencienne, condamnée à être enfouie toute vive sous le gibet de Paris (c'est-à-dire à Montfaucon), pour ses démérites. — Une nommée Louise, femme de Hugues Chaussier, enfouie audit lieu, et l'on faisoit une fosse de sept pieds de long à cet effet. » La peine de mort entraînait d'autres manières de supplice, suivant le bon plaisir du juge, qui ordonnait parfois l'expiation du crime par le feu ou par l'eau. Parmi les femmes qui furent brûlées vives à Paris ou jetées à l'eau et noyées sous le Pont-au-Change, on peut supposer, sans craindre de se tromper, que plusieurs avaient souillé leur corps et pratiqué des actes détestables, que la jurisprudence du moyen âge enveloppait dans la catégorie des péchés contre nature :

« Quant aux femmes qui se corrompent l'une l'autre, que les anciens nommoient *tribades*, dit l'austère auteur du *Procez criminel*, il n'y a point de doute qu'elles ne commettent entre elles une espèce de sodomie... Et est ce crime digne de mort, comme remarque M. Boyer en ses *Décisions*. »

Nous ne recourrons pas au témoignage de Nicolas Boyer, auteur des *Decisiones Burdigalenses,* pour démontrer que les parlements et les tribunaux inférieurs étaient toujours impitoyables à l'égard des femmes de mauvaise vie qui comparaissaient devant eux sous le poids d'une accusation criminelle. Nous donnerons les raisons de cette sévérité, en citant ce passage du livre de Lebrun de la Rochette, qui consigne en ces termes l'opinion unanime des gens de loi sur les auxiliaires infâmes de la Prostitution : « Quant aux maquereaux et maquerelles, ils sont du tout insupportables comme ennemis de l'honnesteté, traistres de la pudicité conjugale et virginale, assassins de la sainte société humaine, proditeurs de la légitime succession des vrais héritiers, tisons de l'enfer et vrais truchements de l'esprit immonde, qui n'ont jamais esté soufferts en aucune république bien instituée, pour ne ressentir que le paganisme ou l'athéisme, comme l'on peut recueillir des *Constitutions* de Justinian, *novella* 14. Aussi, tous les jurisconsultes et les docteurs ont tenu que : *Lenocinium gravius et majus est crimen adulterio, quia adulter in se tantum et in unam fœminam peccat ; leno autem pec-*

cat in se, et duos pariter peccare facit. » Cependant un des premiers codes écrits en français, le *Livre de jostice et de plet*, contenant les coutumes de France mêlées à une traduction littérale du Digeste, ne prononce que la peine du bannissement et de la confiscation contre les courtiers de débauche : « Cil qui fet desloyaus assemblées de bordelerie doivent perdre la ville et leurs biens sont le roi (liv. XVIII, ch. 24). » Cet article des *paines* se trouvait complété par le suivant, qui ordonne la fustigation avant le bannissement : « Li maquerel de femes doivent estre fusté et gesté (fustigé) hors de la vile, et leurs biens sont le roi. »

CHAPITRE XIV.

SOMMAIRE : — État de la Prostitution légale dans les provinces de l'ancienne France. — *Coutumes du Beauvoisis.* — La Prostitution dans le duché d'Orléans. — Le *Livre de jostice et de plet.* — Les provinces du Nord. — Organisation de la débauche publique à Toulouse, Montpellier, Narbonne, etc. — Coutume de Bayonne. — Coutume de Marseille. — Coutume du comté de Montfort, de Rodez, de Nîmes, de Beaucaire, etc. — Les femmes *légères* de Bagnols et de Saint-Saturnin. — Bordeaux. — Supplice de l'*accabussade.* — Marseille. — Sisteron. — Avignon. — Lyon. — Genève. — Coutumes diverses. — Les *Lombards* et les prostituées. — Troyes, Amiens, Laon, Meaux, etc. — Rues *sans chef* affectées à la Prostitution légale.

L'ordonnance de Louis IX, relative à la Prostitution, était donc toujours la base unique de la jurisprudence sur cette matière, que les autres rois de France semblaient à peine avoir osé toucher après le saint roi, qui ne craignit pas d'y porter les main pour la renfermer dans de sages limites; mais les légistes et les magistrats, tout en adoptant l'ordonnance de 1254, ou plutôt celle de 1256, en altérèrent parfois le texte, et l'interprétèrent aussi de différentes manières, selon les besoins de la cause; ils y ajoutèrent, en outre, comme corollaires indispensables, certaines dispositions de la loi romaine, qui était en vigueur dans les tribunaux, et qui se mêlait plus ou moins aux traditions coutumières, derniers vestiges des usages et des codes barbares. C'étaient ces coutumes qui changeaient à l'infini l'état de la Prostitution légale dans chaque province, et même dans chaque ville. Il faudrait passer en revue l'histoire particulière de ces villes et de ces provinces, il faudrait surtout faire un examen attentif de leur législation locale, pour constater toutes les bizarreries qui s'attachaient à la tolérance de la Prostitution, et surtout à la pénalité qu'elle comportait en certains cas. Nous ne pouvons que glaner dans un sujet si abondant et si complexe, dont les matériaux se trouvent dispersés dans une multitude de volumes que nous n'aurions pas la patience de feuilleter, et qui ne nous offriraient peut-être qu'un prodigieux amas de redites inutiles. On jugera, toutefois, d'après un rapide extrait de nos notes, qu'il serait possible d'établir, ville par ville, et même village par village, une véritable pornographie de l'ancienne France, appuyée sur des textes authentiques.

Remarquons, une fois pour toutes, que la Prostitution n'a jamais de titre spécial dans les corps de lois, d'ordonnances ou de coutumes : elle se trouve reléguée dans plusieurs titres, où elle figure parmi des faits hétérogènes qui ne tiennent pas à elle, et qui lui sont parfaitement étrangers. Il y a même des coutumiers généraux où elle ne se montre nulle part, comme si la pudeur du jurisconsulte l'avait éliminée à dessein. Ainsi, dans les célèbres *Coutumes du Beauvoisis*, qui furent la principale source du droit français pendant quatre siècles, on cherche inutilement une décision qui ait rapport à la débauche publique. On dirait que le savant Philippe de Beaumanoir ait voulu la bannir de son livre, comme il eût souhaité l'exclure de la *république*. Le caractère personnel du jurisconsulte, l'austérité de ses mœurs et la modestie de son langage s'opposaient sans doute à ce qu'il admît, dans le formulaire des coutumes de son pays, le scandaleux chapitre de la Prostitution. L'auteur anonyme du *Livre de jostice et de plet*, rédigé dans le même temps aux écoles de *Décret* d'Orléans, ne se montre pas si réservé dans les choses et dans les mots. Il commence par paraphraser l'ordonnance de saint Louis sur la réformation des mœurs, et il traduit, dans son patois orléanais, l'article concernant la

Prostitution : « Adecertes, les foles femes communes, de chans et de viles, seent getées hors ; et quant l'en lor aura ce admonesté et devéé, li juge d'icels lour prangnent lor biens, ou autres, par l'autorité de cels, jusque à la cote ou le pelicon. Ensorque tot qui loera meson à fole feme commune ou recevra bordeaus en sa meson, el soit tenue souder au baillif dou leu, ou au prevost, ou au juge, tant comme la pension de la meson vaudra en un an. » On voit que l'École de droit d'Orléans maintenait force de loi à la première ordonnance de Louis IX, qui avait aboli la Prostitution, et non pas à la seconde, qui deux ans après l'avait autorisée sous un régime de tolérance.

En vertu de ce principe fondamental enregistré dans le *Livre de jostice et de plet*, nous avons vu, dans le chapitre précédent, de quelles peines étaient punis *li maquerel de feme* et *cil qui fet desloyaus assemblée de bordelerie*. Celui-ci n'était qu'un industriel recevant *bordiaus en sa meson*, et en tirant un lucre infâme; l'autre, qui pouvait cumuler en fait de maquerellage, cherchait à corrompre à son profit les filles et les femmes qu'il entraînait au vice. Ce dernier proxénète était bien plus coupable que le simple *bordeler*, qui comme tel se trouvait mis au niveau du larron, du *toleor* et du *tricheor;* et qui restait noté d'infamie avec qualification de *maurenomez* (livre III, ch. 1er). Parmi les entremetteurs et les entremetteuses de la pire espèce, le *Livre de jostice et de plet* ne signale pourtant pas, en se fondant sur la loi romaine qu'il invoque sans cesse, l'ignominie des taverniers et des tavernières, qui généralement ne se bornaient pas à donner à boire aux passants, et qui leur offraient aussi un *transon de chiere lie*, pour nous servir de l'expression consacrée dans ces endroits-là. L'ordonnance de saint Louis, placée en tête du *Livre de jostice*, renferme seulement cet article, que la traduction de l'auteur anonyme rend assez obscur : « Nus ne soit receuz a fere demore en tavernes, se il n'est trespassanz ou se il n'a aucun estage en icelle taverne. » On peut comprendre de diverses façons la fin du paragraphe, dans lequel nous voyons qu'une taverne ne devait être en aucun cas transformée en hôtellerie, et qu'elle se composait uniquement d'une boutique sans annexe de domicile et sans *étages* supérieurs destinés à y coucher. Un passage de la vieille traduction du Digeste (Ms. de la Bibl. Nation.) confirme la mauvaise opinion qu'on avait des taverniers, et surtout des tavernières, en France comme chez les Romains : « Se feme est tavernière et ele a en sa taverne fole feme que ele abandonne por gaaigner, ele doit estre tenue pour houlière (maquerelle). » L'ancien droit français diffère radicalement avec le droit romain sur tous les points où le christianisme avait modifié; ainsi, quoique le bordelier soit réputé *mau-renomez*, la femme de mauvaise vie ne partage pas avec lui cette marque d'infamie, et cela, par cette raison de charité évangélique qui donnait toujours à la femme pécheresse la faculté de se repentir et de reprendre un train de vie honorable. Il n'était pas rare alors, que, pour racheter une âme à Dieu, un bon chrétien allât chercher une femme légitime dans un repaire de Prostitution. C'est donc en s'appuyant d'une décrétale de Clément III, que le rédacteur du *Livre de jostice et de plet* a pu dire : « L'en establit que toz cex qui tréront puteins de bordel pour prendre à femme et qui les prendront, que ce soit en remission de lor péchiez. Note que c'est ovre de charité de apeler à voie de vérité celui qui foloie. » Il se pose néanmoins un cas de conscience à l'égard d'un mariage de cette sorte, et, pour le résoudre, il s'empare d'une décrétale d'Innocent III, intitulée *Significasti :* « Un prist une putain et lessa sa feme ; il en fut ecomunié (excommunié) : quant sa feme fut morte, il la prist. L'on demande s'il poent (peuvent) se manoir ensemble? Et l'on dit que, s'il n'ont porchassé la mort la feme, ou s'il ne fiança la putain du vivant de sa feme, et li hom soit asos (absous), s'il le requiert. »

Le *Livre de jostice et de plet,* dans lequel le chapitre du mariage est traité avec une impudente liberté d'expressions, que nous n'osons pas reproduire, n'accorde cependant aucune indulgence aux femmes qui se prostituent et aux hommes qui aident leur Prostitution. Ceux-ci n'avaient pas le droit de tester en justice et ne pouvaient obtenir des juges :

« Li rois puet faire, par inquisition de mauvese renomée, justice de ceux qui tiennent les bordeaux. » Celles qui exerçaient le même métier, ou qui tenaient des tavernes, étaient également frappées d'incapacité : « L'on defant que feme ne soit tavernière ne bordelière; et s'ele est, ele n'est obligée de rien. » Ces deux passages, qui semblent contredire ceux que nous avons cités plus haut, prouveraient l'existence permise ou tolérée de certains *bordeaux*, tenus ou administrés par des hommes et des femmes, qui, de même que les Juifs, consentaient à vivre sous la menace permanente de la loi, qu'ils conjuraient au moyen de contributions secrètes. Malgré cette tolérance, nécessaire à la vie publique des grandes cités, la police des mœurs était toujours soumise à des lois austères, qui réprimaient au besoin les excès et les scandales. Ainsi, la fornication, tout impunie qu'elle fût ordinairement, avait un article pénal dans le code coutumier : « Li fornicateur doivent estre chatié atrampéement (modérément) de poine de cors. » Il est bien certain que le châtiment n'atteignait pas souvent les fornicateurs, à moins de circonstances exceptionnelles. Quant à la femme qui se séparait de son mari pour forniquer, elle perdait son douaire. Mais le rapt, le viol, l'adultère, la sodomie étaient rigoureusement punis par *commun jugement*, c'est-à-dire que chacun devait en provoquer la punition : « La loi que li empereres (l'empereur Justinien) fit des *avotires* (adultères) est des communs jugements, par coi non pas tant solement cel qui bannissent aucun mariage sont puni par glaive, mès cil qui font lor desléal tricheries ô homes; et par cele meisme loi est puniz li vices, quant aucun compoigne charnelment à virge ou a veve. » Les sodomites des deux sexes n'étaient pourtant condamnés à mort, qu'après avoir subi deux condamnations corporelles pour le même fait : « C'il qui sont sodomite prové doivent perdre les c..... Et se il le fet segonde foiz, il doit perdre menbre; et se il le fet la tierce foiz, il doit estre ars. Feme qui le fet doit à chascune fois perdre menbre; et la tierce, doit estre arsse. Et toz leur biens sont le roi. » Telles étaient les peines concernant la police des mœurs dans le duché d'Orléans.

Cette pénalité, que le code Justinien avait fournie au législateur français, se retrouvait à peu près partout avec des nuances d'application, que le caractère local des habitants variait à l'infini. Les provinces du nord avaient à cet égard plus d'indulgence que celles du midi : la Prostitution y régnait sans contrainte, et le régime des mœurs, abandonnées à leurs instincts natifs, n'avait qu'à se maintenir dans les limites assez étendues d'une facile tolérance. Toulouse, Montpellier, Narbonne et d'autres villes du Languedoc avaient une organisation de débauche publique, plus régulière encore que celle qui existait alors à Paris. Cependant Charles d'Anjou, comte de Provence et roi des Deux-Siciles, s'était efforcé, à l'exemple de son frère Louis IX, d'expulser de ses États la Prostitution légale; il ne réussit pas mieux que le roi de France dans ce dessein, plus pieux que politique, et il dut renoncer à faire la guerre aux ribaudes, qui ne tenaient aucun compte de ses ordonnances. Il se rejeta sur le *lenocinium*, ou *lenoine*, qu'il regardait avec raison comme l'élément le plus dangereux de la Prostitution, qui avait échappé à toutes les mesures de rigueur. En confirmant les Coutumes de Provence, il ordonna que tous ceux qui s'entremettaient pour corrompre ou prostituer les femmes ou filles, seraient chassés du comté, sans forme de procès; que si, dix jours après la publication de cette ordonnance, il se trouvait encore quelque misérable qui osât exercer cet *art* impie, la justice informerait et le coupable serait puni de peines corporelles, outre la confiscation de ses biens et le bannissement. Charles d'Anjou défendait aussi à tous ses officiers de donner asile en leurs maisons à aucune femme de mauvaise vie, sous peine de privation de leurs offices et d'une amende de *cent livres couronnes* (voy. la *Biblioth. du droit françois*, par Bouchel, t. II, p. 610). Le Languedoc néanmoins n'avait garde de se réformer, à l'instar des provinces voisines, où la Prostitution se voyait comprimée par des lois et coutumes qui tendaient à la détruire tout à fait. La Coutume de Bayonne, rédigée sans doute sous l'influence des Constitutions espagnoles, prononçait la peine du fouet et du bannissement contre les maquerelles; mais, en cas de récidive, si elles avaient rompu leur ban, on les condamnait à mort (*Coutumier général*, t. IV, tit. 25). La Coutume de Marseille n'était pas moins terrible à l'égard des proxénètes, quoique les ribaudes communes fussent tolérées dans certaines rues de cette ville où la présence de tant d'étrangers et de gens de mer rendait indispensable la libre pratique des mauvais lieux. Toutefois les ribaudes qui exerçaient sur le port de Marseille devaient s'abstenir de porter des vêtements ou ornements de couleur écarlate, sous peine d'amende; et, en cas de récidive, elles encouraient la fustigation. Nous ferons, dans le chapitre suivant, l'historique des *abbayes* obscènes de Toulouse, de Montpellier et d'Avignon.

Recherchons les traces de la Prostitution dans quelques autres villes du Languedoc. A Narbonne, quoique siége archiépiscopal, les consuls de la ville possédaient le privilége d'avoir, dans la juridiction du vicomte, une *rue chaude* (*carreria calida*), où les officiers de ce seigneur n'avaient aucun droit de justice, et les femmes amoureuses qui habitaient cette rue sous les auspices de l'autorité consulaire avaient la liberté d'exercer leur commerce impur dans toute la vicomté, sans être molestées ni inquiétées par personne (voy. l'*Hist. générale du Languedoc*, par dom Vic et dom Vaissette, t. IV, p. 509). A Pamiers, résidence d'un évêque, les filles de joie ne séjournaient pas dans l'intérieur de la ville; suivant les Coutumes du comté de Montfort, confirmées en 1212, ces pécheresses ne pouvaient ouvrir leurs *bordiaus*, qu'en dehors de l'enceinte des villes murées et à certaine distance des portes (voy. *Thes. nov. anecdot.*, publ. par Martene, t. I, col. 837). A Rodez, qui avait aussi un évêché, la Prostitution existait pourtant, ce semble, en dedans des murs, car l'évêque de cette ville, qui se nommait Pierre de Pleine-Chassaigne, en 1307, défendit aux habitants de recevoir dans leurs maisons les femmes publiques (*nec recipient in hospitiis suis publicas meretrices*), dont il règle d'ailleurs la *livrée*, de telle sorte que ce costume ne diffère pas de celui des femmes honnêtes : il défend donc aux prostituées de porter des capes, des manteaux, des voiles et des robes à queue ; il veut que leurs robes descendent jusqu'aux chevilles seulement (voy. ces règlements de l'évêque seigneur de Rodez, dans les *Documents inédits* tirés des Mss. de la Biblioth. Nation. par Champollion-Figeac, t. III, p. 17). A Nîmes, où l'évêque était également seigneur temporel, la Prostitution avait été confiée à une gouvernante des filles (*magistra*), laquelle affermait ce commerce impudique et recevait ses pleins pouvoirs des consuls, qu'elle allait complimenter à des époques fixées, en leur apportant un présent d'investiture appelé *osculum* ou *osclage* (voy. le Supplément au *Glossaire* de Ducange, au mot OSCULUM). Beaucaire, qui du moins n'avait pas d'évêché et qui attirait à ses foires célèbres une multitude de marchands forains, ne pouvait se passer d'un mauvais lieu privilégié, qui s'ouvrait en même temps que la foire de Sainte-Madeleine et qui se fermait en même temps qu'elle. Ce mauvais lieu était placé sous la dépendance d'une gouvernante, qu'on appelait l'*abbesse*, et qui n'obtenait cette charge lucrative que sous certaines conditions singulières. Il ne lui était pas permis, par exemple, d'accorder l'hospitalité pour plus d'une nuit aux passants qui voudraient loger dans son *hôtel*. En 1414, une *abbesse* du nom de Marguerite reçut chez elle le nommé Anequin, et fut si contente de lui, qu'elle oublia son devoir et le garda pendant six nuits; elle se vit accusée pour ce cas de contravention, et elle dut payer 10 sols tournois d'amende au châtelain de Beaucaire. C'est M. Rabutaux qui a consigné ce fait curieux dans son mémoire sur la *Prostitution en Europe*; mais il a négligé de nous dire la source où il l'a puisé. Les revenus que la Prostitution fournissait aux villes de Nîmes et de Beaucaire avaient été sans doute très-considérables dans le temps où la foire de Beaucaire fut le plus fréquentée; mais, au seizième siècle, quand les guerres de François Ier et de Charles-Quint eurent empêché les commerçants étrangers de se rendre à cette foire renommée, les joyeuses *abbayes*, que leur générosité faisait prospérer naguère, étaient à peu près désertes; car, dans les Comptes de la recette ordinaire dressés en 1530, Antoine Boireau, receveur de la trésorerie de

Nîmes et de Beaucaire, ne fait figurer qu'une somme de quinze sols, pour les droits perçus pendant trois ans sur les deux *abbayes* de cette localité (*de emolumento duorum hospitiorum in quibus fit lupanar*). Outre ces deux hôtelleries malfamées, tenues à ferme par un nommé Louis Clucher, il en existait une troisième qui ne donnait aucun revenu à la ville de Beaucaire, parce qu'elle était presque toujours inoccupée (voy. le *Traité de la police*, t. I, p. 525).

Il n'y avait peut-être pas de petite ville en Languedoc, qui n'eût, sinon son abbaye, du moins ses femmes *légères*. Celles de Bagnols ne pouvaient porter, sans s'exposer à une punition, des *chapels* de fleurs, des voiles, des fourrures d'hermine, des capuchons ouverts, ornés de boutons, etc. (Voy. le Supplément au Glossaire de Ducange, au mot *Mulier levis*.) Celles de Saint-Saturnin devaient chômer les jours de fête, les quatre-temps et vigiles : en 1414, Isabelle la Boulangère fut condamnée à une amende de dix sols, pour avoir reçu, le jour de Pâques, un nommé Georges, qui pourtant était son amant en titre. (*Ibid.*, au mot *Meretricalis vestis*.) Ces mœurs languedociennes, que l'hérésie des Albigeois ou Cantares n'avait pas peu relâchées, débordèrent dans les provinces voisines. Toutefois, la ville de Bordeaux, qui se distingua entre toutes par la sévérité de sa police des mœurs, paraît avoir quelquefois noyé les ribaudes et les entremetteurs incorrigibles, en leur *baillant la cale*. Ducange, au mot

Accabussare, nous apprend que ce supplice était en usage à Bordeaux, où le bas peuple sans doute prononçait la sentence et dirigeait l'exécution : le patient ou la patiente étaient renfermés dans une cage de fer, que l'on plongeait dans la mer, et qu'on n'en retirait pas toujours avant que l'asphyxie fût complète. Ducange dit positivement que les victimes de la cale étaient noyées (*Subtus navim denuò submerguntur*). Il ajoute que la même pénalité punissait les blasphémateurs, à Marseille, quand ils n'avaient pas 12 deniers pour se racheter de la *cabussa* ou culbute dans l'eau salée; ils en buvaient plus qu'ils ne voulaient, aux huées de la canaille, qui s'amusait de leurs grimaces. Un châtiment analogue attendait aussi, à Toulouse, les jureurs, les entremetteurs, et « quelquefois, dit Lafaille, les femmes prostituées » qui avaient contrevenu aux règlements de police. Jousse, dans son *Traité de la justice criminelle de France*, publié en 1771, décrit l'*accabussade* telle qu'on la pratiquait encore de son temps pour le plus grand divertissement des amateurs. On conduisait à l'hôtel de ville la malheureuse qui avait été condamnée pour quelque méfait de prostitution; l'exécuteur lui liait les mains, la coiffait d'un bonnet fait en pain de sucre, orné de plumes, et lui attachait sur le dos un écriteau portant une inscription qui faisait connaître la nature du délit. Cette inscription était ordinairement : *Maquerelle*. Une foule railleuse et tracassière accompagnait la condamnée,

A. Cabasson del. — Imp. — Ap. Leroy et Lef. en Sc.

COUTUME DE TOULOUSE

devant laquelle on criait son arrêt. On la menait ainsi processionnellement jusqu'au pont qui traverse la Garonne; une barque la recevait avec l'exécuteur et ses aides, pour la transporter sur un rocher situé au milieu de la rivière. Là, on la faisait entrer dans une cage de fer, faite exprès, que l'on plongeait dans l'eau par trois fois : « On la laisse pendant quelque temps, dit Jousse, de manière cependant qu'elle ne puisse être suffoquée; ce qui fait un spectacle qui attire la curiosité de presque tous les habitants de cette ville. » Ensuite, on transférait la pauvre femme, à moitié noyée, *dans le quartier de force*, à l'hôpital, où elle devait passer le reste de ses jours, à moins qu'elle n'obtînt sa grâce et ne retournât à son premier métier. Nous nous rappelons avoir lu qu'on infligeait un pareil traitement aux filles publiques accusées et convaincues d'avoir communiqué une maladie vénérienne à quelques débauchés, qui se portaient parties civiles, et qui réclamaient la visite médicale de leurs empoisonneuses; mais nous ne saurions dire en quel endroit ni à quelle époque on faisait subir cette ablution infamante aux dangereuses ennemies de la santé publique.

Nonobstant les ordonnances de Charles d'Anjou contre la Prostitution en général, la Provence n'avait jamais été entièrement délivrée d'un fléau que le tempérament chaud et pétulant de ses habitants devait naturellement propager et qui mettait obstacle aux désordres des passions et des sens. On comprend que la Prostitution légale ne pouvait pas avoir un cours régulier et patent dans un pays où la chevalerie et la poésie avaient idéalisé les rapports des deux sexes entre eux, où le culte de la femme s'était en quelque sorte dégagé de toute souillure matérielle, et où les Cours d'Amour, égarées dans les abstractions du sentiment, semblaient avoir pris à tâche de tuer l'homme dans l'homme et d'annihiler le corps au profit de l'âme. Nous avons vu plus haut cependant que la Prostitution existait ouvertement à Marseille pour l'usage des marins et des étrangers, qui avaient besoin de trouver dans un port de mer les moyens de se distraire des ennuis d'une longue traversée. Il y avait des femmes de plaisir dans la plupart des grandes villes; mais elles déguisaient leur profession honteuse sous des noms et des apparences honnêtes. Elles n'en étaient pas moins en butte aux persécutions continuelles de la police municipale et de l'autorité ecclésiastique : on les arrêtait, on les emprisonnait, on les mettait à l'amende sous le plus frivole prétexte. A Sisteron, par exemple, le sous-viguier de la ville faisait incarcérer, par un odieux excès de pouvoir, les femmes étrangères qui venaient se fixer dans cette cité épiscopale, et qui y arrivaient accompagnées de leurs amants (*cum eorum amicis*) : ce sous-viguier accusait de débauche ces femmes sans appui, et il les forçait à payer une contribution pour recouvrer leur liberté et pour vivre en paix (*ut pecunias extorqua-*

tur côrumdem vexaciones redimendo). Les habitants se plaignirent de ces extorsions iniques, et, par lettres en date du 20 avril 1380, Foulques d'Agoust, sénéchal des comtes de Provence et de Forcalquier, enjoignit au sous-viguier de ne plus tourmenter les femmes étrangères qui voudraient résider dans la ville avec leurs amis (*saltem cum amicis prædictis*), à condition qu'elles y vivraient honnêtement (*dum tamen vitam honestam teneant*). M. Edouard de Laplane, qui rapporte cette pièce dans son *Histoire de Sisteron* (t. I, p. 527), nous apprend que les magistrats de Sisteron, pour obvier sans doute aux fâcheuses erreurs que le séjour de ces étrangères avait causées dans la ville, résolurent d'acquérir aux frais de la commune un *hôtel* destiné à recevoir les filles de joie et à les héberger seulement à leur passage. Cette acquisition avait été décidée en 1394, et dix ans plus tard elle n'était point encore faite; ce ne fut qu'en 1424 que les femmes amoureuses trouvèrent un refuge à Sisteron, sans craindre d'y être emprisonnées et mises à l'amende. Celles qui arrivaient toutefois par le *pas de Peipin* étaient soumises, de même que les juifs, à un péage fixe de 5 sols, au profit du couvent des dames de Sainte-Claire. Ces religieuses devaient sans doute expier par leurs prières les péchés que la Prostitution errante venait apporter dans les murs de Sisteron, ou du moins sur son territoire; car la maison de refuge des ribaudes n'était pas dans la ville. L'établissement de cette maison à Sisteron nous semble confirmer tout ce que la tradition rapporte d'un établissement analogue dans la cité d'Avignon. Nous traiterons à part cette question d'archéologie historique, qui mérite d'être examinée sans idée préconçue.

Il est incontestable que les mœurs italiennes s'acclimatèrent avec les papes dans le comtat d'Avignon; et l'on peut soutenir que la ville papale ne changea rien aux habitudes des *meretrices* romaines, auxquelles le chapeau rouge des cardinaux ne faisait pas peur. D'Avignon à Lyon, la Prostitution n'avait eu qu'à remonter le Rhône; et cette grande ville renfermait trop d'habitants pour que la police ne fût pas tolérante à l'égard des mœurs. Guillaume Paradin, dans ses *Mémoires de l'histoire de Lyon* (édit. de 1573, in-fol., ch. 58), a consigné un règlement municipal de 1475 qui rappelle les ordonnances de la prévôté de Paris sur la même matière. Il était enjoint, par cet arrêté, aux filles publiques de Lyon d'abandonner les *bonnes et honorables rues*, et de se retirer dans deux maisons d'asile où elles exerceraient leur misérable métier sous la surveillance des consuls : chacune de ces maisons n'avait qu'une seule issue, pour que les ribauds qui commettraient un délit dans ces lieux de débauche, ne pussent s'enfuir par derrière, au moment où l'on crierait à l'aide. Cette ordonnance réglait de plus le costume des femmes dissolues, à qui défenses étaient faites, sous peine de confiscation, d'employer à leur parure les *corroyes garnies d'argent,* les fourrures *de penne gris, menu vair, laitistes, peau noire ou blanche d'aigneaux, excepté tant seulement un pelisson de noir ou de blanc,* et enfin les chaperons *de femme de bien;* elles étaient tenues à porter, sous peine de prison et de 60 sous d'amende, « continuellement chascune au bras senestre (gauche), sur la manche de leurs robes, trois doigts au-dessous de la joincture de l'espaule, une esguillette rouge, pendant en double du long du bras, demy pied. » La marque (*enseigne*) des femmes de mauvaise vie ne se voyait que dans les villes où la Prostitution était tolerée et *avouée.* Malgré ces complaisances de la loi en faveur du vice, la *lenoine* ou la *houllerie* ne participait pas au bénéfice de la tolérance : maquereaux ou maquerelles étaient toujours laissés en dehors du droit commun. On les fouettait, on les emprisonnait, on les chassait en confisquant leurs biens. « Quelquefois l'entremetteuse, dit Muyart de Vouglans, était montée sur un âne, le visage tourné vers la queue, avec un chapeau de paille et un écriteau. » On la promenait ainsi à travers la ville, au milieu des insultes de la populace, puis, après avoir été fouettée par l'exécuteur, elle était expulsée du pays ou enfermée dans un hôpital. Voilà ce qui se passait à Lyon et à Genève, où le coupable, « mitré, fouetté publiquement, banni perpétuellement sous peine de perdre la vie, » suivant l'auteur du *Traité des peines et amendes,* entraînait dans son châtiment le complice qui s'était associé au délit en prêtant ou en louant sa maison. Cette maison confisquée, le complice payait *d abondant* une amende de 10 livres d'or. Jean Duret, en se plaignant de l'indulgence d'une telle législation, nous donne à entendre que la peine de mort était encore appliquée, de son temps, en certains cas. Les villes qui ne possédaient pas de ribaudes à demeure se contentaient de celles que le hasard leur amenait et qui couraient le pays en cherchant fortune : elles n'avaient pas la permission de séjourner plus de vingt-quatre heures dans les endroits habités où elles s'arrêtaient avec leurs *ruffians*. Généralement, elles logeaient alors dans les faubourgs ou hors des murs, souvent dans une *borde* isolée, quelquefois dans un lieu de refuge réservé pour elles, et même à la belle étoile, derrière une haie ou bien parmi les blés. Un *accord,* intervenu en 1513, à la suite d'une contestation qui divisait le seigneur et les habitants des communes de la Roche de Glun et d'Alenson (Drôme), interdit aux habitants de ces communes de loger chez eux, pendant plus d'une nuit, les ribaudes publiques et leurs ruffians qui traversaient le pays : « Que dengune persone non deia logar ribaudes publicques audit luoc, plus haut que una nuech, ni ruffians, sur la pena de ung chescun et de chescune fois de sinc soulz. » (Voy. les *Doc. histor. inédits,* publiés par Champollion-Figeac, t. IV, p. 352.) Cette citation, que nous pourrions étayer de plusieurs autres analogues, prouve l'existence de ces prostituées vagabondes, qui s'en allaient de ville en ville faire trafic de leur corps, et qui avaient d'ordinaire, pour compagnons ou amis des ribauds qu'elles nourrissaient des ignobles produits de leur impudicité. Ces ribauds n'étaient pas inutiles parfois à leurs *dames* et *maîtresses* pour les protéger contre les violences auxquelles ces malheureuses étaient constamment exposées de la part du premier venu. Rien ne fut plus fréquent que ces lâches violences, qui restaient presque toujours impunies. Les lois pourtant n'étaient pas désarmées à cet égard, et le viol d'une femme de mauvaise vie avait été assimilé à celui d'une honnête femme par les jurisconsultes. Dans les priviléges que le seigneur de Chaudieu octroya, en 1389, aux bourgeois d'Eyrien, près de Valence, priviléges confirmés la même année par Charles VI, il est dit que quiconque aura violé une femme dissolue ou toute autre appartenant à un lieu de débauche (*Si quis mulierem diffamatam aut aliam de lupanari violenter coegerit*) payera 100 sous d'amende. Une portion de cette amende revenait, de droit, à la personne qui avait éprouvé le dommage, que la législation considérait moins comme une injure que comme un vol accompli avec menaces et violence. (*Ordonn. des rois de France*, t. VII, p. 316.)

Si le législateur se posait quelquefois en protecteur des femmes déshonorées, que leur flétrissure ne livrait point à la merci de toutes les insultes, il protégeait également ceux qui avaient à se prémunir contre les complots de ces femmes astucieuses et de leurs vils auxiliaires. Ainsi, une des spéculations les plus ordinaires et les plus faciles, c'était d'accuser de violence un homme qui n'avait fait que passer un marché amiable et prendre livraison de la marchandise qu'il pensait acheter. Les riches *Lombards*, banquiers juifs ou italiens, dans les mains desquels se concentrait tout le commerce de l'argent, se voyaient sans cesse exposés à des entreprises de cette nature : une femme s'introduisait chez eux à titre de servante ou autrement; puis elle portait plainte en justice, et prétendait avoir été mise à mal contre sa volonté : le serment déféré à cette débauchée, elle n'hésitait pas à le prêter sur l'Évangile; et l'imprudent étranger n'en était jamais quitte à moins d'une amende énorme, dans laquelle la femme et ses complices avaient la plus grosse part. Cette manière d'exploiter la fortune et la position délicate des Lombards était devenue si fréquente à la fin du quatorzième siècle, que les Lombards ne voulurent plus établir de banque dans les villes de France, sans que leur honneur et leur bourse fussent mis à l'abri des embûches de la Prostitution. En conséquence, on remarque cette clause, à peu près identique, dans les lettres des rois Charles V et Charles VI, qui accordaient à des associations de Lombards le privilége d'ouvrir une banque et de prêter de l'argent dans les villes de Troyes, de Paris, d'Amiens, de Nîmes, de Laon et de

Meaux : « Item, se aucunes femmes renommées de fole vie estoient dedens les maisons desdiz marchans, qui voulsissent dire et maintenir, par leur cautelle et mauvaistié, estre ou avoir été efforciées par lesdiz marchans ou aucuns d'eulz; que, à ce proposer, ycelles femmes ne fussent point reçues, ne lesdiz marchans ne aucuns d'eulz, pour ce, empeschez en corps ou en biens. » Grâce à ce paragraphe de leurs priviléges, les Lombards n'avaient rien à redouter de la malice des femmes qu'ils recevaient dans leurs maisons et qui n'avaient pas d'autre but que de se dire violentées par leurs patrons. Cette clause de précaution nous apprend, en outre, que ces Lombards se trouvaient, comme étrangers, dispensés de se conformer aux ordonnances ecclésiastiques et civiles qui défendaient aux gens d'honneur de loger dans leurs maisons une femme débauchée pendant plus d'une nuit. Ce séjour d'une prostituée, dans leur demeure, n'avait aucune conséquence défavorable pour eux, et ils n'encouraient par là ni prison, ni amende, ni blâme.

Toutes ces ordonnances relatives aux banques ou comptoirs d'escompte de Paris, de Troyes, d'Amiens, de Laon, de Meaux, etc., constatent la présence fréquente ou habituelle des femmes amoureuses dans ces différentes villes, et les tentatives de séduction qu'elles renouvelaient sans cesse contre les Lombards et les Italiens. Ceux-ci pouvaient, d'ailleurs, se permettre impunément tous les désordres que la loi eût atteints et châtiés dans la conduite des nationaux, sujets du roi. Le sage et vertueux Charles V le dit clairement dans les priviléges qu'il accorda en 1366 aux marchands italiens établis à Nîmes : ces marchands ne pouvaient être inquiétés et punis pour le cas de simple fornication, à moins qu'ils ne fussent convaincus de rapt ou d'adultère (*nec pro lubrico carne aliquis eorum punietur*). Il est donc présumable que la licence des mœurs de ces étrangers influait sur l'état moral de la population qui les entourait et qui se corrompait à leur exemple, sinon à leur contact; car ils avaient auprès d'eux un cortége de femmes dissolues et de libertins, qui menaient joyeuse vie et qui se pervertissaient mutuellement. Nous n'attribuerons pourtant pas à leur installation dans la ville de Troyes, en 1380, l'établissement des *bouticles*, que les *filles de joie cloistrières*, ou *femmes communes*, tenaient *d'ancienneté* dans plusieurs endroits de cette ville, comme nous le savons d'après cet article d'un document antérieur, cité par les continuateurs de Ducange au mot *Clausuræ :* « Item, que toutes filles de vie cloistrière, ou femmes communes diffamées, voisent tenir, tiennent et fassent leurs bouticles ès lieus à ce ordonnés d'ancienneté dans ladite ville. » Les villes voisines de Paris et qui se trouvaient dans le rayon, pour ainsi dire, de la cour du roi, se faisaient un point d'honneur d'obéir les premières aux ordonnances royales et d'imiter scrupuleusement l'organisation de la police parisienne, comme elles imitaient les mœurs, les modes, les usages et le jargon de la capitale. L'imitation ne restait pas en défaut dans les choses du libertinage et, pour n'en citer qu'une particularité bizarre, nous pencherions à croire qu'un *bon compagnon* de province, qui avait vu son Paris et qui s'était amusé des rues *Tirev..*, *Trousse-Putain* et autres aussi malhonnêtes de nom que de séjour, fut le parrain narquois de la rue *Pousse-Penil*, à Issoudun, et de la rue *Retrousse-Penil*, à Blois, et de toutes les rues *sans chef* affectées à la Prostitution légale.

CHAPITRE XV.

Sommaire. — Provinces centrales de la France. — La Champagne. — La Touraine. — Le Berry. — Le Bourbonnais. — Le Poitou. — L'Orléanais. — Les femmes mariées de Montluçon assimilées aux prostituées. — L'*Adveu* de la terre du Breuil. — Servitudes bouffonnes et facétieuses. — La *chaussée de l'étange de Souloire.* — Le seigneur de Poizay et les *denrées* des filles amoureuses. — Le roi de France et les ribaudes de Verneuil. — Les *femmes folles* de Provins, etc., etc.

Les provinces centrales de la France étaient celles où la Prostitution rencontrait le moins d'entraves, et trouvait les conditions les plus favorables. On lui laissait le champ libre, pourvu qu'elle se soumît aux coutumes locales et qu'elle se tînt à l'écart, sans causer de trouble ni de *contents*. On ne punissait chez elle que le scandale et les contraventions. Il faut remarquer que ces provinces étaient aussi celles où la civilisation avait le mieux adouci les mœurs : si la débauche publique y vivait en bonne intelligence avec l'autorité des seigneurs et des communes, la gaieté et la douceur du caractère des habitants les éloignaient naturellement de tous les crimes et de toutes les violences que le libertinage entraîne trop souvent après lui. La Prostitution avait donc droit de cité dans chaque ville de la Champagne, de la Touraine, du Berry, du Bourbonnais, du Poitou et de l'Orléanais; elle devait seulement, dans chaque endroit où elle passait ou se fixait à sa convenance, payer les redevances féodales et se conformer aux usages, qui souvent n'étaient point écrits dans les coutumiers du pays, mais que la tradition maintenait de siècle en siècle. Parmi ces redevances, il en était de fort singulières, que nous ne comprenons plus aujourd'hui, et qui n'ont peut-être jamais eu de sens raisonnable. Ainsi, Sauval a tiré des Archives de la Chambre des Comptes un document de l'année 1498, lequel constate que la coutume de Montluçon assimilait aux prostituées les femmes mariées qui battaient leurs maris; mais les unes et les autres ne rendaient pas un hommage de même nature à la châtellenie de Montluçon. Toute femme qui avait frappé son mari était tenue d'offrir au châtelain ou à la châtelaine un escabeau ou un bâton. Toute prostituée qui arrivait dans le pays pour y faire vilain commerce, devait payer, une fois pour toutes, quatre deniers au seigneur; et, de plus, à titre de vassale, aller publiquement sur le pont du château, s'y accroupir et y faire entendre un bruit malhonnête, qu'elle n'avait garde d'étouffer sous ses jupes. Voici le texte latin de l'*Adveu* de la terre du Breuil, rendu par très-haute, très-noble et très-puissante dame Marguerite de Montluçon, le 27 septembre 1498 : « *Item in et super qualibet uxore maritum tuum verberante, unum tripodem. Item in et super filiâ communi, sexus videlicet viriles quoscumque cognoscente, de novo in villa Montislucii eveniente, quatuor denarios semel, aut unum bombum sive vulgariter* PET, *super pontem de castro Montislucii solvendum.* »

Les commentateurs, qui se fourrent partout, et de préférence dans les endroits les plus malsonnants, n'ont pas manqué de battre les buissons à l'occasion de cette sale redevance. Les uns ont prétendu que les filles folles de leur corps ne pouvaient donner au seigneur de Montluçon plus qu'on ne les estimait généralement; ils ont rapproché de la taxe indécente que ce seigneur exigeait d'elles un dicton proverbial, qu'on employait jadis à l'égard des prostituées : « La belle ne vaut pas un pet. » D'autres archéologues se sont souvenus, à ce propos, d'un passage inexpliqué des livres du *Pantagruel*, où Rabelais nous montre comment les pets engendrent les petits hommes; les *vesnes* ou vesses, les petites femmes. Ce qui fit les deux proverbes: *Glorieux comme un pet* et *Honteux comme une vesse*. Il serait aisé de compiler un gros volume sur le pet des ribaudes de Montluçon. Nous préférons clore la discussion sur ce sujet délicat, en rappelant que, d'après les habitudes du droit féodal, l'hommage et la redevance dépendaient du genre de service que le vassal rendait au seigneur et à ses tenanciers. L'histoire des fiefs est remplie de servitudes bouffonnes et facétieuses, entre lesquelles la part de la Prostitution n'est pas la moins étrange. Dans les *aveux* et dénombrements, faits en 1376 et autres années, par les seigneurs des comtés d'Auge, de Souloire et de Béthisy en Normandie; le seigneur de Béthisy déclare à sa suzeraine, Blanche de France, veuve du duc d'Orléans, que les femmes publiques qui viennent à Béthisy ou y demeurent lui doivent 4 deniers parisis, et que ce droit, qui lui valait autrefois 10 sols parisis tous les ans (ce qui supposait la venue annuelle de trente ribaudes), ne lui rapportait plus que 5 sols, « à cause qu'il n'y en venoit plus tant, » dit Sauval (t. II, p. 465). Le seigneur de Souloire déclare, à son tour, que toutes ces femmes-là, qui passent sur la chaussée de l'étang de Souloire, laissent entre les mains de son juge la manche du bras droit ou 4 deniers ou *autre chose*. Pour comprendre cette *autre chose*, il faut ouvrir, à la page 110, les *Réponses* de J. Boissel, Bordier et Joseph Constant sur différentes questions relatives à la Coutume du Poitou (1659, in-fol.) : le seigneur de Poizay, dans la paroisse de Verruye, se réservait formellement, en 1469, le droit de prélever, sur chaque fille amoureuse arrivant dans la paroisse, la taxe ordinaire de 4 deniers, ou de prendre *ses denrées*, ce qui fixe à 4 deniers le salaire obscène de ces malheureuses. Il paraît, du reste, que, dans la plupart des fiefs, le seigneur avait droit à cette taxe uniforme de 4 deniers sur chaque femme de mauvaise vie, qui entrait sur les terres du fief et qui annonçait l'intention d'y vivre de son industrie. Mais souvent le seigneur rougissait de recevoir la dîme de la Prostitution; et il remplaçait cette taxe pécuniaire par quelque redevance ridicule, qui maintenait du moins ses priviléges féodaux. Le roi de France se montrait plus insouciant de l'origine des impôts qui tombaient dans ses coffres; car, en 1283, suivant un document recueilli dans le Glossaire de Ducange (au mot *Putagium*, dans la dernière édit.), il recevait encore le tribut des ribaudes de Verneuil, à 4 deniers par tête.

La Prostitution, dans ces pays de la langue d'oil, n'avait pas le cachet d'infamie qu'elle imprimait aux personnes qui vivaient à ses dépens dans les provinces de la langue d'oc. Les fabliaux et les romans des trouvères normands, champenois, poitevins et tourangeaux, sont remplis de détails empruntés à la vie amoureuse des femmes communes et débauchées; les jongleurs, qui les fréquentaient sans doute et qui souvent couraient le pays avec elles, n'éprouvaient aucune répugnance à faire figurer dans leurs vers ces joyeuses compagnes de leur existence vagabonde. M. Bourquelot, dans sa belle *Histoire de Provins* (t. I, p. 273), nous apprend que les femmes folles de cette ville étaient célèbres par leurs charmes et leur volupté. Elles habitaient dans plusieurs rues dont les noms malhonnêtes accusent l'ancienneté et qui furent autrefois *pavées de ribaudes,* selon l'expression locale qui s'est conservée et qui rappelle la rue *Pavée-d'Andouilles* de Paris. Le *Fabliau de Boivin de Provins* (Ms. de la Bibl. Nation., nº 7218) caractérise ainsi une des rues déshonnêtes de la ville :

Porpensa soi que à Provins
A la foire voudra aller,
Et vint en la rue aus putains.

Ces rues affectées spécialement au domicile des femmes de mauvaise vie témoignent pourtant de la démarcation profonde, qui séparait du reste de la population les prostituées et les empêchait de se confondre avec les femmes d'honneur. Celles-ci ne possédaient ni la beauté, ni la séduction des impudiques, mais elles étaient si jalouses de leur bonne renommée, qu'elles ne croyaient pas qu'il y eût une pénalité assez grande contre la médisance ou la calomnie qui osait porter atteinte à leur réputation. Elles avaient donc obtenu des comtes de Champagne appui et protection, dans le cas où l'une d'elles serait injuriée par une autre et traitée de *pute* en présence de témoins. Celle qui se permettait une pareille injure, sans raison et sans preuves, devait payer 5 sous d'amende et suivre la procession en chemise, comme les pénitentes, en portant une pierre qu'on nommait la *pierre du scandale*, tandis que la femme qu'elle avait insultée marchait derrière elle et lui piquait les fesses avec une aiguille. Voici le texte d'une charte, datée de 1287, dans laquelle se trouve relatée cette bizarre coutume, que Ducange n'accompagne d'aucun commentaire, en la tirant des archives de la Champagne : « La fame qui dira vilonnie à autre, si come de putage, paiera 5 sols, ou portera la pierre, toute nue, en sa chemise, à la procession, et celle la poindra après, en la nage (*nates*, fesses), d'un aguillon, et s'elle disoit autre vilonnie qui atourt à honte de cors, ele paieroit 3 sols, et li homs ainsin. »

Il est évident que c'étaient les femmes publiques qui se rendaient coupables ordinairement de cette espèce d'injure à l'égard des femmes honnêtes, et la loi prenait la défense de celles-ci, qui eussent été fort empêchées de répondre dans le même style à ces effrontées. La Coutume de Champagne s'occupe particulièrement de ce délit d'injure. L'homme ou la femme qui outrageait ainsi une femme de bien, lui devait l'*escondit* (l'excuse), outre l'amende de

5 sous, et « s'il avenoit, ajoute la Coutume (article 45), que la femme à qui l'on diroit le lait (l'offense) eust mary, ceste amende chiet à la volonté du seigneur, jusque soixante sols. » Les Coutumes de Cerny en Laonais et de la Fère, octroyées par Philippe-Auguste, autorisaient tout homme de bien qui entendrait injurier une honnête femme par une femme de mœurs scandaleuses à se faire d'office l'avocat et le vengeur de l'insultée, en adressant à l'insulteuse deux ou trois bons coups de poing (*colaphi*), pourvu qu'il ne fût pas dirigé lui-même par une vieille rancune à l'égard de celle qu'il maltraitait au nom de l'honnêteté publique. La Coutume de Beauvoisis ne particularise pas les injures et *vilenies*, qui valaient 5 sous d'amende pour un vilain et 10 sous pour un gentilhomme; elle dit seulement que le plus grand *méfait, après le cas de crime*, c'est de prétendre, vis-à-vis d'un homme marié, *con a geu o sa feme carnelment*, et, là-dessus, Philippe de Beaumanoir raconte que, sous le règne de Philippe-Auguste, un homme ayant dit à un autre : « Voz estes coz (cocu) et de moi meismes! » celui à qui s'adressait cette injure tira son couteau et en frappa le provocateur. Emprisonné et mis en jugement, il fut acquitté, par le roi et son conseil, comme ayant agi en cas de légitime défense. Les femmes de mauvaise vie, autrefois comme toujours, étaient promptes à l'injure et capables des plus indignes procédés pour intimider les gens de bien, qui tremblaient de se commettre

avec elles. Une de leurs tactiques les plus ordinaires consistait dans l'odieux usage qu'elles faisaient de la qualité de femme mariée, lorsqu'elles menaçaient d'une plainte en adultère l'imprudent qui les avait fréquentées et qui se voyait alors obligé d'acheter leur silence. C'était pour exercer ces manœuvres criminelles, et pour exploiter à leur profit les remords du libertinage, qu'elles cachaient soigneusement leur condition de femme mariée et qu'elles ne la révélaient qu'après avoir commis un adultère intéressé. La loi étant formelle et n'admettant pas l'excuse d'ignorance dans un pareil crime, il fallut que le droit coutumier vînt atténuer, en ce cas d'exception, les rigueurs du droit commun. De là cet article des Franchises de la Perouse en Berry, qui remontent à l'année 1260 et qui émanaient de la justice seigneuriale : « Si fem mariée commaner venoet à la Paerose par putage, hom qui n'auroet feme qui gueroet ob li, n'en est tengut vers le segnor. »

Les femmes amoureuses, qui, étant libres de leur corps, n'avaient pas un mari à produire comme un épouvantail d'adultère, se livraient souvent à un genre de spéculation analogue, en menaçant de dénonciation les gens mariés qu'elles faisaient tomber dans le péché. C'était encore un genre d'adultère que la loi féodale punissait autant que l'autre : un homme marié qui avait eu des relations coupables avec une fille publique, pouvait être accusé et condamné. On évitait sans doute d'appliquer cette rigoureuse jurisprudence, et l'on fermait les yeux sur les délits de cette nature; mais, quand il y avait plainte ou dénonciation, le juge était bien forcé de poursuivre le délinquant, qui se trouvait heureux d'en être quitte pour une amende, car la pénalité la plus fréquente en pareil cas, celle qui donnait satisfaction au sentiment de la vindicte populaire, c'était la fustigation des deux complices, courant tout nus par la ville et recevant leur châtiment des mains de tous les spectateurs, qui devenaient bourreaux en cette circonstance. Nous retrouvons, dans ce vieil usage, établi, du moins en principe, par toute la France du moyen âge, une tradition des peines afflictives de Rome antique, à l'égard des adultères, des courtisanes et des débauchés. Les Coutumes d'Alais, rédigées au milieu du treizième siècle, et publiées pour la première fois à la suite des *Olim* (1848, t. IV, p. 1484), formulent en ces termes la pénalité de l'adultère : « Encoras donam que, si deguns hom que aia moller o femina que aia marit son pris en aulterii, que amdui coron ins per la villa e sian ben batutz, et en al ren non sian condempnat; e'l femena an primieiran. » Les deux coupables couraient donc ensemble; mais la femme allait la première à travers les coups de verges. Le même recueil des *Olim* nous offre plusieurs applications de cette course des *battus*. En 1273, le prieur de l'abbaye de Charlieu fit courir ou fouetter par la ville (*fecisset currere seu fustigare per villam*) plusieurs personnes qui avaient été surprises en adultère sur les terres de l'abbaye. Les habitants de la ville se plaignirent au bailli de Mâcon, en prétendant que le prieur s'était arrogé un droit de justice qu'il n'avait pas dans leur cité (*quod novam et inconsuetam justitiam faciebat in villa*); et le bailli revendiqua ce droit de justice au nom du roi. Mais le prieur, se fondant sur d'anciens priviléges de l'abbaye, ne persista pas moins à faire courir et fustiger les adultères qu'il pouvait saisir en flagrant délit. Les justices seigneuriales, enchevêtrées les unes dans les autres, se disputaient sans cesse entre elles le terrain légal, surtout dans les questions de police des mœurs. A Amiens, l'évêque soutenait, en 1261, qu'il avait droit de justice sur les sodomites dans la banlieue de la ville d'Amiens; les bourgeois de cette ville disaient, au contraire, que ce droit de justice leur appartenait depuis la fondation de leur commune : le débat ayant été soumis au conseil du roi, Louis IX ordonna que la ville serait maintenue dans son droit de justicier corporellement les sodomites : *justiciandi corpora sodomiticorum* (voy. les *Olim*, t. I, p. 136). A Saint-Quentin, l'abbé et les moines, d'une part, le mayeur et ses échevins, d'autre part, se disputaient, en 1304, le droit de basse justice dans les faubourgs de la ville : l'abbé et ses moines voulaient arrêter, chasser et emprisonner les femmes folles (*fatuas mulieres*) qui avaient envahi les alentours de l'abbaye; le mayeur et ses échevins voulaient que ces femmes vécussent en paix dans la saisine abbatiale. Le conseil du roi décida que l'abbé et ses moines étaient maîtres de se débarrasser de ce voisinage malhonnête, mais que le mayeur et ses échevins pourraient à leur tour arrêter, chasser et emprisonner les femmes folles sur tout le territoire de la commune (voy. les *Olim*, t. III, p. 151). Il y eut probablement entre les parties une transaction qui réglementa dans les faubourgs d'Amiens l'exercice de la Prostitution.

Ces règlements étaient à peu près les mêmes partout, car ils avaient toujours le même but : sévir contre les entremetteurs, confiner la débauche dans certaines rues ou dans certains lieux, noter d'infamie les prostituées et les empêcher de se confondre avec les femmes honnêtes. Jean de Bourgogne, comte de Nevers, par ordonnance du 5 mars 1481, enjoignit à toutes les femmes débauchées de porter sur la manche droite une aiguillette rouge ou vermeille ; il leur défendit d'aller par la ville ou les faubourgs, sans cette marque, à peine de prison, et leur interdit de demeurer ailleurs qu'entre les deux fontaines, « qui est de tout temps leur demeure ordinaire, » et de fréquenter les étuves de la ville. (*Archives de Nevers*, par Parmentier, 1842, t. I, p. 185.) Les contraventions aux règlements étaient punies de bien des manières. Abbeville se distinguait par le singulier pilori qu'on avait inventé exprès pour les filles publiques qui se laissaient surprendre en faute : c'était un cheval de bois, appelé le *chevalet*, dressé sur la place Saint-Pierre. Après les avoir copieusement fouettées on les plaçait à califourchon sur le chevalet, dont le dos tranchant ne leur offrait pas une monture très-commode. Ensuite, dans quelques circonstances graves, on les bannissait au son de la cloche; et si l'une d'elles rompait son ban et revenait dans la ville pour y trafiquer de son corps, on lui coupait un membre et on la bannissait de nouveau. (*Hist. d'Abbeville*, par Louandre, 1845, t. II, p. 213 et 286.) Les proxénètes qui étaient convaincus du crime de maquerellage dans cette même ville, recevaient un châtiment plus exemplaire que partout ailleurs : on les promenait, mitrés, dans un tombereau rempli d'ordures; on les menait au pilori, où le bourreau leur coupait et brûlait les cheveux; après quoi on les expulsait à toujours, et, en cas de rupture de ban, on les condamnait au bûcher. En 1478, Belut Cantine d'Abbeville, « pour avoir voulu atraire Jehannette, fille Witace de Queux, à soy en aler en la compagnie de ung nommé Franqueville, homme d'armes de la garnison d'icelle ville, » fut « menée, mitrée, en ung benel, par les carrefours, et ses cheveux bruslez au pilory; et ce fait, bannye de ladite ville et banlieue, sur le feu, à tousjours. » Au reste, la peine capitale, comme nous l'avons dit, était écrite dans la loi; mais on ne l'exécutait qu'en cas de récidive et même en raison de causes aggravantes. « La punition des macquereaux, suivant les priviléges parcidevant de la ville de Gand, dit J. de Damhoudère, estoit le bannissement, et les macquerelles le nez coupé; mais ils n'usent plus du nez, come bien du ban, pillori, eschelle ou eschafaut. » Le docte auteur de la *Pratique judiciaire ès causes criminelles* ajoute cette remarque relative à la jurisprudence de Bruges en semblable matière : « Moy, qui ay esté plusieurs ans au Conseil de la ville de Bruges, n'ay oncques veu punir corporellement les macquereaux, ou macquerelles, ou adultères, ains seulement, au dessoubz de la mort, par bannissement hors et dedans la ville ou pays, par le pillory ou eschaffaut, par fustigation ou autres peines semblables. »

Cette jurisprudence, qui était celle du parlement de Paris, s'établit de proche en proche dans tous les parlements de France; mais la coutume locale se réserva presque toujours de donner à l'exécution un caractère différent, qui dépendait des mœurs du pays. Ici, l'amende était considérable, comme dans le ressort du parlement de Rennes, qui punissait d'une amende de 1,000 livres tournois les *vendries de poupées ou filleries;* là, on frappait de confiscation les biens meubles et immeubles des condamnés. Tantôt la maquerelle était coiffée d'une mitre ou bonnet conique en papier jaune ou vert; tantôt on lui mettait sur la tête un chapeau de paille, pour indiquer que son corps attendait toujours un acheteur; tantôt on la marquait de la let-

ubasson del. Drouart imp r du Fouarre, 11 Paris. Roze sc

LA CHEVAUCHÉE DE L'ANE.

tre M ou de la lettre P, soit au front, soit au bras, soit aux fesses; on promenait la condamnée sur un âne galeux, sur un tombereau, sur une charrette, sur une claie; on la fustigeait avec des verges, avec des lanières de cuir, avec des cordes à nœuds, avec des baguettes. Ce supplice, quel qu'il fût, était une fête pour la population, qui y prenait part en accompagnant de ses huées et de ses insultes la malheureuse qu'on lui livrait comme un jouet. « C'est surtout dans la répression de ces sortes de délits, dit Sabatier dans son *Histoire de la législation sur les femmes publiques et les lieux de débauche*, que nos pères s'attachèrent à déployer une rigueur infamante et des châtiments dont le mode blessait et les principes de l'humanité, et la décence qu'on se proposait de venger. » Mais le peuple était avide de voir la course des adultères et d'y jouer son rôle en poursuivant et en battant les coupables; quelquefois il se passait de la sentence du juge pour faire courir tout nus ceux qu'il avait surpris en flagrant délit, et qu'il regardait comme appartenant à sa justice. Aussi, dans la plupart des priviléges que les communes obtenaient de leurs seigneurs, elles avaient soin de faire confirmer le droit qu'elles s'attribuaient de punir les adultères, et il fallut que les seigneurs et les rois de France eux-mêmes restreignissent ce droit à certains cas particuliers, en laissant toujours aux délinquants la faculté de se racheter au moyen d'une amende. Dans les priviléges de la ville d'Aiguesmortes, reconnus par le roi Jean en 1350, la course des adultères fut admise en principe, mais les coupables pouvaient la compenser par le payement d'une contribution que fixait le magistrat. Si cette course avait lieu, les deux coureurs n'étaient pas fustigés; et la femme, quoique nue, à l'instar de son complice, devait couvrir son sexe: *Sine fustigatione currant nudi, copertis pudendis mulierum;* dit l'ordonnance du roi Jean, qui, par le même sentiment de pudeur, défendait de mettre en prison les hommes avec les femmes. (Voy. les *Ordonn. des rois de France,* t. Ier.) Il arrivait souvent que la populace d'une ville, impatiente de se donner le spectacle d'une course aussi peu décente, accusait d'adultère les couples d'amants qu'elle avait trouvés à l'écart, et taxait de flagrant délit une simple conversation amoureuse. Il était donc nécessaire que la loi expliquât clairement ce que c'était que le flagrant délit qui entraînait la pénalité de l'adultère. Un malentendu n'était plus possible en face des détails minutieux que présente à cet égard le code des coutumes, libertés et franchises accordées par les comtes de Toulouse aux habitants de Moncuc, et confirmées très-sérieusement par Louis XI dans ses lettres patentes du 30 novembre 1465 : « Si omne mollierat era trobat per bayle ab femyna maridada en adultero tug sols nut e nuda en leg, o en autra loc sospechos, l'omme sobre la femyna, baychadas los bragas, o ce isera nut, o, sinon portara, la femyna nuda o sas vestimendas levadas tro a l'enbouilh..... »

La Normandie fut, à toutes les époques, aussi avancée que Paris en fait de Prostitution. Nous avons parlé de ce mauvais lieu que possédait la ville de Rouen, dans la seconde moitié du douzième siècle, et que le duc de Normandie, Henri II, roi d'Angleterre, avait placé sous la surveillance spéciale d'un de ses officiers, nommé Balderic. Ce personnage portait le titre de gardien de toutes les femmes publiques exerçant à Rouen (*Custos meretricum publice venalium in lupanar de Roth*), et il réunissait à ce titre bizarre celui de maréchal du roi-duc, pendant son séjour à Rouen, avec les fonctions de garde de la porte de la prison du château, valant 2 sous de gages par jour, la perception du droit de glandée dans les bois voisins, etc. (Glossaire de Ducange, au mot PANAGATOR.)

Ce mauvais lieu, qui existait à Rouen dès le temps des premiers ducs de Normandie, et qui tenait sans doute ses priviléges de Guillaume le Conquérant, fut probablement le théâtre des prédications de Robert d'Arbrissel. On sait que le pieux fondateur de l'ordre de Fontevrault s'en allait, pieds nus, sur les places publiques et dans les carrefours, pour amener les pécheresses au repentir et à la pénitence (*ut fornicarias ac peccatrices ad medicamentum pœnitentiæ posset adducere*). « Un jour qu'il était venu à Rouen, raconte la Chronique, il entra dans le lupanar et s'assit au foyer pour se chauffer les pieds. Les courtisanes l'entourent, croyant qu'il était entré pour commettre le péché (*fornicandi causâ*); lui, il prêche les paroles de vie et promet la miséricorde du Christ. Alors, celle des ribaudes qui commandait aux autres lui dit : « Qui es-tu, toi qui tiens de tels » discours? Sache que voilà vingt ans que je suis » entrée dans cette maison pour y servir au péché » (*ad perpetranda scelera*), et qu'il n'y est jamais venu » personne qui parlât de Dieu et de sa miséricorde. Si » pourtant je savais que ces choses fussent vraies... » A l'instant, il les fit sortir de la ville et les conduisit, plein de joie, au désert : là, leur ayant fait faire pénitence, il les fit passer du démon au Christ. »

L'abbaye de Fontevrault, que le pieux Robert avait fondée pour y recueillir de préférence les femmes perdues, ne le mit pas à l'abri des tentations du diable et des calomnies du siècle. Il se soumit, dit-on, à d'étranges épreuves pour vaincre la chair, cette chair qui le torturait et l'enchaînait aux vanités du monde. On l'accusait de partager le lit de ses religieuses et de s'échauffer à leur contact, pour avoir ensuite la gloire de dompter ses sens. L'abbé de Vendôme, Geoffroy, lui écrivit une lettre de reproches à ce sujet : *Feminarum quasdam, ut dicitur, nimis familiariter tecum habitare permittis, et cum ipsis etiam et inter ipsas noctu frequenter cubare non erubescis. Hoc si modo agis vel aliquando egisti, novum et inauditum sed infructuosum martyrii genus invenisti.* Robert se vantait de n'avoir jamais succombé à ce martyre d'un nouveau genre; et, dans une lettre de Marbode, évêque de Rennes, publiée par J. de la Mainferme dans son *Clipeus ordinis nascentis Fonterbaldensis*, il est dit positivement que la plupart des religieuses de Fontevrault devinrent grosses des œuvres de leur abbé : *Taceo de juventis, quas sine examine religionem professas, mutata veste, per diversas cellulas protinus inclusisti. Hujus igitur facti temeritatem miserabilis exitus probat : aliæ enim, urgente partu, fractis ergastulis, elapserunt, aliæ in ipsis ergastulis pepererunt.* On voit, par ce curieux passage, que la maison du bienheureux Robert ne se distinguait d'un mauvais lieu que par la scandaleuse fécondité de ses habitantes.

Chaque ville de la Normandie avait aussi son lupanar, sinon un garde-noble des femmes amoureuses, et l'on peut dire, avec apparence de raison, que les *maquereaux* et les *maquerelles* qui figurent dans les anciennes Coutumes normandes furent baptisés de ce sobriquet au bord de la Manche. Nous ne voyons pas cependant que les ducs de Normandie se soient montrés aussi favorables à la Prostitution légale, que Guillaume IX, duc d'Aquitaine et comte de Poitiers, qui avait établi ou voulait établir à Niort une maison de débauche sur le plan des monastères de femmes. Guillaume de Malmesbury (voy. le recueil des *Hist. des Gaules*, t. XIII, p. 20) a consigné ce fait singulier dans sa Chronique, et il ajoute qu'après avoir construit l'édifice destiné à ce monastère lubrique, le duc se proposait d'en confier l'administration aux plus fameuses prostituées de ses États : *Apud Niort habitacula quædam quasi monasteriola construens, abbatiam pellicum ibi positurum delirabat, nuncupatus illam et illam quacumque femosioris prostibuli essent, abbatissam et priorem, cæteras vero officiales instituturum cantitans.* Ce duc d'Aquitaine, qui fut un galant troubadour et un libertin effréné, aurait été déterminé par des raisons de police, dit M. Weiss dans la *Biographie universelle*, à former un pareil établissement, qui eut depuis son analogue dans plusieurs villes de France, d'Italie et d'Espagne. On ne sait si ce fut pour s'expliquer sur ce fait que le pape Calixte II cita Guillaume au concile de Reims, en 1129. Quoi qu'il en soit, le duc ne se dérangea pas et continua de chanter l'amour, en donnant à ses sujets l'exemple d'une joyeuse vie.

Les femmes de plaisir normandes, poitevines et angevines avaient beaucoup fait, sans doute, pour mériter leur renommée; celles d'Angers l'emportaient sur toutes, comme le prouve ce dicton proverbial qui avait cours au quinzième siècle : « Angers, basse ville et hauts clochers, riches putains, pauvres écoliers. » Le bas peuple de l'Anjou avait lui-même composé son blason : *Angevin, sac à vin; Angevine, sac à ....* (Le *Livre des Proverbes français*, par le Roux de Linci, t. Ier, p. 203.)

Le voisinage de l'Anjou et du Poitou n'avait pas

réussi à pervertir la chaste Bretagne, où la Prostitution n'eut jamais qu'une existence cachée, timide, que le hasard révélait parfois aux bonnes âmes bretonnes. Ainsi, vers la fin du quatorzième siècle, dans l'enquête ouverte pour la canonisation de Charles de Blois, un témoin, nommé Jean du Fournet, homme d'armes de la paroisse de Saint-Josse, au diocèse de Dol, raconta aux commissaires ecclésiastiques comment le saint duc avait converti une pécheresse. Le jour du jeudi saint de l'année 1357, Charles de Blois se rendant de la ville de Dinan au château de Léon, accompagné d'Alain du Tenou son argentier, de Godefroi de Ponblanc son maître d'hôtel, du chevalier Guillaume le Bardi et de quelques gens d'armes, aperçut une femme assise au bord du chemin; il lui demanda ce qu'elle faisait là, et celle-ci, s'étant levée, répondit qu'elle gagnait son pain à la sueur de son corps (*quod panem suum isto modo, per publicationem sui corporis, lucrabatur*). Le duc, prenant à part son argentier, lui ordonna de s'approcher de cette femme et de l'interroger sur le genre de métier qu'elle exerçait, car le bon seigneur n'avait pas compris la réponse de la pauvre créature, qui avoua tristement qu'elle était au service de l'impureté publique (*quod erat mulier publica*), et que la misère l'avait obligée à faire ce vilain métier. Le duc, entendant cela, dit à cette malheureuse qu'elle devrait au moins s'abstenir de pécher de la sorte pendant la semaine sainte.

Elle répliqua que si elle avait vingt sous, elle s'en abstiendrait bien jusqu'à la fin du mois. Charles de Blois mit la main à sa bourse, qui n'était pas trop garnie (*modicam bursam suam*), et en tira 40 sous, qu'il offrit à cette femme. Elle promit, en les recevant, de rester vingt jours sans commettre le péché de fornication. Godefroi de Ponblanc voulait qu'elle s'engageât, par serment, à cette pénitence, de quarante jours; mais le duc ne permit pas qu'elle s'exposât à un parjure, et il la quitta en l'exhortant à persévérer dans la bonne voie. Cette prostituée, qui se nommait Jehanne du Pont, tint sa promesse et n'oublia pas les conseils de Charles de Blois. Elle renonça pour toujours à la vie dissolue, et, avec ses 40 sous, qui lui faisaient une petite dot, elle épousa un garçon du pays, fils de Mathieu Rouce de Pludilhan, et ne retomba plus dans le péché. (*Hist. de Bretagne*, par Lobineau, t. II, p. 551.) On peut induire, de cette aventure, que Jehanne du Pont, comme *femme de champs et de haies*, ne gagnait pas plus d'un ou deux sous par jour, en attendant les chalands sur le bord du chemin ainsi que les prostituées étrangères dans la Judée et telles que nous les représentent les saintes Écritures.

Les provinces occidentales, où les mœurs franques s'étaient conservées dans toute leur impureté, furent de tout temps le théâtre des plus grands débordements de la Prostitution. Il y avait en Lorraine et en Alsace comme ailleurs des coutumes et des ordonnances qui punissaient les excès de la débauche, surtout quand elle portait atteinte à la considération du clergé, qui s'y livrait avec emportement; mais, dans chaque ville, l'impudicité publique trouva des institutions protectrices, s'il est permis d'employer cette expression pour caractériser l'organisation du vice au point de vue de la police édilitaire. M. Rabutaux, après avoir décrit l'état de la Prostitution dans les climats du midi, « où nous voyons, dit-il, sans étonnement, des passions fougueuses produire leur naturelle conséquence, » s'étonne de ne pas rencontrer des mœurs plus sévères dans les pays du nord : « Si nous portons notre attention, ajoute-t-il, sur des pays qu'un ciel moins brûlant semblait disposer à une conduite plus grave, nous y retrouvons les mêmes excès, empreints peut-être d'un caractère plus grossier. » L'explication de ce fait doit ressortir, à notre avis, d'une cause historique et de certaines conditions d'économie politique. La population austrasienne, d'une part, avait gardé ses habitudes de luxure féroce, et, d'autre part, la législation nationale n'avait rien fait pour dompter ces appétits brutaux, que l'abus des boissons fermentées, de la bière ou *cervoise*, de l'hydromel et des vins du Rhin, exaltait jusqu'au délire. La Prostitution est donc admise comme loi de nécessité, pour sauvegarder l'honneur des femmes mariées, qui, malgré cela, ne se préservaient pas toujours des outrages et des attentats de la sensualité masculine. Le législateur ne recherche et ne condamne que les méfaits qui découlent de cette source impure. Ainsi le maquerellage est châtié plus rigoureusement que le viol; mais toute fille et toute femme n'en a pas moins le droit de se vendre elle-même, en se soumettant toutefois à diverses formalités de police municipale. La loi n'était sévère contre elles, que dans le cas où elles se prostituaient aux gens d'église. Charles III, duc de Lorraine, résume l'ancienne jurisprudence dans son ordonnance du 12 janvier 1583, qui condamne au fouet «les femmes et filles notoirement notées et diffamées de paillardise, qui hantent les maisons des gens d'église, et chez lesquelles ils se retirent pour en abuser.» Quant aux règlements de la Prostitution légale, ils ne différaient guère, quoique plus larges et moins austères, de ceux que des raisons d'utilité, de morale et de prudence, avaient fait adopter dans les grandes villes du midi. Les femmes de mauvaise vie se trouvaient comme retranchées de la société; elles habitaient des quartiers et des rues infâmes; elles ne pouvaient vaquer ailleurs à leur ignoble métier; elles portaient un costume spécial ou une marque distinctive à l'instar des Juifs; elles payaient une redevance au fisc; elles se gouvernaient entre elles d'après les statuts d'une association régulière, analogue à celles des corps de métier.

A Strasbourg, des ordonnances municipales de 1409 et 1430 constatent que les femmes publiques étaient reléguées dans les rues Bieckergass, Klappergass, Greibengass, et derrière les murs de la ville, où ces sortes de femmes avaient demeuré de tout temps, disent les ordonnances, qui furent renouvelées plusieurs fois dans le cours du quinzième siècle. (Voy. dans les *Mém. de l'Institut, Sciences morales et politiques*, les Observations de M. Koch sur l'origine de la maladie vénérienne et sur son introduction en Alsace et à Strasbourg.) On conserve, en effet, dans les archives de cette ville, les règlements et statuts accordés, le 24 mars 1455, par le magistrat de Strasbourg, à la communauté des filles établies dans la rue et maison dites *Picken-gaff*. Ces règlements, composés de treize articles, renferment les mesures de police auxquelles étaient soumis les lieux de débauche. (*Dict. des sciences médicales*, t. XLV, art. Prostitution.) Ces mauvais lieux se multiplièrent tellement, que, vers la fin du quinzième siècle, les officiers publics chargés de les surveiller et d'y recueillir l'impôt lustral, en comptaient plus de cinquante-sept dans six rues différentes; en outre, la seule rue dite Undengassen renfermait dix-neuf de ces maisons de paillardise; il y en avait *une foule* dans la petite rue vis-à-vis du Kettener, et plusieurs derrière la maison appelée *Schnabelburg*. Koch a eu sous les yeux le rapport de police qui prouve que la Prostitution légale comptait une centaine de *bordiaux* dans la ville archiépiscopale de Strasbourg. Les entrepreneurs de ces harems ouverts à la lubricité alsacienne envoyaient leurs agents et leurs courtiers jusque dans les pays étrangers pour y faire provision de belles jeunes filles, qui louaient leur corps par contrat, et qui, une fois prisonnières dans les clapiers (*klapper*) de Strasbourg, se voyaient réduites à une condition pire que l'esclavage. Enfin, vers le commencement du seizième siècle, les maisons publiques ne suffisaient plus pour contenir toutes les femmes de vie dissolue, qui affluaient de tous côtés, et qui, n'ayant pas de gîte, envahirent les clochers de la cathédrale et des autres églises. « Pour ce qui est des *hirondelles* ou ribaudes de la cathédrale, dit une ordonnance de 1521, le magistrat arrête qu'on les laissera encore quinze jours; après quoi, on leur fera prêter serment d'abandonner la cathédrale et autres églises et lieux saints. Il sera nommément enjoint à celles qui voudront persister dans le libertinage de se retirer au Rieberg (hors la ville, près de la porte des Bouchers) et dans d'autres lieux qui leur seront assignés. » Quinze ans plus tard, grâce au protestantisme, qui, selon la remarquable expression dont se sert M. Rabutaux, « rendit quelque dignité à la vie privée, » il n'y avait plus dans tout Strasbourg que deux maisons de Prostitution. A cette époque, les femmes débauchées portaient encore l'*enseigne* que le magistrat de Strasbourg leur avait imposée en 1388 : c'était un haut *bonnet* conique, noir et blanc, posé par-dessus leur voile; c'était, à la couleur près, ce *hennin* qu'Isabeau de

Bavière introduisit à la cour de France, au grand scandale des *prudes femmes*. (Voy. les *Observat.* de M. Koch, citées déjà.)

La Prostitution ne régnait pas avec moins de fureur dans le pays Messin qu'en Alsace, et, à Metz comme à Strasbourg, les moines et les ecclésiastiques se mêlaient à ses désordres les plus scandaleux. Dans un *atour* ou ordonnance des magistrats, de l'année 1332, défense est faite aux gens d'église « d'aller de nuc et de jor, en place commune, en nosses, en danses et en autres leus qui ne sont mie à dire. » Cet *atour* constate « la grant dissolucion qui estoit en moines de Gorze, de Saint-Arnoul, de Saint-Clément, de Saint-Martin, devant Mès, etc., » lesquels couraient les rues pendant la nuit, brisaient les portes des maisons, fréquentaient les tavernes et les lieux infâmes. Cet état de choses ne fit qu'empirer vers la fin du seizième siècle, et le chroniqueur Philippe de Vigneulles attribue ces monstrueux excès à l'affluence des gens de guerre que la ville avait pris à sa solde : « On ne voyoit par les rues, que ribaudes, dit-il, et pource que les choses estoient si fort diffamées, » on fit des *huchements* sévères (proclamations), sur la pierre *Bordelesse*, en présence de tous les *Treze* (magistrats de la ville). Cette pierre Bordelesse devait être le pilori ou la *justice* de Metz. Un de ces *huchements*, en date du 6 juillet 1493, est rapporté dans la Chronique inédite de Philippe de Vigneulles : « Que touttes femmes mariées, estant arrière de leurs mairits, et les filles qui se pourveoient mal, allaissent aux bordeaulx, comme en Anglemur (cul-de-sac voisin des murs de la ville), et en les aultres rues accoustumées où telles femmes et filles doibvent demeurer au bas Mets, si elles ne se voulloient retireir et vivre comme femmes de bien emprès de leurs mairits. Et que nulz manans de Mets ne les soustenissent et ne leur louaissent maisons en bonnes rues, sus peine de quarante sols d'amende. Et que lesdites femmes et filles ne se trouvaissent en nulles festes, ne à nulles danses, aux nopces ne aux festes, qui se feroient aval la cité, et que nulz ne les menaissent danser, sur la somme de dix solz d'amende. »

Metz avait plusieurs rues affectées, depuis une époque très-reculée, à la demeure des femmes dissolues, et celles de ces rues qui n'ont pas disparu avec la vieille ville gardent toujours leur destination primitive. Près du cul-de-sac d'Anglemur, qui était le principal foyer de la débauche urbaine, se trouvait la rue des *Bordaux* ou du *Bordel*, qui a été fermée, et qui aboutissait autrefois à la muraille d'enceinte, parallèlement avec la rue Stancul. Celle-ci, qui monte sur le versant oriental de la colline Sainte-Croix, où était situé le palais des rois d'Austrasie, est étroite, sombre et puante, comme toutes les rues de son espèce. Les femmes de mauvaise vie s'engageaient, moyennant certaine pension fixée par contrat, à servir corporellement dans les maisons de tolérance, que des ribaudes tenaient à bail et à ferme sous la *mainburnie* des magistrats. Ainsi, toute fille non mariée qui causait esclandre par ses mœurs dépravées, était menée honteusement au *bourdel*, et livrée aux ribaudes, qui trafiquaient de son corps, si on ne leur payait une bonne rançon, supérieure à la somme qu'elles croyaient pouvoir retirer de cette nouvelle marchandise. Philippe de Vigneulles raconte, à ce sujet, une touchante histoire qu'il date de 1491 : Une *garse*, allant à la cathédrale le jour des Rameaux, rencontra son *ami par amour*, qui la prit avec lui et l'emmena en son logis, au lieu de l'accompagner à la messe. La chose fut sue, et les magistrats mandèrent à leur tribunal l'auteur de ce scandale : on le condamna seulement à 40 sous d'amende; mais la fille, qu'on jugea *remplie de malvaise voulenté*, fut enfermée dans une maison de débauche. « Son ami s'en alla après, dit le naïf chroniqueur, et la racheta des mains des ribaudes, en payant quinze solz, et la ramena en son hostel, et vendist tous ses biens, et s'en alla demourer dehors. » Un autre chroniqueur, le doyen de Saint-Thiébaut, nous fournit un renseignement précis sur le salaire de la Prostitution, dans un temps, il est vrai, où l'abondance des femmes communes ne faisait pas compensation à la disette du blé. En 1420 on avait quatre femmes pour un œuf, dit M. Émile Bégin (*Histoire des sciences dans le pays Messin*, p. 311) d'après l'autorité de ce chroniqueur : « car un œuf coustoit un gros, et une femme quatre deniers; encores les a-on meilleur marchié. » Le maquerellage ne formait pas néanmoins un commerce peu lucratif, et malgré les dangers d'un jugement criminel, malgré le fréquent exemple des châtiments infligés aux *maquerelles*, il ne manquait pas de honteuses femmes qui vivaient du trafic de leurs propres enfants. « Eut une femme les oreilles coupées, rapporte Philippe de Vigneulles (sous l'année 1480), pour tant qu'elle avoit fait beaucoup de larrecins, et qu'elle avoit aussy mené une jeune fille qu'elle avoit, qui estoit sa fille, au bourdel et mis à honte. » Un siècle plus tard, pour le même fait, elle eût subi la peine capitale.

L'histoire particulière de toutes les villes de la Lorraine et de l'Alsace nous offre une multitude de faits analogues qui démontrent l'unité de la jurisprudence en matière de Prostitution. Nous consignons seulement ici deux singularités relatives aux villes de Saint-Dié et de Montbéliard. Dans cette dernière ville, un *ribaud*, qui parcourait la ville en habits de femme (1539), fut « appréhendé au corps, mis ès mains du maître de la haute justice, pour estre placé sur une eschelle, avec deux quenouilles ès costés, puis fouetté et chassé à toujours des terres du seigneur de Montbéliard. » Il est probable que ce ribaud faisait un assez détestable usage de son déguisement féminin. Nous avons vu qu'on arrêtait aussi à Paris les ribaudes qui descendaient en habits d'homme dans la rue ; mais, ordinairement, on se contentait de confisquer ces habits qui n'appartenaient pas à leur sexe.

A Saint-Dié, les femmes de mauvaise vie, qui habitaient les rues Destord et Nozeville, pouvaient se vanter d'être d'un tempérament très-profilique, puisque quatre villages voisins : Pierpont, Sainte-Hélène, Bult et Padoux, appelés les *villes mâleuses*, avaient été peuplés par leurs enfants mâles, qui s'y mariaient, et qui devenaient sujets du chapitre de la cathédrale de Saint-Dié, de même que les impurs habitants de la basse rue de Destord et de Nozeville. (Voy. dans les *Arrêts de la Chambre royale de Metz*, un dénombrement fourni à la Chambre le 7 janvier 1681.)

CHAPITRE XVI.

Sommaire. — Influence des mœurs et des usages de l'Italie sur la Provence et le Languedoc au moyen âge. — La *Grant-Abbaye* de la rue de Comenge, à Toulouse. — *Enseigne* des pensionnaires de la *Grant-Abbaye*. — Le quartier des Croses. — La maison du *Châtel-Vert*. — Vicissitudes de la Prostitution légale à Toulouse jusqu'à la fin du seizième siècle. — *Hospice* de la Prostitution légale à Montpellier. — Les entrepreneurs du *Bourdeau* de Montpellier. — Clare Panais. — Guillaume de la Croix et les deux fils de Clare Panais. — La *maison* de Paullet Dandréa. — Le *bourdeou* privilégié d'Avignon. — *Statuts* de Jeanne de Naples. — De la Prostitution à Avignon antérieurement aux statuts de 1347. — Etc., etc.

Il y a trois villes de France dans chacune desquelles l'histoire de la Prostitution légale peut constater l'existence d'un lieu de débauche établi en vertu d'un privilége royal et affermé au profit de la cité. Ces trois villes sont : Avignon, Toulouse et Montpellier; où l'on trouve, dans l'intérêt des bonnes mœurs, l'institution d'une *abbaye* obscène, que l'autorité municipale administrait comme un établissement d'utilité publique. Nous croyons que les annales de ces trois établissements méritent d'être écrites et rapprochées dans le même chapitre, pour faire comprendre l'influence des mœurs et des usages de l'Italie sur la Provence et le Languedoc au moyen âge.

« De toute ancienneté, dit une ordonnance de Louis XI que nous avons déjà citée, est de coustume en notre pays de Languedoc et espéciallement ès bonnes villes dudit pays, estre establie une maison et demourance, au dehors des ditesvilles, pour l'habitation et résidence des filles communes. » En effet, à Toulouse, du temps de ses premiers comtes, une maison de débauche avait été ouverte aux frais de la ville, qui en tirait un gros revenu, et qui assurait par là le repos des femmes honnêtes : cette *abbaye* était située dans la rue de Comenge. L'hérésie des Cathares, ou Albigeois, qui ne pouvaient avoir de commerce charnel avec aucune femme, contribua probablement à faire déchoir pour un temps le règne de la Prostitution à Toulouse, et, pour employer la belle expression dont se sert M. Mignet en analysant la doctrine de ces austères hérétiques (*Journal des Savants*, mai 1852), « le dieu de la matière qui dominait sur les régions ténébreuses des corps souillés » fut impuissant à défendre son temple. Une ordonnance des capitouls, de l'an 1201, purifia la rue de Comenge, et transféra dans le faubourg Saint-Cyprien l'établissement impur qui la déshonorait. Ce mauvais lieu autorisé sembla encore trop voisin du cœur de la ville; et on le transféra plus tard hors des murs, près de la porte et dans le quartier des Croses (voy. les *Mém. de l'hist. du Languedoc*, de Catel, et l'*Hist. de Toulouse*, par Lafaille). Si l'on eût fermé les portes de cette maison publique, qu'on appelait la *Grant-Abbaye* et qui renfermait non-seulement les ribaudes de la ville, mais encore celles qu'amenait à Toulouse le caprice de leur métier vagabond, les écoliers de l'Université et les débauchés ou *goliards* du pays se fussent révoltés pour maintenir ce qu'ils nommaient leurs antiques priviléges. La Ville et l'Université avaient donc d'intelligence fait les frais d'installation des *fillas communes*, et partageaient, *bono jure et justo titulo*, comme propriétaires, les profits de l'exploitation impudique. Les prostituées, qui logeaient à demeure ou de passage dans la Grant-Abbaye, étaient astreintes à porter un chaperon blanc avec des cordons blancs, pour *enseigne* de leur honteuse profession. Elles ne se soumettaient qu'avec peine à ce règlement somptuaire, qui les empêchait de *se vêtir et assegneir à leur plaisir* : car ce chaperon, de couleur éclatante, refusait de s'associer avec d'autres couleurs à la mode et gênait toujours, dans les questions de toilette, la communauté impure de la Grant-Abbaye. Les magistrats cependant se montraient inflexibles observateurs des anciennes ordonnances, et punissaient rigoureusement toute contravention à la règle des chaperons et cordons blancs.

Au mois de décembre 1389, le roi Charles VI, visitant les bonnes villes de son royaume, fit son entrée triomphante dans la capitale du Languedoc, où il fut reçu avec pompe et où il résida quelques jours. La population tout entière avait pris part aux fêtes de cette entrée, et les recluses de la Grant-Abbaye étaient allées à la rencontre du roi, avec des présents de confitures, de vins et de fleurs, pour lui présenter une supplique; elles lui demandaient, en don de joyeux avénement, de les délivrer des *injures, vitupères* et *dommages* que leur attiraient souvent les chaperons blancs et les cordons blancs qu'une vieille ordonnance attribuait à leur confrérie. Il paraîtrait que le cri : *Au chaperon blanc!...* dans les rues de Toulouse faisait sortir des maisons et des boutiques une foule d'enfants qui poursuivaient avec des huées la malencontreuse coiffure, en lui jetant de la boue et des pierres. Les femmes de la Grant-Abbaye se plaignaient de ce que les ordonnances *sur leurs robes et autres vestures* avaient été faites par les capitouls, sans la *grâce et licence* du roi; elles conjuraient donc ce prince de les mettre hors d'une telle servitude.

L'affaire fut portée devant le conseil des requêtes et débattue en présence de l'évêque de Noyon, du vicomte de Melun et de messires Enguerrand Deudin et Jean d'Estouteville. Charles VI, qui n'était pas encore en démence, prit un intérêt tout paternel à la *supplication des filles de joie du Bourdel de la ville de Toulouse*, et, selon les termes de l'ordonnance qu'il rendit en cette occasion, « désirans à chascun faire grâces et tenir en franchise et liberté les habitans conversans et demeurans en son royaume, » il octroya aux suppliantes « que doresnavant elles et leurs successeurs en ladite Abbaye portent et puissent porter et vestir telles robes et chaperons et de telles couleurs comme elles vouldront tenir et porter, parmi ce qu'elles seront tenues de porter, entour l'un de leurs bras, une ensaigne ou différence d'un jarretier ou lisière de drap, d'autre couleur que la robe qu'ils auront vestue ou vestiront, sans ce qu'elles en soient ou puissent estre traitiées ne approchiées pour ce en aucune amende; nonobstant les ordonnances ou deffenses dessusdictes ne autres quelconques. » Les sénéchal et viguier de Toulouse et tous autres justiciers et officiers étaient chargés, en conséquence, de protéger à l'avenir les dames de l'Abbaye et de les faire jouir *paisiblement* et *perpétuellement* de l'octroi de cette grâce, sans les molester et sans souffrir qu'elles fussent molestées au sujet de leur habillement (voy. les *Ordonn. des rois de France*, t. VII, p. 327).

Les filles de la Grant-Abbaye eurent lieu de se repentir d'avoir été exceptées, par grâce spéciale du roi, de la servitude des chaperons et cordons blancs. La population de Toulouse s'indigna de ce que ces créatures s'étaient permis de quitter leur *enseigne*, en vertu de l'ordonnance du mois de décembre 1389, et ce fut un mot d'ordre général d'injurier et de maltraiter toutes celles qui se montreraient par la ville sans chaperons et cordons blancs. Le sénéchal et viguier de Toulouse ferma les yeux sur les avanies qu'on leur faisait subir journellement, et les justiciers et officiers royaux refusèrent de recevoir leurs plaintes. Ne pouvant obtenir justice et protection, les ribaudes, plutôt que de renoncer au bénéfice de l'ordonnance qui les affranchissait d'une servitude infamante, se tinrent renfermées dans leur asile (*hospitium*) et ne s'exposèrent plus à paraître en public avec la simple jarretière ou lisière de drap d'autre couleur que leur robe; mais elles ne se firent pas oublier de leurs persécuteurs, qui venaient les tourmenter jusque dans la Grant-Abbaye. Ces persécutions éloignèrent successivement les habitués du lieu, lesquels procuraient à la ville un revenu considérable (*commodum magnum*), qui était consacré à des dépenses d'utilité publique. Ce revenu baissa continuellement; et le trésorier du Capitole, qui le percevait chaque année sur les femmes communes et sur leurs fermiers (*arrendatoribus*), alla se plaindre aux capitouls, qui s'émurent de la perte d'une recette si facile et si sûre. On fit une enquête, et l'on apprit que les habitantes de l'Abbaye n'étaient plus en sûreté chez elles; que des bandes de mauvais garçons et de libertins (*ribaldi, lenones et malevoli*) venaient jour et nuit fondre sur le couvent impur, et y commettaient des désordres inouïs; que ces méchants, qui ne craignaient ni Dieu, ni justice, et qui semblaient inspirés du malin esprit (*non verentes Deum, neque justitiam, cum sint imbuti maligno spiritu*), brisaient les portes, pénétraient dans l'intérieur de la maison, et, pour atteindre les malheureuses qui se barricadaient dans leurs chambres, démolissaient la muraille ou perçaient la toiture; ensuite, ils maltraitaient, frappaient et outrageaient de la manière la plus atroce (*vituperose et atrociter*) les pauvres victimes de leur furieuse et cruelle lubricité. Celles-ci, pour échapper à ces oppressions, à ces violences, à ces injures, s'enfuyaient avec leurs servantes et leurs domestiques (*familiares*), et la Grant-Abbaye n'était plus qu'une ruine abandonnée. Les capitouls essayaient inutilement de porter remède au mal et de ramener les fugitives au bercail, en leur promettant appui et protection; l'habitude était prise, et, malgré les injonctions des capitouls, malgré les efforts de la garde urbaine, le siége de l'Abbaye recommençait sans cesse avec les mêmes épisodes de violence et de scandale. Les capitouls, en désespoir de cause, s'adressèrent au roi pour le supplier de venir en aide à leur pouvoir bravé et méconnu; Charles VII, qui ne régnait que sur quelques provinces de son royaume, parcourait alors le Languedoc pour y réchauffer le zèle de ses partisans : il se rendit à Toulouse, il examina dans son conseil la requête des capitouls, il se souvint que son père avait octroyé un don de joyeux avénement aux filles de joie de Toulouse, et, par lettres patentes du 13 février 1425, il menaça de toute sa colère les auteurs des excès qui s'étaient reproduits plusieurs fois dans la Grant-Abbaye; il enjoignit à ses officiers de protéger cet établissement, qu'il prenait sous sa garde spéciale, et il fit planter devant la porte dudit lieu des poteaux fleurdelisés (*baculos cum floribus lilii depictos*), en signe de protection royale (voy. le *Recueil des Ordonnances des rois de France*, t. XIII, p. 75).

Les armes de France imposèrent peu aux perturbateurs, qui renouvelaient de temps en temps leurs attaques nocturnes contre l'Abbaye; ils se réservaient ainsi l'excuse de n'avoir pas vu les fleurs de lis, mais les pauvres pécheresses avaient beau sonner la cloche d'alarme, appeler au secours et demander merci, elles se trouvaient heureuses d'en être quittes pour un viol. Enfin, elles abandonnèrent tout à fait l'Abbaye qui les livrait sans défense à leurs bourreaux; et elles rentrèrent dans le quartier des Croses, où elles furent moins exposées aux insolences des perturbateurs. Les capitouls virent alors s'élever à l'ancien taux les revenus obscènes de la ville, et cette grave considération leur fit fermer les yeux sur l'envahissement de la débauche publique dans l'enceinte des murailles de Toulouse. Les *fillas communes* restèrent près d'un siècle dans les ruelles voisines de la porte des Croses; elles n'émigrèrent qu'en 1525, lorsque l'Université s'empara des maisons qu'elles occupaient et y construisit des bâtiments à son usage. On les relégua de nouveau hors de la cité; et l'on acheta pour elles, aux frais de la ville, une grande maison, située hors des murs dans un lieu appelé le Pré-Moutardi, appartenant à M. de Saint-Pol, maître des requêtes. Cette maison de Prostitution, qui fut surnommée le *Château-Vert* ou *Châtel-Vert*, n'avait plus à redouter les assauts des mauvais garnements et elle offrait une retraite paisible à ses pensionnaires, qui travaillaient toujours de leur infâme métier pour le compte de la ville; mais des règlements sévères régissaient, à cette époque, l'institution du Château-Vert. En 1557, la peste s'étant déclarée à Toulouse, ordre avait été donné aux femmes amoureuses de demeurer enfermées dans leur fort et de n'y admettre personne jusqu'à la cessation du fléau; quelques-unes désobéirent à cet ordre de police et furent fouettées sur la place du marché, les autres s'enfuirent et passèrent dans des villes où la peste n'était pas. Elles reparurent à Toulouse en 1560, quand l'amélioration de la santé publique leur rouvrit les portes du Château-Vert. Leur retour fut joyeusement fêté, mais les capitouls, offensés des railleries que leur valait la direction suprême de ce *bourdel* municipal, sachant aussi qu'on les accusait d'acheter leurs robes avec l'impôt du Château-Vert, cédèrent cet impôt aux hôpitaux de la ville. Les hôpitaux n'en jouirent que six ans, après lesquels ils rendirent à la ville un privilége aussi onéreux : les bénéfices produits par l'exploitation du Château-Vert se trouvaient absorbés, et au delà, par les charges attachées aux redevances de ce domaine déshonnête; car les hôpitaux étaient tenus, en compensation, de recevoir et de soigner les malades qui sortaient du Château-Vert. Or, depuis six ans, ces malades avaient été plus nombreux que jamais et le traitement vénérien coûtait fort cher. Un conseil solennel s'assembla au Capitole; on y agita la question qui préoccupait en ce temps-là tous les magistrats du royaume : l'abolition radicale de la Prostitution. Les notables de la cité assistaient à cette réunion, et ils opinèrent la plupart pour la suppression du Château-Vert; mais l'avis de l'abbé de la Casedieu l'emporta de concert avec celui du premier président du parlement, qui conseillait de remettre cette suppression à un moment plus opportun.

En effet, il n'y avait pas de ville où la Prostitution légale fût plus nécessaire qu'à Toulouse : les mœurs y étaient fort relâchées, et les passions, sous l'influence du climat, y éprouvaient des besoins impérieux qu'il fallait satisfaire dans de certaines limites. C'était le seul moyen d'éviter des scandales et d'assurer la sécurité des femmes honnêtes. Deux faits récents prouvaient que l'autorité des magistrats de la ville ne pouvait exercer trop de surveillance sur les filles de joie, que le Château-Vert ne renfermait pas même assez strictement. En 1559, on avait trouvé quatre de ces malheureuses dans le couvent des Grands-Augustins ; elles s'y étaient cachées sous la robe monastique et elles servaient aux débauches de toute la communauté. Trois de ces faux moines de perdition furent pendus aux trois portes du couvent, et un véritable moine, leur principal complice, fut envoyé, les fers aux pieds, à son évêque. En 1566, trois autres femmes de cette espèce s'étant glissées dans le couvent des Béguines, on les pendit sans forme de procès. Le Château-Vert conserva donc encore ses attributions et ses franchises jusqu'en 1587. Cette année-là, on remit en vigueur les mesures de salubrité que réclamait le règne d'une épidémie à Toulouse : le Château-Vert fut évacué et l'on en scella les portes ; mais les prostituées, en sortant de leur repaire, ne changèrent pas leur genre de vie, et en dépit de la peste, qui ne les effrayait pas, elles exerçaient en plein champ leur dangereuse industrie. Un des capitouls, que la peur de la peste avait forcé de quitter son poste et de se réfugier à la campagne, fut témoin des débauches vagabondes qui avaient lieu autour de la ville. Lorsque la peste eut cessé et que ce capitoul eut repris ses fonctions, il raconta, dans le conseil de ville, les honteux spectacles qu'il avait eus sous les yeux dans les vignes et dans les champs qui avaient remplacé le Château-Vert. On ne songea point à rouvrir ce dernier, et l'on donna la chasse à toutes les ribaudes qui avaient mené une vie si désordonnée pendant la peste. Elles furent enfermées dans les prisons de la ville, et on les attachait à des tombereaux *pour le nettoiement des rues* (voy. les *Annales de la ville de Toulouse*, par Lafaille, t. II, p. 189, 199 et 280).

Telles furent les vicissitudes de la Prostitution légale à Toulouse jusqu'à la fin du seizième siècle. L'histoire des mauvais lieux de Montpellier ne remonte pas à une date aussi reculée, du moins les documents authentiques qui nous la racontent ne sont pas antérieurs au quinzième siècle; mais, à Montpellier comme à Toulouse, nous voyons que, suivant l'usage établi de toute ancienneté dans les principales villes du Languedoc, la Prostitution légale avait son *hospice* hors des murs de la cité et sous la garde des magistrats, qui percevaient un impôt sur les femmes communes et sur leurs fermiers privilégiés. Au commencement du quinzième siècle ce privilége malhonnête appartenait à un nommé Clare Panais, qui avait établi le centre de ses affaires dans une maison située hors des murs de la ville en un lieu appelé communément le *Bourdeau* : « C'est » là, disent les lettres patentes de Charles VIII qui » confirment l'ancien privilége de Panais, c'est là » que les filles communes et publicques ont accous- » tumé de faire leur demourance et y résider de » jour et de nuit. » Clare Panais jouissait paisiblement de son privilége et s'enrichissait, en payant des droits énormes à la ville. Il avait deux fils, Aubert et Guillaume, qu'il faisait élever avec beaucoup de soin, et qui devaient être des jeunes gens de famille accomplis. Cet excellent père mourût, et les deux fils héritèrent du privilége attaché à la maison du Bourdeau. Comme ce privilége rapportait beaucoup d'argent, ils ne pensèrent pas à s'en dessaisir; mais ils en cédèrent une partie à Guillaume de la Croix, changeur, qui était d'une bonne noblesse de Montpellier, et qui comptait parmi ses ancêtres le fameux patron des pestiférés, saint Roch. Depuis lors, la propriété indivise du Bourdeau demeura entre les mains de Guillaume de la Croix et des deux frères Panais, qui devinrent changeurs et banquiers, sans cesser d'exploiter la ferme de la Prostitution légale à Montpellier. Ils n'en furent pas plus déshonorés que le conseil de ville, qui touchait les deniers de l'impôt et qui avait la haute direction du Bourdeau. Le mayeur et les magistrats qui composaient le conseil voulurent empêcher les femmes de mauvaise vie d'entrer dans la ville, même avec l'aiguillette sur l'épaule, et, pour leur ôter tout prétexte de fréquenter les étuves et les bains publics, où elles exerçaient en cachette leur ignoble profession, ils proposèrent aux fermiers de la débauche urbaine de faire construire des étuves et des bains dans la maison du Bourdeau. Aubert Panais et son frère Guillaume, ainsi que leur associé Guillaume de la Croix, consentirent à faire ces *grandes et somptueuses dépenses*, qui avaient pour objet de rendre tout à fait sédentaires les habitantes du Bourdeau; mais ils profitèrent d'une si belle occasion, pour faire renouveler et confirmer l'ancien privilége de cette maison de tolérance, en vertu duquel, moyennant la somme de cinq livres tournois payée annuellement au roi ou à son lieutenant, « dès lors en avant, nulles personnes, de quelque estat ou condicion qu'ils soient ou feussent, ne pourroient faire ou faire faire, en la part antique de Montpellier, nul bourdeau, cabaret, hostelleric, ne autres estuves, pour loger, retraire ne estuver lesdites filles communes, sur peine de perdre et confisquer lesdites maisons, bourdeau, cabaret ou estuves. » Le conseil de ville, à qui l'on représenta l'*instrument public* fait et passé entre les parties intéressées, approuva de nouveau les clauses du contrat, et augmenta les avantages des fermiers du Bourdeau.

Mais ceux-ci furent bientôt troublés dans la jouissance de leur privilége : un des associés, Aubert Panais, ayant cédé sa part à sa fille Jaquète, qui l'apporta en dot à Jacques Bucelli, qu'elle épousa vers 1465, un nommé Paullet Dandréa, habitant la même ville, se crut autorisé à poursuivre la déchéance du privilége des Panais. Il agissait ainsi *par envie ou autrement*, et il était sans doute soutenu par le *recteur* ou le bailli de la vieille ville. Il commença donc par « retirer et accueillir lesdites filles communes en une sienne maison située en dedans de la ville en la partie de la Baillie. » Mais l'existence d'un lieu de débauche à l'intérieur de la cité était une infraction à tous les vieux us du Languedoc, et les habitants du voisinage, prêtres et bourgeois, se plaignirent aux consuls et protestèrent contre l'audacieuse entreprise de Paullet Dandréa: car ils voyaient « la chose estre au grant vitupere et deshonneur et très-mauvais exemple des femmes mariées, bourgeoises et autres, et de leurs filles et servantes, et mesmement pour les scandales et inconvéniens qui s'en pouvoient avenir. » Dandréa tint bon; et, probablement avec l'appui secret de certains débauchés qui trouvaient leur profit à l'établissement de cette maison centrale, il continua d'y tenir une *cour amoureuse*, et il y attira souvent les *dames* du Bourdeau. Mais Guillaume de la Croix et Guillaume Panais étaient riches et puissants, le premier surtout; ils sommèrent le gouverneur de la ville de faire fermer la maison de Dandréa, ouverte contrairement aux ordonnances des rois et au privilége de Clare Panais; ils ne rougirent pas de se déclarer propriétaires et entrepreneurs du Bourdeau, en portant plainte au roi. Charles VII envoyait justement aux états du Languedoc, comme ses commissaires, le sire de Montaigu, sénéchal de Limousin, et maîtres Jean Hébert et François Halle, conseillers du roi, qui se rendirent à Montpellier, où les états s'assemblèrent au mois de décembre 1458. Ces trois personnages furent saisis de l'affaire par une requête que Guillaume de la Croix et ses associés adressèrent aux états, qui ne dédaignèrent pas de s'en occuper. Les commissaires du roi firent comparaître les parties devant eux, et, après les avoir entendues en présence du procureur de la ville, défendirent à Dandréa, sous peine d'une amende de dix marcs d'argent, de loger ni de recevoir dans sa maison aucune femme publique. Le procureur de la ville et le sénéchal de Beaucaire furent avertis d'avoir l'œil et la main à l'exécution de cet arrêt, conforme aux antiques coutumes de Montpellier. Quant aux héritiers et successeurs de Clare Panais, ils furent confirmés dans la jouissance de leur privilége moyennant la redevance annuelle de cinq sols tournois au profit du roi : « sans qu'aucun puisse doresnavant édiffier ne establir autre maison ou lieu publicque pour l'habitation desdites filles communes, soit en la Rectorie ou Baillie de la ville ou ailleurs. » Les associés, non satisfaits du gain de leur procès, demandèrent au roi la confirmation de l'arrêt, en 1469, et cette confirmation leur fut accordée moyennant finance. Vingt ans plus tard Guillaume de la Croix était devenu conseiller du roi et trésorier de ses guerres, mais il n'avait pas renoncé, pour cela, à sa part d'entrepreneur du Bourdeau de Montpellier. Comme il ne résidait pas habituellement à Montpellier, et que Guillaume Panais ne s'occupait plus guère de l'administration de leur propriété indivise, il craignit de voir reparaître la concurrence fâcheuse que Dandréa leur avait faite naguère : « Doubtant que aucuns leur voulsissent, en la jouissance des choses dessus déclarées, donner destourbier et empeschement, » il sollicita de Charles VIII la confirmation des lettres patentes qu'il avait obtenues de Louis XI, et qui contenaient la teneur des priviléges du Bourdeau de Montpellier. Charles VIII s'empressa d'accorder à son *amé et féal conseiller*, « pour le bien et interest de la chose publique, » l'ordonnance qui maintenait ses droits sur la Prostitution de Montpellier, ainsi que ceux de Guillaume Panais et de Jaquète, femme de Jacques Bucelli, tous habitants honorables de cette ville.

De même que Montpellier, Toulouse et les principales villes du Languedoc et de la Provence, Avignon avait aussi son *bourdeou* privilégié, établi et constitué en vertu d'ordonnances royales et municipales, et ce mauvais lieu, le plus célèbre de tous ceux de la France à cause des statuts qui le régissaient, semble avoir été organisé sur le modèle des maisons publiques de l'Italie. L'authenticité de ces statuts, que le savant médecin Astruc publia pour la première fois en 1736 dans la première édition de son traité *De Morbis venereis*, nous paraît incontestable, malgré la spécieuse réfutation que M. Jules Courtet a fait paraître dans la *Revue archéologique* (2e année, 3e livraison). Selon M. Jules Courtet, Astruc aurait été la dupe d'une plaisante mystification et les statuts apocryphes, attribués à la reine Jeanne de Naples, seraient l'œuvre de M. de Garcin et de ses amis. C'est dans une note anonyme, écrite à la main sur un exemplaire de la *Cacomonade* de Linguet, que se trouve racontée l'histoire de cette mystification, dans laquelle on fait intervenir comme complice un Avignonnais, M. Commin, qui a vu le jour dix ans après le livre d'Astruc. On sait ce que vaut, en général, une note tracée sur la garde d'un livre, et nous sommes surpris que la critique ait fondé sur une pareille note la négation d'un fait historique qui a traversé le dix-huitième siècle, ce siècle sceptique et railleur, sans être démenti ni même mis en doute. A coup sûr, si des mystificateurs d'Avignon avaient pu s'amuser de la sorte aux dépens d'un savant aussi renommé que l'était Astruc, l'Europe entière eût retenti d'un immense éclat de rire, et le traité *De Morbis venereis*, dans lequel la pièce en question fut imprimée pour la première fois, n'eût point échappé aux conséquences d'une telle mystification; car le but de toute mystification est la publicité satirique. Dans tous les cas, la facétie de M. de Garcin et de ses amis eût transpiré, du moins à Avignon, et Astruc se fût bien gardé de conserver les statuts apocryphes dans la seconde édition de son ouvrage, corrigée et augmentée, en 1740. Cet ouvrage, d'ailleurs, traduit en français par Jault, et en plusieurs langues, aurait rencontré plus d'un contradicteur sur le fameux chapitre du *bourdeou* d'Avignon. Il est démontré, au contraire, que la tradition locale à l'égard de cette maison de Prostitution était constante et très-répandue lorsque Astruc écrivit à une personne d'Avignon (vers 1725 ou 1730) pour obtenir, s'il était possible, une copie de l'original des statuts de 1347.

M. Jules Courtet dit que cette copie a été faite d'après un prétendu original que de malins faussaires ont intercalé dans un beau manuscrit du treizième et du quatorzième siècle, intitulé *Statuta et privilegia reipublicæ Avenionensis*. Ce manuscrit, qui a fait partie de la magnifique bibliothèque du marquis de Cambis Velleron, est entré depuis au Musée Calvet, où M. Jules Courtet a pu l'examiner. Les *Statuta prostibuli civitatis Avenionis*, que M. Jules Courtet regarde comme « une imitation, une contrefaçon maladroite, non-seulement du style, mais encore de l'écriture du quatorzième siècle, » sont transcrits sur une feuille de parchemin, « dont le second verso portait déjà la copie d'une bulle du pape Grégoire, écriture du seizième siècle. » Cette circonstance seule prouverait qu'on n'a voulu tromper ici personne, et que l'ancien possesseur du manuscrit, au seizième siècle sans doute, s'est ingéré de le compléter lui-même en y ajoutant une copie faite sur une autre plus ou moins fautive qu'il était parvenu à se procurer. Le marquis de Cambis, qui était d'Avignon et qui se trouvait ainsi à la source de tous les bruits relatifs à cette affaire, n'eût pas manqué de faire disparaître les feuillets qui déshonoraient son manuscrit, au lieu de mentionner dans son Catalogue les singuliers statuts « qui, dit-il (page 465), sont en langue provençale telle qu'on la parlait alors, et qui diffère peu de celle d'aujourd'hui. » Il est probable que l'original existait ou avait existé dans les archives du palais des papes ou dans celles des comtes de Provence, et qu'un curieux en avait fait une transcription à sa manière, en altérant et modernisant le texte provençal, peut-être même en traduisant dans cette langue le texte latin. Ce qui paraît certain, c'est que l'existence de ces statuts n'a jamais été douteuse; et que leur authenticité est, d'ailleurs, confirmée par leur contexte, qui est d'accord avec tout ce que nous savons sur le régime de la Prostitution dans la Provence au moyen âge. Quant à toutes les considérations morales qui ont été mises en avant pour accuser de grossière invraisemblance ces statuts donnés ou plutôt consentis par une jeune reine, elles n'ont pas de valeur pour quiconque étudie la police des mœurs à cette époque : Jeanne de Naples, comtesse de Provence, n'a rien innové en ce genre; elle n'a fait que sanctionner de son autorité souveraine les mesures d'administration urbaine que les magistrats d'Avignon avaient prises dans l'*intérêt de la chose publique*, suivant les motifs qui dictèrent à Charles VIII une ordonnance et des *lettres royaux* sur une matière analogue.

La dissertation de M. Jules Courtet nous aidera du moins à montrer qu'antérieurement aux statuts de 1347, la Prostitution s'était installée à la mode italienne dans la ville papale d'Avignon. Au concile de Vienne, tenu en 1311-1312, le pieux et savant évêque de Mende, Guillaume Durandi, demanda la répression sévère des excès de la débauche; il s'indigna que le maréchal de la cour d'Avignon eût pour tributaires les femmes communes et leurs scandaleux complices; il voulait que l'on reléguât dans les quartiers les moins fréquentés ces *pestes publiques*, qui s'exposaient en foire aux portes des églises, devant les hôtels des prélats et jusque sous les murs du palais des papes; il voulait aussi que le maréchal de la cour renonçât aux infâmes redevances de la Prostitution (voy. *Vitæ pap. Aven.*, publ. par Baluze, t. I, f° 810). Tous les Pères du concile firent écho aux plaintes de l'évêque de Mende, mais on ne s'arrêta point à un projet de réforme qui aurait nui à bien des intérêts particuliers; et le maréchal de la cour du pape continua de toucher les revenus impurs de sa charge, qui avait plus d'un rapport avec celle du roi des ribauds de la cour de France. Les ribaudes se multipliaient et se répandaient par toute la ville. « Il n'y avait point, dit M. Jules Courtet, de lieu, quelque sacré qu'il fût, à l'abri de leur incroyable audace. » Pétrarque, qui résidait dans cette ville en 1326, s'étonne du déréglement des mœurs, que la translation du saint-siége semblait avoir favorisé, comme si le pape et les cardinaux avaient emmené de Rome un cortége de femmes et d'hommes dépravés : « Dans Rome la grande, dit Pétrarque, il n'y avait que deux courtiers de débauche; il y en a onze dans la petite ville d'Avignon.» (*Cum in magna Roma duo fuerint lenones, in parva Avenione sunt undecim.* Voy. les *Œuvres latines de Pétrarque*, édit. de Bâle, f° 1184.) On comprend que la Prostitution, livrée à elle-même, avait besoin d'un règlement, semblable à celui qui en faisait une institution de prévoyance et d'utilité publique dans les autres villes de la Provence. La reine Jeanne, menacée dans son royaume de Naples par l'armée de son beau-frère Louis de Hongrie, venait de déposer sa couronne teinte du sang de son mari; elle s'était réfugiée sur les terres de France, et, après avoir épousé en secondes noces son cousin et son amant Louis de Tarente, elle se préparait à vendre au pape le comtat d'Avignon pour acheter l'absolution de son crime et l'appui de la papauté. Ce fut en présence de ces graves événements, que la reine, qui devait être à Aix, rédigea ou plutôt confirma les statuts de la Prostitution légale à Avignon, comme Charles VII et Louis XI confirmèrent ceux du même genre pour les villes de Toulouse et de Montpellier. Ces statuts (et le premier article en fait foi) furent dressés par les consuls ou gouverneurs de la ville, dans la forme ordinaire de tous les priviléges des mauvais lieux, et la jeune reine ne fit que les signer, sans les lire, sur la foi de son chancelier, qui les avait approuvés. On peut avancer avec certitude, que le premier à qui l'on concéda l'exploitation de ces priviléges, étant le plus intéressé à les obtenir, n'épargna pas l'argent, pour s'assurer ainsi l'approbation de la reine, et pour faire reconnaître ses droits, avant la cession du Comtat au saint-siége apostolique.

Nous ne pouvons que reproduire le texte provençal des statuts tel qu'Astruc l'a donné, et nous regrettons que M. Jules Courtet n'ait pas collationné ce texte avec celui que renferme le manuscrit du Musée Calvet, et qui est rempli de ratures et de surcharges. Ce seul fait doit exclure toute idée de supercherie, de la part du copiste ou du traducteur de la pièce originale. Nous allons donc, sans y rien changer, donner ce texte provençal, et nous le ferons suivre d'une version française, plus littérale que celle qui figure dans la traduction du livre d'Astruc, et qui a été mal à propos répétée avec ses erreurs et ses périphrases incolores.

I. L'an mil très cent quaranto et set, au hueit dau

mès d'avous, nostro bono Reino Jano a permès lou Bourdeou dins Avignon ; et vel ques toudos las fremos debauchados non se tengon dins la Cioutat, mai que sian fermados din lou Bourdeou, et que per estre couneigudos, que portan uno agullietto rougeou sus l'espallou de la man escairo.

II. Item. Se qualcuno a fach fauto et volgo continuâ de mal faire, lou clavairé ou capitané das sergeans la menara soutou lou bras per la Cioutat, lou tambourin batten, embé l'agullieto rougeou sus l'espallo, et la lougeora din lou Bordeou ambé las autros; ly defendra de non si troubà foro per la villo à peno das amarinos la premieiro vegado, et lou foué et bandido la secundo fès.

III. Nostro bono Reino commando que lou Bourdeou siego à la carriero dou Pont-Traucat, proché lous Fraires Augoustins, jusqu'au Portau Peiré; et que siego une porto d'au mesmo cousta, dou todos las gens intraran, et sarrado à clau per garda que gis de jouinesso non vejeoun las dondos sensou la permissieou de l'abadesso ou baylouno, qué sara toudos lous ans nommado per lous Consouls. La baylouno gardara la clau, avertira la jouinessou de n'en faire gis de rumour, ni d'aiglary eis fillios abandonnados; autromen la mendro plagno que y ajo, noun sortiran pas que lous sargeans noun lous menoun en prison.

IV. La Reino vol que toudos lous samdès la bayouno et un barbier deputat das Consouls visitoun todos las fillios debauchados, que seran au Bourdeou; et si sen trobo qualcuno qu'abia mal vengut de paillardiso, que talos fillios sian separados et lougeados à part, afin que non las counongeoun, per evita lou mal que la jouinesso pourrié prenre.

V. Item. Sé sé trobo qualco fillio, que siego istado impregnado din lou Bourdeou, la baylouno n'en prendra gardo que l'enfan noun se perdo, et n'avertira lous Consouls per pourvesi à l'enfan.

VI. Item. Que la baylouno noün permettra à ges d'amos d'intra dins lous Bourdeou lou jour Vendré et Sandé san, ni lou benhoura jour de Pasques, à peno d'estré cassado et d'avé lou foué.

VII. Item. La Reino vol que todos las fillios debauchados, que seran au Bourdeou, noun sian en ges de disputo et jalousié; que noun se doranboun, ne battoun, mai que sian como sorès; qué quand qualco quarello arribo, que la baylouno las accordé et que caduno s'en stié à ce que la baylouno n'en jugeara.

VIII. Item. Se qualcuno a rauba, que la baylouno fasso rendré lo larrecin à l'amiable; et se la larrouno noun lou fai, que ly sian donnados las amarinas per un sargean dins uno cambro, et la secundo lou foué per lou bourreou de la Cioutat.

IX. Item. Que la baylouno noun dounara intrado à gis de Jusious; que se per finesso se trobo que qualcun sic intrat, et ago agu conneissencé de calcuno dondo, que sia emprisonnat per avé lou foué per touto la Cioutat.

I. L'an mil trois cent quarante-sept, au huit du mois d'août, notre bonne reine Jeanne a permis le bordel dans Avignon. Elle veut que toutes les femmes débauchées ne se tiennent plus dans la cité, mais qu'elles soient renfermées dans le bordel, et que, pour être reconnues, elles portent une aiguillette rouge sur l'épaule gauche.

II. Si quelque fille a fait une faute et veut continuer de mal faire, le garde des clefs de la ville ou le capitaine des sergents l'amènera, par-dessous le bras, à travers la cité, tambour battant, avec l'aiguillette rouge sur l'épaule, et la logera dans le bordel avec les autres, et lui défendra de se trouver dehors par la ville, à peine d'amende pour la première fois, et du fouet et du bannissement pour la seconde.

III. Notre bonne reine commande que le bordel ait son siége dans la rue du Pont-Traucat, près les frères Augustins, jusqu'à la porte Peiré, et qu'il y ait une porte du même côté par où tout le monde entrera, mais qui sera fermée à clef pour empêcher qu'aucun jeune homme puisse voir les femmes sans la permission de l'abbesse ou baillive, qui sera tous les ans nommée par les consuls. La baillive gardera la clef et avertira la jeunesse de ne faire aucun tumulte, et de ne pas maltraiter les filles abandonnées; autrement, à la moindre plainte qu'il y aurait contre les auteurs du désordre, ils ne sortiraient de là que pour être menés en prison par les sergents.

IV. La reine veut que tous les samedis la baillive et un barbier, délégué par les consuls, visitent toutes les filles débauchées qui seront au bordel; et, s'il s'en trouve quelqu'une qui ait mal, venu de paillardise, que cette fille soit séparée des autres et logée à part, afin qu'on ne l'approche pas, pour éviter le mal que la jeunesse pourrait prendre.

V. Item, s'il advenait que quelque fille devînt grosse dans le bordel, la baillive prendra garde que l'enfant ne soit détruit et avertira les consuls, qui pourvoieront à la naissance de cet enfant.

VI. Item, la baillive ne permettra à aucun homme d'entrer dans le bordel le jour du saint Vendredi, le jour du Samedi saint et le bienheureux jour de Pâques, sous peine d'être cassée et d'avoir le fouet.

VII. Item, la reine veut que toutes les filles débauchées qui seront au bordel ne soient en cas de dispute et de jalousie; qu'elles ne se volent, ni ne se battent, mais qu'elles vivent comme sœurs; si une querelle arrive, la baillive doit les accorder entre elles, et chacune s'en tienne à ce que la baillive décidera.

VIII. Que si quelqu'une a dérobé, la baillive lui fasse rendre à l'amiable l'objet volé, et si la voleuse refuse de faire cette restitution, qu'elle soit fustigée par un sergent dans une chambre, et, en cas de récidive qu'elle ait le fouet, de la main du bourreau de la ville.

IX. Item, que la baillive ne donne accès dans le bordel à aucun juif, et s'il se trouve que quelque juif y soit entré par ruse et y ait connu quelque femme, qu'il soit emprisonné pour avoir le fouet par toute la cité.

Astruc, en rapportant ces statuts tels qu'on les lui avait envoyés d'Avignon, dit qu'ils avaient été copiés sur les registres de Me Tamarin, notaire et tabellion apostolique en 1392; mais il ne put avoir aucun renseignement sur ce Tamarin et sur son manuscrit, à l'exception d'un extrait des mêmes registres, constatant qu'un juif de Carpentras, nommé Doupedo, fut fouetté publiquement à Avignon en 1408, pour être entré en secret dans le *Bordeou* et y avoir connu une des filles. Un fait analogue est relaté dans l'*Appendix Marcæ Hispanicæ*, où le savant Pierre de Marca cite un acte de l'an 1024, dans lequel il est dit qu'un juif, nommé Isaac, eut ses biens confisqués, et fut puni corporellement, pour avoir commis adultère avec une chrétienne. Astruc, qui a recueilli ce précieux détail de mœurs (*Traité des maladies vénér.*, t. I, p. 210), ajoute peu de réflexions aux statuts de la reine Jeanne; il se borne, suivant son système, à prétendre que *le mal vengut de paillardiso* ne pouvait être une maladie vénérienne. M. Jules Courtet dit que « cet article, qui fait douter le grave Merlin de l'authenticité des statuts, suffirait aux yeux de beaucoup de gens pour invalider le prétendu original. » Nous verrons, en faisant l'histoire de la Prostitution en Angleterre, que les statuts des mauvais lieux de Londres défendaient, en 1430, de garder dans une maison publique « aucune femme infectée du mal de l'arsure. » En résumé, et après un sérieux examen de la question, nous croyons que, si nous ne possédons pas le texte original des statuts du *Bordeou* d'Avignon, nous en avons du moins les règlements, qui semblent conformes à ceux que la tolérance municipale avait mis en vigueur dans les villes du Midi. N'oublions pas de remarquer, en passant, que le vieux refrain populaire

Sur le pont d'Avignon,
Tout le monde y passe,

pourrait bien être une allusion joyeuse à la mauvaise renommée de la rue du Pont-Traucatou-Troué.

Cette rue avait des étuves si malfamées, qu'un synode, tenu à Avignon le 17 octobre 1441, défendit aux ecclésiastiques et aux hommes mariés, de fréquenter ce lieu de Prostitution, *considerantes quod stuphæ Pontis-Trouati præsentis civitatis sint prostibulosæ et in eis meretricia prostibularia publice et manifeste committantur*. Ceux qui osaient braver cette défense et l'excommunication que le synode y attachait, étaient tenus de payer, au profit de l'évêque, dix marcs d'argent, si on les surprenait sortant de ces étuves en plein jour, et vingt marcs s'ils y allaient la nuit. Le viguier d'Avignon, Jean Blanchier, fut chargé de faire exécuter ces statuts synodaux et de veiller à la police intérieure des étuves publiques (voy. le *Thesaurus novus anecdotorum* de Martenne, t. IV, col. 585). Peu d'années après, en 1448, le Conseil de ville s'occupa aussi des étuves de la Servelerie, qui n'étaient que des repaires de Prostitution comme les *stuphæ Pontis-Trouati*. M. Jules Courtet cite encore, d'après les petites archives de la mairie d'Avignon (Ier vol. des *Délibérations du Conseil*, séance du 4 novembre 1372), une mesure de police relative aux femmes dissolues de cette ville. Le viguier fit crier, à son de trompe, dans les carrefours, qu'aucune de ces malheureuses ne se hasardât point à porter en public un manteau ni un voile, ni un chapelet d'ambre, ni un anneau d'or, sous peine d'une amende et de confiscation des objets. Vers le même temps, on faisait un *cri et proclamation* semblable dans la ville de Paris, et cette injonction aux filles publiques de se conformer aux lois somptuaires prouve suffisamment qu'elles ne pouvaient se départir de leur caractère infâme, une fois qu'elles avaient fait profession dans une *abbaye* d'impureté. Nous retrouverons plus loin, à Naples, dans les usages de la débauche publique, l'origine traditionnelle du *Bordeou* d'Avignon, cette étrange fondation d'une jeune reine belle et galante.

Au reste, si les *abbayes* obscènes étaient des établissements de fondation royale ou municipale dans la plupart des villes de la Provence, les femmes perdues qui se consacraient à la Prostitution n'avaient nulle part l'autorisation d'exercer leur honteuse industrie hors de l'asile qui leur était assigné. On considérait partout comme une enfreinte aux règlements de police leur présence dans les rues avec le costume des femmes de bien. Un article des statuts d'Arles, dressés en 1454, nous prouve que ces règlements de police, en usage dans cette ville, ne différaient pas de ceux que nous voyons établis à Avignon vers la même époque.

Voici l'article des statuts, rapporté par Millin dans son *Essai sur la langue et la littérature provençales :* « Toutes femmes publiques, putan, catoniere ou tenen malo vido et inhonesto, demourant en carriere de las femmes de ben, que porte mantel, vel en la testa, subre son col ou espalles, hoplecho, garlandes ou annel d'or ou d'argent, sie condamnade, per chascune cause, en 50 sols coronas et en perdamen de las causas susdiches. » Ce passage de la législature arlésienne nous paraît constater que l'on distinguait, des femmes de mauvaise vie reconnues (*putan*), et en quelque sorte patentées, les coureuses de nuit (*catoniere*) et les débauchées qui logeaient dans des rues honnêtes. Quant aux objets de toilette qu'elles ne devaient pas porter, ce sont les mêmes qui étaient interdits aux *fillios abandonnados* d'Avignon.

Nous n'avons pas trouvé de document qui nous permette d'estimer le prix courant du *Bourdeou* de la reine Jeanne, mais on est fondé à croire que ce prix était très-modique dans une province où, suivant le proverbe populaire, la meilleure femme ne valait pas quinze sous : *Qui perde sa fremo eme quinze sous es grand dommagi de l'argent.* Les proverbes sont, il est vrai, si hostiles aux femmes dans tous les pays du monde, qu'il faut bien supposer que ces proverbes se font sans elles : *Ombre d'home vau cen fremos,* disait-on à Arles ainsi qu'à Avignon.

CHAPITRE XVII.

SOMMAIRE. — La Prostitution légale et la Prostitution libre. — De l'influence de la Chevalerie sur l'honnêteté publique. — *L'Enfant d'honneur de la Dame des Belles-Cousines*. — Le vrai chevalier, *destructeur de la corruption*. — L'envoi de la *Camise*. — Le châtelain de Coucy et la dame de Fayel. — *Principalïa amoris præcepta* de maître André, chapelain de Louis VII. — Les *Cours d'amour* et les *Parlements de gentillesse*. — La jurisprudence amoureuse. — Arrêts d'amour. — Le *maire des Bois-Verts*, le *baillif de Joye*, le *viguier d'amours*, etc. — Les Jongleurs, etc.

Nous avons constaté, en étudiant les moralistes et les poëtes du moyen âge, que la Prostitution légale était en horreur au peuple, à la bourgeoisie et à la noblesse, qui la considéraient comme une souillure secrète de la société, et qui d'un commun accord l'empêchaient de se produire au grand jour et d'affliger par un scandale éclatant les yeux, les oreilles et la pensée des honnêtes gens. Cette Prostitution n'en était pas moins solidement établie sur une large échelle, pour l'usage d'une classe dangereuse et suspecte, qui vivait en dehors de la décence publique, et qui se composait des ribauds et des débauchés de toutes les catégories, depuis les vagabonds ou *batteurs d'estrade,* depuis les truands et les gueux, jusqu'aux jongleurs, aux ménétriers et aux mauvais garçons. Il fallait que chaque ville offrît au moins un asile de débauche à cette population flottante, qui se renouvelait sans cesse, et qui échappait constamment à l'action régulière de la police municipale. C'était une sauvegarde permanente contre les entreprises de ces *enfants perdus,* comme on les appelait partout, redoutables aux femmes de bien et à leurs maris, mais heureusement détournés de leurs méchants instincts de rapt et de violence, quand on leur permettait de hanter la compagnie des *folles femmes* et de se divertir avec elles. Il y avait ainsi beaucoup de ces créatures qui couraient le pays accompagnées de leurs *goliards* et de leurs amants, et ceux-ci faisaient bombance, aux dépens du trafic obscène qui s'exerçait sous leurs yeux, dans les cours-de-ribaudie où ils s'arrêtaient avec leurs infâmes compagnes; mais on peut dire que ces impuretés ne transpiraient pas hors des lieux qui en étaient le théâtre ordinaire et ce qui se passait dans le mystère du *bordeou* provençal ou du *clapier* normand ne laissait aucune trace de désordre dans les mœurs de la famille et de la cité.

Ces mœurs n'en étaient pas souvent plus austères; mais, si relâchées qu'elles fussent, elles n'avaient pas de rapport intime ni de contact apparent avec les choses de la Prostitution légale, car les femmes communes qui étaient au service de cette Prostitution, ne communiquant qu'avec certains hommes malfamés qui participaient à la honte d'une pareille vie : ribaudes et ribauds, formaient une sorte de corporation impudique retranchée du sein de la société. Celle-ci, toutefois, en se tenant à l'écart de la ribauderie, n'en menait pas une conduite plus exemplaire et ne se faisait pas faute de donner satisfaction au vice de l'incontinence; la fornication et l'adultère entraient, d'ailleurs, dans toutes les maisons et y étaient les bienvenus : le seigneur dans son château avait un sérail de servantes et de pages; le moine dans son couvent cachait les plus criminelles *accointances ;* le marchand dans sa boutique convoitait la femme de son voisin; le pauvre ouvrier ou *mécanique* ne se refusait pas des plaisirs qui ne lui coûtaient rien ; mais, nulle part, au milieu de ce débordement d'immoralité, la Prostitution proprement dite n'exerçait une influence pernicieuse, et ne venait en aide à la corruption générale ; elle aurait plutôt attiré à elle les éléments impurs de la vie sociale, si elle n'eût pas été frappée d'un sceau de réprobation, si ses misérables sujettes eussent conservé quelque prestige aux yeux du monde, si l'opinion n'eût pas flétri du même déshonneur les hommes qui osaient pénétrer dans la retraite des *folles femmes*. La Prostitution ainsi constituée manquait donc en partie son but fondamental, puisqu'elle ne servait pas à épurer les mœurs et qu'elle laissait subsister hors de son domaine de tolérance une autre Prostitution libre, plus active, plus audacieuse, plus épidémique en un mot. On peut dire, nous le répétons, que pendant plusieurs siècles en France ces deux espèces de Prostitution n'eurent entre elles aucun lien, aucune relation, même indirecte, aucune similitude dans les actes et dans les personnes. L'autorité civile ne s'inquiétait, ne s'occupait que d'une seule de ces Prostitutions; quant à l'autre, qui n'avait ni livrée, ni *enseigne*, ni maisons spéciales, ni règlements de police, elle se promenait à visage découvert dans tous les rangs sociaux, et elle répandait son venin à travers les généreuses et brillantes institutions de la chevalerie. Ce fut surtout pour réformer les mœurs, pour leur imposer un frein salutaire, pour les retremper à la source de l'honneur et de la vertu, qu'un sage législateur, un philosophe inconnu, un grand politique créa la chevalerie, qui vint à propos, au milieu d'une société dépravée et gangrenée, pour réhabiliter l'esprit en face de la matière et pour porter un défi, en quelque sorte, à toutes les Prostitutions de l'âme et du corps. La chevalerie n'était qu'une forme attrayante, donnée à la philosophie, à la morale et à la religion; elle protégea, elle sauva l'honnêteté publique, malgré les inévitables excès des croisades et les influences démoralisatrices de la poésie des jongleurs.

Nous ne croyons pas que la chevalerie ait été encore appréciée à ce point de vue, comme l'ennemie implacable de toute espèce de Prostitution, comme la sauvegarde des mœurs : elle opposa les nobles et pures inspirations de l'amour métaphysique aux grossières et avilissantes tyrannies de l'amour matériel; elle créa les Cours d'amour, ces gracieux tribunaux de galanterie et de *gentillesse*, pour abolir les cours de ribaudie; elle dompta et pacifia les passions avec les sens; elle fonda la vertu sur le respect de soi et des autres; elle fit, pour ainsi dire, un piédestal de tendre admiration et un trône d'honneur, pour y placer la femme. C'est là évidemment le principe de la chevalerie : elle affranchit un sexe que la Prostitution avait soumis à la plus dégradante servitude. Ici, la femme était esclave et humiliée de son rôle indigne; là, elle est reine, et sa souveraineté repose encore sur l'amour; mais ce n'est plus l'amour charnel, dont les coupables jouissances étouffent l'instinct du bien et prédisposent le cœur à tous les vices; c'est l'amour parfait, c'est l'amour héroïque, qui prend sa source dans les plus beaux sentiments et qui s'exalte par l'imagination en se dégageant des entraves de la nature physique. Les premières leçons que recevait un page, varlet ou damoiseau, qui se destinait au métier de la chevalerie, regardaient uniquement l'amour de Dieu et des dames, c'est-à-dire, suivant Lacurne de Sainte-Palaye, la religion et la galanterie. C'étaient les dames elles-mêmes qui se chargeaient ordinairement d'apprendre aux jeunes gens le catéchisme et l'art d'aimer. « Il semble, dit le savant auteur des *Mémoires sur l'ancienne chevalerie*, il semble qu'on ne pouvoit, dans ces siècles ignorants et grossiers, présenter aux hommes la religion sous une forme assez matérielle pour la mettre à leur portée, ni leur donner en même temps une idée de l'amour assez pure, assez métaphysique, pour prévenir les désordres et les excès dont étoit capable une nation qui conservoit partout le caractère impétueux qu'elle montroit à la guerre. » Lacurne de Sainte-Palaye n'a fait qu'entrevoir les causes philosophiques de l'institution de la chevalerie, qui fut, dans l'origine, une barrière morale et religieuse contre l'athéisme et la Prostitution.

Pour se rendre bien compte de l'esprit de la chevalerie, il faut lire, dans la charmante *Histoire et plaisante chronique du petit Jehan de Saintré*, les admonitions que lui adresse la *Dame des belles cousines*, lorsqu'il fut attaché au service de cette princesse en qualité *d'enfant d'honneur* et de page. La dame, qui parle latin comme un Père de l'Église, lui fait une édifiante instruction sur les sept péchés mortels. Voici en quels termes elle lui conseille d'éviter le péché de luxure : « Vraiement, mon amy, lui dit-elle, ce péchié est, au cueur du vray amant, bien estaint; car tant sont grandes les doubtes (craintes) que sa dame n'en preigne desplaisir, qu'un seul deshonneste penser n'en est luy; dont, par ainsi, il ensuit le dict de saint Augustin qui dict ainsi :

Luxuriam fugias, ne vili nomine fias;
Carni non credas, ne Christum nomine ledas.

C'est à dire, mon amy : Fuy luxure, à ce que tu ne sois brouillé en deshonneste renommée; aussi, ne croys point ta chair, affin que par péchié tu ne blesses Jesus Christ. Et, à ce propos, encores se accorde saint Pierre l'apostre, en sa première épistre où il dict : *Obsecro vos, tamquam advenas et peregrinos, abstinere vos à carnalibus desideriis qui militant adversus animam*. C'est à dire, mon amy : Je vous prie, comme estrangers et pellerins, que vous vous absteniez des delits carnels, car ils bataillent jour et nuyt à l'encontre de l'âme. Et, à ce propos, dict encore le philosophe :

Sex perdunt vere homines in muliere :
Ingenium, mores, animam, vim, lumina, vocem.

C'est à dire, mon amy, que homme qui hante les folles femmes pert six choses, dont la première est que pert l'âme, la seconde l'engin, la troisième les bonnes mœurs, la quatriesme la force, la cinquiesme sa clarté, et la sixiesme sa voix. Et, pour ce, mon amy, fuy ce péchié et toutes ses circonstances. » La dame des Belles Cousines termine son sermon sur la luxure, par cette citation empruntée à Boëce : « *Luxuria est ardor in accessu, fœdor in recessu, brevis delectatio corporis et animæ destinctio.* C'est à dire, mon amy, que luxure est ardeur à l'assembler, puantise au despartir, briefve delectation du corps, et de l'âme destruction. » Il est certain qu'Antoine de la Salle, en écrivant l'Histoire du petit Jehan de Saintré, pour l'amusement de la cour de Charles VII, a puisé les matériaux de cette histoire dans une chronique de la cour du roi Jean et a tiré d'un livre de chevalerie beaucoup plus ancien les enseignements moraux de la dame des Belles Cousines.

Les cérémonies de la création d'un chevalier prouvent encore mieux, que la chevalerie était instituée pour corriger les mœurs et abolir la Prostitution. Le novice se préparait à entrer dans l'ordre de la chevalerie, par des pratiques d'austérité et de dévotion, qui auraient pu introduire un moine dans un ordre monastique. C'étaient des jeûnes rigoureux, des nuits passées en prières dans une église, des sermons dogmatiques sur les principaux articles de la foi et de la morale chrétiennes, des bains et des ablutions, qui figuraient la pureté nécessaire dans l'état de la chevalerie, des habits blancs, qui étaient le symbole de cette pureté chevaleresque ; c'était enfin une promesse solennelle, au pied des autels, de mener une bonne vie devant Dieu et devant les hommes. « Celuy qui veut entrer en un ordre, soit en religion, ou en mariage, ou en chevalerie, ou en quelque estat que ce soit, dit un des personnages du roman de *Perceforest*, il doit premièrement son cœur et sa conscience nettoyer et purger de tous vices et remplir et aorner de toutes vertus. » Les nombreux écrits, en vers et en prose, qui traitent des mœurs de la chevalerie, répètent à l'envi que le vrai chevalier doit être le *destructeur de la corruption.* La chevalerie était donc une sorte de *clergie*, qui prêchait d'exemple pour rendre le peuple meilleur et vertueux, pour maintenir le bon ordre dans la société et pour en expulser tous les vices : « Nul ne doit estre reçu à la dignité de chevalier, dit le respectable chevalier de la Tour, dans son *Guidon des guerres*, si on ne scet qu'il ayme le bien du royaume et du commun, et qu'il soit bon et expert en l'ouvrage batailleux, et qu'il veuille, suivant les commandements du prince, apaiser les discords du peuple, et soy combattre pour oster, à son povoir, tout ce qu'il scet empescher le bien commun. » La Prostitution ne trouva jamais grâce devant la chevalerie, qui ne parvint pas néanmoins à la détruire.

Cependant la chevalerie n'employait pas de moyen plus efficace que l'amour des dames, pour exciter au bien commun la jeune noblesse, qui, dès l'âge le plus tendre, avait été dressée à cette école de galanterie : « Les préceptes d'amour, dit Lacurne de Sainte-Palaye, répandoient dans le commerce des dames ces considérations et ces égards respectueux, qui, n'ayant jamais été effacés de l'esprit des François, ont toujours fait un des caractères distinctifs de notre nation. Les instructions que ces jeunes gens recevoient, par rapport à la décence, aux mœurs, à la vertu, étoient continuellement soutenues par les exemples des dames et des chevaliers qu'ils servoient. » Le premier acte de chevalerie était le choix d'une dame ou damoiselle à aimer et à servir; le page, varlet ou damoiseau, commençait ainsi son *devoir* de courtoisie, et c'était à cette dame de ses pensées qu'il rapportait dès lors toutes ses *emprises* et tous ses faits d'armes. C'était pour se faire distinguer par elle et pour se faire aimer aussi, qu'il se montrait preux et vaillant, honnête et courtois, loyal et vertueux. Le nom et les couleurs de cette dame lui tenaient lieu de talisman dans les circonstances les plus difficiles de sa vie; il l'invoquait comme une sainte patronne au milieu des combats, et, s'il était frappé à mort, il exhalait son dernier soupir en pensant à elle et en l'*honorant*. Rien ne ressemblait moins à l'amour matériel, que cette profonde et délicate dévotion amoureuse à l'égard d'une seule dame, qui souvent ne récompensait pas même d'un chaste baiser un sentiment si exalté; mais ce sentiment, pur et ardent à la fois, trouvait en soi une force invincible qui s'augmentait sans cesse par l'idée fixe et par l'extase : il s'attachait, en quelque sorte, comme une ombre, à la femme qui l'avait inspiré et qui n'y répondait pas toujours, et il persistait à travers les temps et les distances, sans s'affaiblir et sans s'arrêter, à moins que son objet n'eût cessé d'être digne de lui. « Plus vous me témoignerez d'amour et plus vous me verrez fidèle! » disait à sa dame Albert de Gapensac, qui fut à la fois troubadour et chevalier. Dans le langage de la chevalerie, on se souhaitait mutuellement, entre écuyers et chevaliers, les bonnes grâces et les faveurs de sa dame : ces bonnes grâces, d'ordinaire, se bornaient à un sourire, à un doux regard, à un simple baiser; ces faveurs, au don d'une coiffe, d'une manche, d'un ruban, à l'envoi d'une *camise* (chemise). Olivier de la Marche termine, par un souhait de cette espèce, une lettre qu'il écrit au maître d'hôtel du duc de Bretagne : « Je prie Dieu qu'il vous doint (donne) joye de vostre dame et ce que vous desirez » (liv. II de ses *Mémoires*). C'est dans le même sens, que la reine dit à Jehan de Saintré : « Dieu vous doint joye de la chose que plus desirez! » Ce que Jehan de Saintré désirait le plus, c'était de rester seul avec sa maîtresse : « Là furent les baisiers donnés et baisiers rendus, tant qu'ilz ne s'en pouvoient saouller, et demandes et responses telles qu'amours vouloient et commandoient. Et en celle tres plaisante joye furent jusques à ce que force leur fut de partir. » Malgré ces baisers donnés et rendus, malgré ces longs entretiens d'amour, jamais Jehan de Saintré et sa dame ne dépassèrent les limites de la vraie courtoisie et ne se fourvoyèrent dans le *bour-*

bier de l'incontinence. On eût dit que les amants prenaient plaisir à surexciter leurs désirs, afin de prouver jusqu'à quel point ils pouvaient les combattre ensuite et les vaincre; en cherchant le péril et en s'y exposant avec une sorte d'orgueil, on peut croire qu'ils y succombaient quelquefois. Cet amour presque mystique, qui se permettait tout, excepté la dernière expression de ses vœux les plus brûlants, ne craignait pas de satisfaire dans une certaine mesure ses appétits sensuels; on croirait voir souvent ces assauts, que le démon de la chair livrait aux saints et aux saintes, dans la légende, et qui ne servaient qu'à leur procurer une victoire nouvelle, après de nouveaux efforts que soutenait la pensée du Rédempteur ou de sa divine Mère. Les chevaliers et leurs dames ne fuyaient pas la tentation, parce qu'ils se plaisaient à en triompher, et tout en imposant à leurs sens une barrière infranchissable au delà de l'amour décent et vertueux, ils ne se refusaient pas quelques compensations de libertinage métaphysique. Ainsi, le fameux châtelain de Coucy, étant à la croisade, envoya une chemise, qu'il avait portée, à la dame de Fayel, qui aimait de pur amour ce beau chevalier, quoiqu'elle fût en puissance de mari et qu'elle n'eût garde d'être adultère de fait, sinon d'intention. Cette chemise, la dame s'en revêtait pendant la nuit, lorsque l'amour l'empêchait de dormir, et elle s'imaginait, en touchant le linge, sentir sur sa chair nue les baisers de son amant. Ce sont les paroles mêmes de la dame de Fayel dans les chansons du châtelain de Coucy :

Sa chemis qu'ot vestue
M'envoia pour embracier.
La nuit, quant s'amour m'argue,
La met delez moi couchier,
Toute la nuit à ma char, nue,
Por mes mals assolacier.

Tout n'était qu'amour dans la chevalerie, mais amour loyal et discret, dont maître André, chapelain de Louis VII a rédigé le code, sous le titre de *Principalia amoris præcepta*. Il n'est pas une seule des lois de ce code, qui n'ait été écrite sous l'inspiration des plus nobles sentiments, et de la morale la plus respectable; on en peut juger par les maximes suivantes : « Ne recherche pas l'amour de celle que tu ne peux épouser. — Ne cherche pas à arracher les faveurs qu'on te refuse (*in amoris exercendo solatio, voluntatem non excedas amantis*). — Même dans les plus vifs emportements de l'amour, ne t'écarte jamais de la pudeur (*in amoris præstando solatio et recipiendo, omnis debet verecundiæ rubor adesse*). » Il y a loin de là sans doute à l'Art d'aimer d'Ovide. Maître André, tout chapelain qu'il fût, n'était pas novice en amour, mais la définition qu'il donne de l'amour, tel qu'on doit le pratiquer honnêtement, ne semble pas condamner les mœurs du digne clerc : « Le pur amour, dit-il, est celui qui unit absolument les cœurs de deux amants par les liens d'une tendresse intime. Mais cet amour consiste dans la contemplation spirituelle et dans une ardente passion. Il peut aller jusqu'au baiser, jusqu'à l'embrassement et même jusqu'au contact de la chair nue, en s'interdisant toutefois le *dernier soulas de Vénus* (*procedit autem usque ad oris osculum, lacertique amplexum et ad incurrendum amantis nadum tactum, extremo Veneris solatio prætermisso*). Cette législation d'amour n'était pas une lettre morte. La chevalerie avait établi, dans chaque province, et notamment dans celles du Midi, des *Cours d'amour* et des *Parlements de gentillesse*, aréopages féminins, devant lesquels se débattaient toutes les causes d'amour. Ces assises de dames se tenaient, le soir, sous l'ombrage d'un ormeau séculaire; le tribunal était présidé par un chevalier de distinction, qu'on appelait le *prince d'amour* et quelquefois *prince de la jeunesse*, élu par les dames qui composaient la Cour et qui avaient pour assesseurs plusieurs hauts personnages de la noblesse et du clergé. La forme des jugements et des arrêts était la même que dans les tribunaux de justice royale et seigneuriale; mais les sentences avaient toujours un caractère métaphysique et ne soumettaient les amants à aucune punition corporelle ou pécuniaire. C'était l'opinion, en quelque sorte, qui se chargeait du châtiment des coupables. Ces Cours d'amour, où siégeaient les plus nobles dames et les plus honorées par leur *prud'homie*, remplissaient une mission plus délicate encore, lorsqu'elles répondaient doctoralement aux questions d'amour qu'on venait leur soumettre. « Enfin, dit Papon, dans son *Histoire de Provence*, la galanterie étoit tellement l'esprit dominant de ce siècle d'ignorance, qu'elle se mêloit à tout : elle faisoit le sujet ordinaire des entretiens. Les dames, les chevaliers et les troubadours s'exerçoient à disputer sérieusement sur cette importante matière; il n'y avoit aucun sentiment du cœur, quelque finesse qu'on lui suppose, qui pût échapper à leur sagacité; tous les cas imaginables étoient prévus et décidés. » Ce fut surtout l'affaire des Cours d'amour, de se prononcer dans ces questions ardues et minutieuses, que les avocats des deux parties discutaient avec d'incroyables recherches d'éloquence et de science amoureuse.

On comprend quelle influence devait avoir une pareille jurisprudence, contre la Prostitution ; aussi, dans les arrêts d'amour qui sont parvenus jusqu'à nous, ne remarque-t-on pas des circonstances graves qui accusent la conduite licencieuse de l'une ou l'autre des parties mises en cause. Jamais un acte de débauche ne vient souiller les oreilles et l'esprit des juges; jamais l'amour, qui est l'âme de tous les procès, ne se jette dans une voie obscène. Ce sont des peccadilles d'amants, ce sont des bagatelles de galanterie raffinée; ou bien la cause est sérieuse, et la Cour d'amour devient un tribunal d'honneur. Un secrétaire, envoyé auprès d'une dame, oublie ses devoirs d'intermédiaire de confiance et supplante son maître, en priant d'amour pour son propre compte la dame auprès de laquelle il devait servir et défendre les intérêts d'autrui. La comtesse de Flandres, assistée de soixante dames, condamne le coupable et sa complice, en les déclarant exclus de la compagnie des dames et des cours plénières de chevaliers. Maître André cite cet autre exemple de jurisprudence amoureuse : un amant avait quitté sa maîtresse pour en prendre une nouvelle ; il se lassa bientôt de celle-ci et voulut retourner à la première, qui l'accueillit avec mépris et dénonça son procédé à la vicomtesse de Narbonne. La Cour d'amour, présidée par la vicomtesse, décida que l'amant volage et trompeur perdrait en même temps l'affection de ses deux maîtresses et ne serait plus digne à l'avenir de posséder le cœur d'une femme honnête (*nullius probæ feminæ debet ulterius amore gaudere*). Condamner avec tant de rigueur l'inconstance frauduleuse d'un amant, c'était ne promettre aucune indulgence à la Prostitution. L'infidélité chez une femme était condamnée plus sévèrement encore, car une dame, dont l'amant guerroyait en Palestine depuis deux ans, fut traduite au tribunal de la comtesse de Champagne et accusée d'avoir voulu *faire nouvel ami*. Cette dame allégua pour sa défense, qu'elle s'était conformée aux lois d'amour qui ordonnent de pleurer deux ans un amant défunt, et que l'absent, qui ne donne pas de ses nouvelles, peut être assimilé à un mort « sans lui faire injure ; » mais la comtesse de Champagne décida en principe qu'une amante ne doit jamais abandonner son amant pour cause d'absence prolongée. Les Cours des dames étaient inexorables pour tout ce qui ressemblait à une Prostitution du cœur ou du corps. Un chevalier avait comblé de dons une dame qu'il aimait et qui ne lui accordait aucune faveur en échange : il alla se plaindre à la reine Éléonore de Guyenne, femme de Louis VII. Cette belle reine, qui se connaissait en galanterie, rendit cet arrêt mémorable : « Il faut qu'une femme refuse les présents qu'on lui offre dans une intention amoureuse, ou bien elle doit consentir à les payer par l'abandon de sa personne; mais, en ce cas, elle se place dans la catégorie des courtisanes. » (Voy. l'*Histoire des mœurs et de la vie privée des Français*, par E. de la Bédollière, t. III, p. 324 et suiv.) Robert de Blois, dans son poëme du *Chastoiement des dames*, a reproduit cette maxime fondamentale du droit d'aimer, sur la question des joyaux qu'une femme reçoit d'un homme qui la courtise :

Et bien sachiez, s'ele les prent,
Cil qui li done chier li vent;
Quar tost lui coustent son honor
Li joiel doné par amour.

Les *Arrêts d'amour* que Martial d'Auvergne a recueillis et rédigés vers la fin du quinzième siècle, et qu'un autre jurisconsulte aussi gravement facétieux a commentés dans le style du Palais, ne sont pas d'une morale aussi sévère, et quelques-uns paraissent dictés par une galanterie assez relâchée. Nous croyons donc qu'ils n'émanent pas des anciennes Cours d'amour de la Provence, et qu'ils ont été rendus, du temps même de Martial d'Auvergne, dans quelque assemblée de dames et de gentilshommes tenant parlement à l'instar des *grands jours* de Pierrefeu, de Signes et de Romanin. Ce n'est plus la doctrine naïve et austère de la chevalerie primitive, qui ne plaisantait pas avec l'amour ; c'est une galanterie encore raffinée, mais malicieuse et libertine : on sent que l'amour se matérialise, et on le voit d'ailleurs passer sans trop de scrupule au *dernier soulas*. Le tribunal diffère aussi des véritables Cours d'amour, en ce qu'il prononce des amendes, parfois considérables, et des peines corporelles, contre les délinquants, qui ont en perspective le fouet à recevoir de la main des dames et quelque bonne somme à *employer en banquets* et en *herbe verde*. Les causes se plaident devant des juges de différents ressorts, tels que le *maire des bois verts*, le *baillif de joye*, le *viguier d'amours*, etc. Les surnoms allégoriques de ces magistrats laissent soupçonner que cette justice-là n'était qu'un jeu. Parmi les arrêts bizarres que Martial d'Auvergne a réunis avec une gaieté sournoise, nous en choisirons deux qui permettront d'apprécier le mérite des autres. Dans le XIe arrêt, c'est une dame qui se plaint de son ami *devant le maistre des forestz et des eaues sur le faict du gibier d'amours;* elle accuse son ami de l'avoir fait choir dans une rivière tout exprès pour lui *mettre la main sur les tetins;* en conséquence, elle demande que cet audacieux amant soit *très grievement puny de punition publique.* L'amant répondait qu'il était tombé dans l'eau avec elle, mais que, « cheyant, il ne l'avoit ni tastée ni pincée, ne n'eut pas le loisir de ce faire, pour l'eau dont il estoit tout esblouy. » Néanmoins, « le procureur d'amours dessus le faict des eaues et des forestz, disoit que par les ordonnances il est deffendu de ne point chasser à engins, par lesquels on puisse prendre testins en l'eaue, » et concluait à ce que l'amant fût condamné à une grosse amende. Celui-ci répliquait que si sa main, à son insu, avait touché les tetins de sa dame, ce n'aurait été qu'en tombant : « Et estoit force qu'il se soustint à quelque chose. » Le tribunal admit cette excuse, mais il décida que l'amant donnerait à la maîtresse une robe neuve, de couleur verte, en dédommagement de la robe que l'eau avait gâtée. Dans le IVe arrêt, c'est encore une dame qui se *complaint* de son ami, en disant « qu'il lui avoit baisé sa robe si rudement, qu'il l'avoit cuydé affoler (blesser) et qu'en cheyant, sa gorgerette estoit dépecée, et en avoit-on peu voir le bout de sa chemise. » Elle requérait qu'il fût défendu à cet amoureux brutal, « de ne plus se jouer ny toucher plus à elle, sans son congié. » Cettte requête de la dame eut plein succès, et l'amant eut beau en appeler, la sentence fut confirmée, en dernier ressort, par le *maire des bois verts*.

Les jugements des Cours d'amour n'étaient pas les seuls qui atteignissent les mauvaises mœurs des personnes appartenant à la juridiction de la chevalerie : l'opinion avait à se prononcer aussi, et ses arrêts n'épargnaient ni la naissance, ni le rang, ni la richesse, quand ils s'adressaient à des actions honteuses et répréhensibles. La bonne renommée était une condition essentielle pour les hommes ainsi que pour les femmes qui voulaient qu'on leur *fît honneur*, et les plus puissants seigneurs, les plus grandes dames, ne se trouvaient pas au-dessus du blâme des petites gens. « Les dames qui se respectant elles-mêmes vouloient être respectées, dit Lacurne de Sainte-Palaye, étoient bien sûres qu'on ne manqueroit point aux égards qu'on leur devoit, mais si, par une conduite opposée, elles donnoient matière à une censure légitime, elles devoient craindre de trouver des chevaliers tout prêts à l'exercer. » Le chevalier de la Tour racontait à ses filles, en 1371, qu'un modèle de chevalerie, nommé messire Geoffroy, s'était voué à la répression de l'inconduite des dames : « Quant il chevauchoit par les champs et il véoit le chasteau ou manoir de quelque dame, il demandoit toujours à qui il estoit, et quant on lui disoit : *il est à telle*, se la dame estoit blasmée de son honneur, il se fust avant tort d'une demi-lieue, qu'il ne feust venu jusques devant la porte, et là prenoit un petit de croye (craie) qu'il portoit, et notoit cette porte et y fesoit un signet et l'en venoit (l'on vessait). Et, aussi, au contraire, quant il passoit devant l'hostel de dame ou damoiselle de bonne renommée, se il n'avoit trop grant haste, il la venoit veoir et huchoit : « Ma bonne amie, ou ma bonne dame ou » damoiselle, je prie Dieu que en ce bien et en cest » honneur il vous veuille maintenir au nombre des » bonnes, car bien devez estre louée et honorée. » Et, par cette voie, les bonnes se craignoient et se tenoient plus fermes de faire chose dont elles pussent perdre leur honneur et leur estat. » Nous ignorons quel pouvait être ce *signet*, que le chevalier Geoffroy marquait à la craie sur la porte des dames malfamées, et qui invitait les passants à saluer d'un pet la maîtresse du lieu, en signe de mépris, ce que les gens du peuple ne manquaient jamais de faire lorsqu'ils rencontraient une fille publique sur leur passage.

Cependant, si la moralité publique, grâce à la chevalerie, faisait des progrès journaliers dans toutes les classes de la société et descendait par degrés jusqu'aux plus infimes, la Prostitution, tout en se cachant au fond de ses repaires, continuait à déshonorer le langage usuel et à s'ébattre dans les poésies des trouvères. Ces poëtes de la langue d'oil n'étaient pas, comme les troubadours, des chevaliers et des écuyers nourris dans les Cours d'amour et formés de bonne heure aux leçons de la fine galanterie; les trouvères, sortis du peuple pour la plupart, conservaient dans leurs œuvres la tache originelle et appliquaient, à des compositions pleines de verve, de gaieté et de malice, la langue crue et grossière qu'ils avaient apprise dans la maison de leurs parents; ils appelaient chaque chose par son nom et ils employaient de préférence l'expression la plus populaire, qui était toujours la plus pittoresque. Leurs premiers auditeurs avaient été des villageois, des *mechaniques,* des marchands, des *vilains* en un mot, et si ces juges-là se connaissaient en bonne plaisanterie et en franche joyeuseté, ils ne trouvaient rien de trop gros ni de trop obscène dans les détails ou dans les mots. Ce n'est pas tout, les trouvères, qui avaient quitté la charrue ou la navette pour rimer des romans, des chansons, des lais et des fabliaux, embrassaient une vie vagabonde et désordonnée; ils devenaient presque tous ivrognes et débauchés, en vivant avec les jongleurs, *jongleors* et *canteors*, qui passaient à bon droit pour les plus dépravés des hommes. Ces jongleurs, du moins ordinairement, ne composaient pas eux-mêmes les vers qu'ils chantaient ou récitaient; ils ne faisaient que les dire avec plus ou moins de savoir faire et d'intelligence; ils accompagnaient leur débit ou leur chant, de pantomimes, de danses et de tours d'adresse. Il arriva sans doute que le même *acteur* réunissait les métiers distincts du trouvère et du jongleur, mais ce ne fut jamais qu'une exception, d'autant plus rare que les trouvères n'étaient point aussi méprisés que les jongleurs et les ménestrels. Ces derniers, en effet, méritaient bien le mépris qu'on leur accordait partout : ils s'adonnaient à tous les vices, et surtout aux plus infâmes; ils ne reconnaissaient aucune loi sociale; ils erraient de ville en ville, de château en château, traînant avec eux un troupeau de jongleresses et d'enfants; ils tenaient école de Prostitution. Pourtant, ils n'en étaient pas plus riches; on les voyait errer demi-nus, n'ayant pas souvent robe entière, comme les dépeint un poëte du treizième siècle, *sans sorcot et sans cotelle,* les souliers *pertuissés,* et couverts de vermine. Ces malheureux, on le pense bien, avaient été tous élevés dans les Cours des Miracles; leurs mœurs et leur langage en gardaient la souillure, et c'étaient eux, qui, courant le pays, corrompaient à la fois le langage et les mœurs. Ils s'étaient glissés d'abord dans les assemblées honnêtes, dans les festins d'apparat, dans les fêtes chevaleresques, lorsqu'ils récitaient des *chansons de geste,* les épopées féeriques de la Table-Ronde et de Charlemagne; ils excitaient alors l'enthousiasme de leur auditoire, composé de seigneurs et de dames, qui ne se lassaient pas d'entendre parler *d'armes et d'amour*. Il y avait toutefois çà et là, dans ces vieux romans rimés, quelques scènes assez libres et quelques termes licencieux, mais l'intention du poëte était toujours irréprochable, et le jongleur n'ajoutait pas, par son jeu et ses grimaces, à l'indécence du tableau. Alors il était généreusement payé, on lui donnait des robes et des manteaux neufs; on l'hébergeait, lui, ses valets et ses animaux (car il montrait aussi des chiens, des singes et des oiseaux dressés à divers exercices); on le logeait au château, et, quand il partait, l'escarcelle bien garnie, on l'invitait à revenir, en lui offrant le coup de l'étrier.

Ce paradis de la jonglerie se changea en enfer, sous le règne de saint Louis : les trouvères faisaient encore des *chansons de geste* contenant douze à vingt mille vers, mais les jongleurs ne les apprenaient plus par cœur et ne les récitaient plus; un changement notable s'était opéré dans le goût; on n'aimait plus à écouter, à table, les *gestes* merveilleux des preux du roi Arthus et de l'empereur Charlemagne; on préférait les lire dans le silence du *retrait* ou cabinet. Les jongleurs se prêtèrent volontiers à ce caprice de la mode, qui subissait l'influence des croisades; ils allégèrent leur bagage et ne récitèrent plus que des contes gaillards et dévots. Les trouvères, ceux du moins qui puisaient leurs inspirations dans le peuple, répondirent avec empressement au bon accueil qu'on faisait à leurs fabliaux, et ils en inventèrent un grand nombre, plus joyeux les uns que les autres, qui se répandirent, aux sons de la vielle et de la *rote,* dans toutes les compagnies où le rire gaulois avait encore accès. Mais l'abus ne tarda pas à faire condamner et proscrire ce genre de divertissement; les trouvères ne mettaient plus de bornes à la licence de leurs compositions, et les jongleurs en exagéraient encore l'obscénité; on considéra jongleurs et trouvères comme des suppôts du démon et on leur imputa, peut-être avec justice, un nouveau développement de la Prostitution. Le pieux Louis IX avait pourtant protégé la *ménestrandie*, puisque, après son dîner et avant d'ouïr les grâces, il donnait audience aux *menestriers*, qui jouaient de la vielle devant lui; mais ces encouragements ne s'adressaient qu'à la musique et non aux fabliaux, car, suivant un texte ancien adopté dans plusieurs éditions de Joinville, « il chassa de son royaume tous basteleurs et autres joueurs de passe-passe, par lesquels venoient au peuple plusieurs lascivités. » Ces lascivités ne déplaisaient pas à certains nobles, qui, en dépit des chastes enseignements de la chevalerie, se montraient partisans passionnés de la *gaie science* et ne fermaient jamais la porte de leurs manoirs aux jongleurs les plus libertins; mais, en général, les pauvres ménestrels étaient bannis des châteaux, ainsi que les lépreux, et le son de leurs instruments, annonçant leur présence au bord des fossés d'une résidence seigneuriale, n'avait pas d'autre résultat que de faire aboyer les chiens. Selon un apologue facétieux, écrit en latin à cette époque (voy. *les Fabliaux* de Legrand d'Aussy, t. IV, p. 357), Dieu, en créant le monde, y plaça trois espèces d'hommes, les nobles, les clercs et les vilains. Il donna aux premiers les terres, aux seconds les dîmes et les aumônes, et aux derniers le travail avec la misère;

mais, le partage étant fait ainsi, les ménétriers et les ribauds présentèrent simultanément leur requête à Dieu, pour lui demander de fixer leur sort et de leur assigner de quoi vivre : « Le Seigneur, dit l'auteur de l'apologue, chargea les nobles de nourrir les ménétriers, et les prêtres d'entretenir les catins. Ceux-ci ont obéi à Dieu, et rempli avec zèle la loi qui leur est imposée; aussi seront-ils sauvés incontestablement. Quant aux gentilshommes qui n'ont eu nul soin de ceux qu'on leur avait confiés, ils ne doivent attendre aucun salut. » Les jongleurs, n'étant plus reçus dans les châteaux, oublièrent tout à fait les *chansons de geste* et la poésie honnête; ils avaient trouvé un public plus facile à divertir et moins scrupuleux sur la nature de ses plaisirs; ils allaient frapper à la porte des bourgeois et des marchands; ils venaient s'asseoir dans les tavernes et chez le bon *populaire* qui les recevait avec joie et qui ne riait pas du bout des lèvres aux contes licencieux qu'on lui contait après boire.

Ces contes, monuments précieux de l'imagination et de la gaieté de nos ancêtres, forment un recueil considérable, dont une partie seulement a été publiée en original par Barbazan, et traduite par Legrand d'Aussy. C'est dans ce graveleux répertoire que Boccace, Arioste, la Fontaine et mille autres poëtes et romanciers modernes ont puisé des sujets et des idées comiques, qu'ils n'ont fait que remettre en œuvre et rajeunir de forme. « Le recueil des fabliaux, dit

M. Émile de la Bédollière, abonde en saillies piquantes, en inventions drôlatiques, en traits d'une gaieté communicative, mais il est souvent d'une dégoûtante obscénité : les mots les plus sales de la langue française y semblent prodigués à plaisir ; les fonctions les plus vulgaires de la machine humaine y sont le sujet de grossières plaisanteries; les parties les plus secrètes du corps y sont nommées en termes dont rougiraient les prostituées d'aujourd'hui. » Et, à l'appui de cette appréciation générale des fabliaux du treizième et du quatorzième siècle, l'ingénieux auteur de l'*Histoire des mœurs et de la vie privée des Français* cite les titres de quelques-uns, qu'il choisit dans l'édition de Barbazan : *Fabliau de la m....; une femme pour cent hommes; de Charlot le juif qui chia en la pel dou lievre; du Chevalier qui fesoit parler les c... et les c...; de l'anel qui fesoit les v... grands et roides; du vilain à la c..... noire; d'une pucelle qui ne pooit oïr parler de f....., qu'elle ne se pasmast*, etc. Barbazan a laissé, dans les manuscrits où ils reposent encore inédits, plusieurs fabliaux dont les titres promettent des histoires plus ordurières encore, s'il est possible; M. de la Bédollière enregistre quelques-uns de ces titres, d'après le Ms. coté 1830, Bibl. Nationale : *de la male vieille qui conchia la preude feme; du fouteor; du conin;* d'après le Ms. 7,218 : *du c.. et du c..; de honte et de puterie; du v.. et de la c.....; du c.. qui fut fait à la besche*, etc. Pour avoir idée de cette littérature joyeuse, il faut lire les contes les plus libres de la Fontaine, qui se délectait à la lecture des trouvères; mais on ne se rendra compte des monstrueuses libertés du langage de ces poëtes, qui avaient leur Cour des Muses dans un mauvais lieu, qu'en comparant leurs œuvres badines avec celles de Grécourt, de Piron et de Robbé, ces effrontés trouvères du dix-huitième siècle.

« Il est évident, dit encore M. de la Bédollière (t. III, de l'ouvrage cité, p. 341), que nos ancêtres prononçaient, sans sentir leur pudeur effarouchée, des mots que nous avons proscrits; mais ils n'étaient pas étrangers à la délicatesse, et les contes scandaleux inspiraient un juste dégoût aux honnêtes gens. » En effet, dans le *Jeu de Robin et Marion*, petite comédie mêlée de chants, représentée au treizième siècle, et dont l'auteur, Adam de la Hale, était un des trouvères les plus estimés de son temps, un des personnages de la pièce, nommé Gauthier, sous prétexte de réciter une chanson de geste, entonne un refrain ordurier; Robin l'interrompt, en lui disant d'un ton de reproche :

Ah! Gauthier, je n'a voiel plus; fi!
Dites, serez-vous toujours teus (tel)?
Vous estes un ord (sale) menestreus!

Les ménétriers et les jongleurs avaient concouru à propager la langue déshonnête, en débitant et en chantant les poésies des trouvères; et ceux-ci, que leur réputation littéraire recommandait comme des modèles dans l'*art de rithmer et de bien dire*, exerçaient une funeste influence sur la langue écrite comme sur la langue parlée : car quiconque écrivait en prose ou en vers s'autorisait de leur exemple pour se servir des mots les plus indécents, et pour étaler avec complaisance les images les plus impudiques. Les trouvères, dans les compositions du genre le plus relevé, ne se défendaient pas de cette mauvaise habitude de mêler à la langue poétique l'idiome des tavernes et des *bordiaux*. L'auteur du roman célèbre de *Partenopex de Blois* fait une peinture qui serait mieux à sa place dans un fabliau :

Il li a les cuisses ouvertes,
Et quant les soles i a mises,
Les flors del pucelage a prises.

L'auteur du roman de *Garin le Lehorain* n'attribue pas un langage plus décent à ses chevaliers ; l'un d'eux s'écrie dans un accès de convoitise lubrique :

Si la tenoie, par mon chief à naisil,
La demoisel coucheroie avec mi !

Quelquefois le trouvère abordait un sujet de sainteté, et il ne changeait pas pour cela de vocabulaire ; ainsi, dans les *Miracles de Nostre-Dame*, le poëte traducteur, que ce sujet édifiant n'avait pas purifié, se complaît à retracer les épisodes d'une nuit de noces, où, par la grâce de la Vierge immaculée, l'époux ne joua qu'un triste rôle :

La nuit première, en son beau lit,
Faire en cuida tout son delit,

Li espoux, es c... de sa fame;
Mais si la garda Nostre-Dame....
Chascune nuit que il anuite,
Touz fois revient à la meslée,
Mais la porte est si fort peslée
Si fort serrée et si fort close,
Qu'entrer ne puet pour nule chose.....

Les poëtes et les écrivains qui n'avaient pas *bouche en cour*, c'est-à-dire qui ne mangeaient point à la table des rois et des princes, savaient mal faire la distinction du langage honnête et de celui qui ne l'était pas; ils ignoraient la valeur réelle des mots, et ils ne soupçonnaient pas que la langue eût plusieurs espèces de style appropriées chacune au caractère de l'œuvre. Le sentiment de la décence littéraire ne les touchait pas même lorsqu'ils passaient d'un sujet profane à un sujet sacré. Un de ces trouvères sans doute fut chargé assez mal à propos de traduire la Bible en français, pour l'usage d'un prince de France. Il exécuta ce travail avec toute la conscience dont il était capable et il ne se fit aucun scrupule d'introduire dans sa traduction littérale une foule de mots, qui, pour avoir été employés en hébreu par Moïse, n'étaient point admissibles dans les saintes Écritures *faites françoises*; cependant cette étrange traduction fut écrite sur vélin par un scribe, ornée de miniatures et couverte d'une belle reliure. Ce fut en cet état qu'elle arriva dans les mains des rois de France, qui, pendant plusieurs générations, lisaient la Bible dans ce beau manuscrit et ne se scandalisaient pas d'y rencontrer, à chaque page, des énormités semblables à celles-ci, que M. Paulin Paris a extraites dans son excellent *Catalogue des manuscrits français de la Bibliothèque du Roi* : « Et autres foys dist Dieu à Abraam : Chacun masle de vous sera circumsis, et vous circumsizerez la char de votre v..; que ce soit en signe de lien entre moy et vous. Lors mena Abraham Ismael son fils, et touz les frankes mesmes de sa maison, et tous les masles de tous les bouviers de sa maison, et il circumsiza la char de leur v.. (ch. 17, vers. 10 et 23). Notre-Seigneur, a de certes, se remembra de Rachel, et overi son c..; laquelle conceust et enfanta un fils (ch. 30, vers. 22). Si se courroucèrent pour le despucelage de leur sorour... et ils répondirent : Dussent-ils avoir usé nostre sorour pour putage (ch. 34, vers. 13 et 31)! » Cette Bible *françoise* est conservée, sous le n° 6,701, parmi les manuscrits de la Bibliothèque Nationale, et l'on s'étonne, en la lisant, qu'elle n'ait pas été translatée pour l'usage des clapiers de Glatigny, de Tyron et de Brisemiche, plutôt que pour servir aux dévotions des Rois Très-Chrétiens. Au reste les moralistes et les sermonnaires, qui s'adressaient souvent au peuple, et qui lui parlaient son langage, n'étaient pas plus réservés dans le choix de leurs expressions, qu'ils ramassaient dans la fange pour les mêler à des choses saintes ou édifiantes. Saint Bernard croyait encore prêcher en latin quand il disait énergiquement dans un de ses sermons : « Vieille femme menant pute vie de corps est putain! » Un autre sermonnaire du même temps, dans un discours sur l'humilité, prenait pour texte ces paroles du roi-prophète : *Laus mea sordet eo quod sit in ore meo;* et il les interprétait ainsi : « Ma louange n'est que merde et conchiure! » Le langage de la Prostitution avait débordé partout et jusque dans l'Église, qui eut la sagesse d'interdire aux fidèles la lecture des livres saints travestis indécemment en style vulgaire.

CHAPITRE XVIII.

SOMMAIRE : — Les mœurs publiques et privées à partir du onzième siècle. — Jean *Flore*, évêque d'Orléans. — Le *Goliath* de la Prostitution. — Excentricités licencieuses du duc d'Aquitaine. — Les Croisades et les Croisés. — Les trois cents femmes franques. — Les concubines de l'*ost* du roi. — L'*arrière-garde* des armées en campagne. — Les mille prostituées du capitaine Garnier. — Jeanne d'Arc à Sancerre. — Ordonnance de cette héroïne contre les ribaudes de la milice. — Comment la chevalerie entendait l'hospitalité. — Décadence des mœurs chevaleresques. — Abominations du règne de Charles VI. — Anne Piedeleu. — Indulgence d'Ambroise de Loré, prévôt de Paris, pour les prostituées, etc.

La chevalerie avait certainement réprimé les excès de la Prostitution, qu'elle ne put néanmoins faire disparaître. A partir du douzième siècle, une amélioration heureuse se fit sentir dans les mœurs publiques et privées, malgré l'action toujours corruptrice de la poésie populaire, qui devait finir par remplacer la poésie héroïque. Il y a encore sans doute bien des désordres chez les nobles et dans le bas peuple; mais, ordinairement, les premiers ne donnent plus au *commun* l'exemple de la perversité la plus abominable. Ainsi, quoique les habitudes de l'Orient se fussent introduites dans l'armée des croisés, le vice contre nature n'est plus aussi fréquent qu'il l'était à la cour de Normandie en 1120. Selon Guillaume de Nangis, un prélat n'ose plus afficher effrontément ses turpitudes, comme cet évêque d'Orléans, nommé Jean, qui en 1092 se faisait appeler Flore par ses mignons (*concubii*), et qui entendait, sur les places et dans les carrefours, d'infâmes adolescents, voués à la débauche masculine, chanter le soir les hideuses chansons composées en son honneur (*quidam enim sui concubii*, dit le vénérable Ives de Chartres dans une lettre adressée au pape Urbain II, *appellant eum Floram, multas rhythmicas cantilenas de eo composuerunt, quæ a fœdis adolescentibus, sicut nostis miseriam terræ illius, per urbes Franciæ, in plateis et compitis, cantitantur*). Ces écrivains satiriques ne font pas grâce sans doute aux vices de leur époque; ils accusent l'avarice, l'orgueil, la cruauté, la gourmandise des seigneurs, mais ils ne leur reprochent pas, à l'instar des historiens du onzième siècle, de vivre dans le gouffre de l'impudicité (*impudicitatis barathrum*). Orderic Vital s'écriait, en gémissant, « que la licence ne connaissait plus de bornes, et qu'on s'était écarté des traces des héros pour se livrer à la Prostitution la plus effrénée; » il ne se lassait pas de maudire l'iniquité de son temps (*sevitia iniqui temporis*, dit-il dans le livre III de sa Chronique); et pourtant, au milieu de la licence effroyable du onzième siècle, l'Église travaillait activement à la réforme des ordres monastiques, et la chevalerie, dont l'institution est attribuée à un vieil ermite descendu d'un trône (cette tradition n'était probablement qu'un symbole), commençait à régénérer la noblesse en corrigeant ses mauvaises mœurs.

C'est à l'influence salutaire de la chevalerie, qu'il faut rapporter la conversion du plus grand pécheur que le onzième siècle ait produit. Entre tant de *fils du diable*, comme on les nommait, Guillaume, neuvième du nom, duc d'Aquitaine et comte de Poitiers, fut le Goliath de la Prostitution, pour nous servir d'une figure biblique qui caractérise les énormes débauches de ce prince, que M. Émile de la Bédollière qualifie de *Joconde du onzième siècle*. Suivant le jugement d'un troubadour contemporain (*Choix de poésies orig. des Troubadours*, t. V, p. 115), il fut le plus grand trompeur de femmes et le plus fieffé libertin, dont la réputation ait parcouru le monde (*si fo uns dels maiors trichadors de dampnas et anet lonc temps per lo mon per enganar las donnas*). Tout lui était bon, pourvu que ce fût une conquête à faire; il ne dédaignait pas de tendre ses lacs à ses plus humbles vassales, et il avait un goût particulier pour les religieuses, qu'il allait séduire dans leurs couvents. Nous avons déjà mentionné son projet de mauvais lieu, constitué sur le modèle des abbayes, et destiné à renfermer une congrégation de filles publiques sous la direction des plus grandes dévergondées du Poitou. On ne sait ce qui l'empêcha de mettre ce plan à exécution, lorsqu'il eut fait élever l'édifice abbatial. Il s'était épris de la belle comtesse de Châtellerault, nommée Malborgiane, et il vivait en concubinage avec elle, après avoir congédié sa femme légitime. Il avait fait peindre sur son bouclier le portrait de sa maîtresse, en disant qu'il voulait la porter dans les combats, comme elle le portait lui-même dans le lit (*dictitans se illam velle ferre in prœlio, sicut illa portabat eum in triclinio*). Guillaume de Malmesbury, qui raconte dans sa Chronique les excentricités licencieuses du duc d'Aquitaine, nous laisse entendre que ce terrible fornicateur ne se piquait pas d'être fidèle à la vicomtesse, qu'il aimait pourtant avec passion. La nuit du samedi saint, il était dans une église où l'on prêchait sur la résurrection de Jésus : « Quelle fable! quel mensonge! s'écria-t-il en éclatant de rire. — Si telle est votre opinion, lui dit vivement le prédicateur, pourquoi restez-vous ici? — J'y reste, repartit l'impie, pour regarder les jolies femmes qui viennent faire la veillée de Pâques. » Un jour, il tomba malade; et un moine qui le soignait lui conseilla de se préparer à faire une bonne mort : « Tu voudrais, je le vois, lui répondit le moribond, que je donnasse mes biens aux parasites, c'est-à-dire aux prêtres! ils n'en auront pas une obole. Quant à mes débauches, je n'ai pas à m'en repentir : beaucoup de gens, qui te surpassent en savoir, m'ont assuré que toutes les femmes devaient être communes, et et que se livrer à leurs caresses était un péché sans conséquence. » Il ne mourut pas dans l'impénitence finale, car, sous les auspices de la chevalerie, il passa subitement du culte de la matière à la contemplation spirituelle, de l'incrédulité à la foi, et du scandale de sa vie immonde aux pratiques édifiantes de l'ascétisme : il se fit soldat du Christ, et il expia ses péchés par un éclatant repentir. Il était vieux alors, et il n'aurait pu continuer le *train d'amour* qu'il menait dans sa jeunesse, même en ayant recours à ces excitations factices que le charlatanisme médical offrait aux vieillards libertins et dont le docte Arnauld de Villeneuve a recueilli la recette sous ce titre : *Ad virgam erigendam*. Guillaume d'Aquitaine, dans son bon temps, avait poussé fort loin la recherche sensuelle, et la renommée lui faisait honneur de diverses inventions érotiques, qu'on trouve aussi dans les œuvres d'Arnauld de Villeneuve, qui a eu la pudeur de les traduire en latin (*Ut desiderium et dulcedo in coitu augmentetur. — Ut mulier habeat dulcedinem in coitu....*).

Les croisades furent le plus beau moment de la chevalerie, et pourtant on ne peut pas nier que ce prodigieux rassemblement d'hommes de tous âges, de tous rangs et de tous pays n'ait réchauffé dans son sein les germes corrupteurs de la Prostitution. L'abbé Fleury, parlant de ces armées innombrables qui venaient fondre sur l'Orient, dit avec raison qu'elles étaient pires que les armées ordinaires : « Tous les vices y régnoient, et ceux que les pèlerins avoient apportés de leurs pays, et ceux qu'ils avoient pris dans les pays étrangers. » Nous avons rapporté, d'après le témoignage de Joinville, que, dans la première croisade de saint Louis, ses barons *tenoient leurs bordeaux* autour de la tente royale. Ce devait être pis dans les croisades précédentes, dans la première surtout, qui bouleversa l'Europe, avant de mettre sens dessus dessous tout l'Orient. « Les croisés, dit Albert d'Aix, se conduisirent en gens grossiers, insensés et indomptables dès que l'amour charnel éteignit en eux la flamme de l'amour divin; ils avaient dans leurs rangs une foule de femmes portant des habits d'hommes, et ils voyageaient ensemble, sans distinction de sexe, en se confiant au hasard d'une affreuse promiscuité. » L'auteur des *Gesta Urbani II* se borne à constater le fait : *Innumerabiles feminas secum habere non timuerunt, quæ naturalem habitum in virilem nefarie mutaverunt, cum quibus fornicaverunt* (*Histor. des Gaules*, t. XIV, p. 684). Albert d'Aix ajoute quelques détails qui nous permettent d'en deviner de plus scandaleux : « Les pèlerins ne s'abstinrent point des réunions illicites et des plaisirs de la chair ; ils s'adonnèrent sans relâche à tous les excès de la table, se divertissant avec les femmes mariées ou les jeunes filles, qui n'avaient quitté leurs foyers que pour se livrer aux mêmes folies et se jeter imprudemment dans toute espèce de vanités. » Pour s'expliquer de quelle sorte de vanités le chroniqueur voulait parler, il faut voir ce ramas de vagabonds, de fanatiques violer les filles et déshonorer l'hospitalité qu'ils reçurent en Hongrie (*puellis eripiebatur, violentiâ ablata, virginitas ; dehonestabantur conjugia*). Ce ne fut pas sans cause que la main de Dieu s'étendit sur ces misérables qui « avaient péché sous ses yeux, en se vautrant dans toutes les souillures de la chair. » Il n'y eut pas le tiers de ces hordes indisciplinées et souillées de crimes qui arrivât en Palestine.

Les Cours des Miracles et les lieux de Prostitution avaient fourni leur impur contingent à l'armée des croisés, dans laquelle les ribauds, les pékins (*piquichini*), les truands (*trudennes*) et les *thafurs* (vagabonds) formaient des bandes redoutables, grossies de filles perdues qui avaient pris la croix avec leurs amants. Au reste, toutes les armées du moyen âge étaient invariablement suivies d'une tourbe de gens sans aveu, de *goujats* et de ribaudes, qui accompagnaient les bagages et qui les pillaient en cas de déroute. Le soldat ou *soudoyer* ne pouvait se passer de ce cortége embarrassant et inquiétant à la fois : les femmes servaient à ses passe-temps, les hommes se rendaient utiles dans l'occasion en portant des fardeaux et en ravageant le pays sur le passage des troupes. Les croisés ne renoncèrent pas aux mœurs militaires, en se vouant à la délivrance du saint sépulcre; et quand les femmes leur manquèrent en Palestine, où la religion mahométane s'opposait à tout commerce illicite avec les chrétiens, on fit venir d'Europe un renfort de chrétiennes qui concoururent, à leur manière, u triomphe de la croisade. Un historien arabe, Ém-ad-Eddin, rapporte que pendant le siége de Saint-Jean-d'Acre, en 1189, « trois cents jolies femmes franques, ramassées dans les Iles, arrivèrent sur un vaisseau pour le soulagement des soldats francs, auxquels elles se dévouèrent entièrement; car les soldats francs ne vont point au combat, s'ils sont privés de femmes. » Le même historien, cité par Hammer dans son *Histoire de l'empire ottoman*, ajoute que l'exemple des Francs fut contagieux pour leurs ennemis, qui voulurent aussi avoir des femmes de joie dans leur armée, où pareil dérèglement n'avait jamais été toléré auparavant. Cette multitude de femmes se trouva constamment à la suite des armées françaises jusqu'à la fin du seizième siècle. Geoffroy, moine du Vigeois, estime à quinze cents le nombre des concubines qui suivaient l'*ost* du roi en 1180, et les parures de ces courtisanes royales (*meretrices regiæ*) avaient coûté des sommes immenses (*quarum ornamenta inestimabili thesauro comparata sunt*). Ce chroniqueur ne veut parler sans doute que des femmes qui relevaient directement du roi des ribauds, et qui n'exerçaient leur vil métier qu'en payant une redevance à cet officier de l'hôtel du roi. Quant aux ribaudes libres et non autorisées, leur nombre devait être vingt fois plus considérable, surtout dans les armées irrégulières comme celles des croisades, comme ces *Grandes Compagnies* qui se mettaient à la solde de quiconque pouvait les payer et leur promettre du butin. Le moine du Vigeois énumère les différentes espèces de soudoyers qui à la fin du douzième siècle ravageaient, à l'instar d'une nuée de sauterelles, le pays qu'ils traversaient : *Primo Basculi, postmodum Theuthonici, Flandrenses; et, ut rustice loquar, Brabansons, Hannuyers, Asperes, Pailler, Nadar, Turlau, Vales, Roma, Cotarel, Catalan, Arragones, quorum dentes et arma omnem Aquitaniam corroserunt.* Chacune de ces bandes devorantes traînait après elle une masse de prostituées, qui se grossissait sans cesse et qui prenait part au pillage des villes mises à feu et à sang.

On rencontre partout dans l'histoire militaire de la France et des autres nations de l'Europe cette affluence de femmes débauchées dans les armées en campagne; l'arrière-garde se composait toujours de ces sortes de femmes et de leurs compagnons, ribauds et goujats, pour qui, suivant une expression consacrée, rien n'était trop chaud ni trop pesant lorsqu'il s'agissait de piller. Cette arrière-garde, incommode et malfaisante, était souvent presque aussi nombreuse que le reste de l'armée. On lit, dans la Chronique de Modène, écrite par Jean de Bazano (voy. le grand recueil de Muratori, t. XV, col. 600), qu'un capitaine allemand nommé Garnier, qui envahit, à la tête de trois mille cinq cents lances, le territoire de Modène, de Reggio et de Mantoue, au commencement de l'année 1342, était accompagné de mille prostituées, mauvais garçons et ribauds (*mille meretrices, ragazii et rubaldi*). Les chefs de guerre et les capitaines, si preux chevaliers qu'ils fussent, ne pouvaient rien contre cette Prostitution des camps; ils auraient vu leurs troupes se révolter et refuser de servir sous une bannière qui n'eût pas protégé aussi les folles femmes destinées au *soulas* du soldat. Jeanne d'Arc seule, qui avait en horreur les femmes de mauvaise vie, quoique les Anglais la nommassent la *putain des Armignats* (voy. *Hist. de France* de Michelet, t. V, p. 75), puisa dans sa mission divine assez d'autorité pour expulser de l'armée du roi toutes ces méprisables créatures. Elle ordonna d'abord que les soldats se confessassent, « et leur fit oster leurs fillettes, » dit l'auteur anonyme des Mémoires, qui concernent cette chaste héroïne. « Il est à sçavoir, raconte Jean Chartier dans son Histoire de Charles VII, que, après la journée de Patay, ladite Jehanne la Pucelle fit faire un cry, que nul homme de sa compagnie ne tînt aucune femme diffamée ou concubine. » Néanmoins l'usage fut plus fort que sa volonté, et quelques-unes de ces femmes, qui se sentaient appuyées par leurs amants, essayèrent de braver les ordres de la Pucelle. Celle-ci, dans une revue que Charles VII passait à Saucerre avant son départ pour Reims, aperçut « plusieurs femmes desbauchées qui empeschoient aucuns gens d'armes de faire diligence au service du roy, » elle tira son épée de Fierbois et courut sur ces misérables, qu'elle frappa de si bon cœur, que l'épée se brisa en éclats sur leurs épaules. Charles VII fut très-chagrin de cet accident, et il dit à Jeanne qu'elle aurait mieux fait de prendre un bâton pour frapper dessus, plutôt que de perdre ainsi une épée qui lui était venue par miracle. La Pucelle comprenait que la présence d'une femme nuisait à la discipline dans l'armée, et elle s'était vêtue en homme pour ne pas exciter la concupiscence charnelle de ses compagnons d'armes. « Me semble, disait-elle, qu'en cet estat je conserverai mieux ma virginité de pensée et de fait. » Sa virginité, en effet, ne reçut pas d'atteinte, quoique plusieurs grands seigneurs fussent « deliberez de sçavoir se ilz pourroient avoir sa compagnie charnelle; » mais, quand ils se présentaient à elle, *gentiment habillée*, « toute mauvaise volonté leur cessoit. »

L'ordonnance de Jeanne d'Arc contre les ribaudes

de la milice ne pouvait pas lui survivre; et ce ne fut qu'une exception dans la vie des gens de guerre, qui ne se séparèrent plus de leurs concubines. Il est possible que cette quantité de femmes dissolues attachées au service permanent d'une armée eut quelquefois une influence favorable sur les conséquences ordinaires d'une prise de ville, car le soldat, ayant sa maîtresse parmi les filles publiques de l'armée, se montrait moins ardent à outrager et à violer ses prisonnières. Quoi qu'il en soit, le nombre des femmes amoureuses, enrôlées, pour ainsi dire, sous le drapeau d'un capitaine, diminuait ou augmentait en raison des succès ou des revers de l'expédition. Dans un temps où le pillage était une condition inévitable de la guerre, ces prostituées attiraient à elles la meilleure part du butin. Plus une armée était bien équipée, bien approvisionnée, bien payée, plus la Prostitution y affluait de toutes parts. Aussi la belle armée que Charles-le-Téméraire, duc de Bourgogne, conduisit en personne dans le pays des Suisses, en 1476, était-elle amplement fournie de renfort féminin, et, après la défaite de Granson, les vainqueurs trouvèrent dans le camp du duc, raconte Philippe de Comines, « grandes bandes de valets, marchands et filles de joyeux amour; » mais les Suisses furent peu sensibles à ce genre de capture: car, ajoute Comines, « les messieurs des Ligues ramassèrent, chacun son saoul, piques, coulevrines, armures, preciosetés; et pour ce qui regarde les deux mille courtisanes, joyeuses donzelles, délibérant que telles marchandises ne bailleroient pas grand profit aux leurs, si les laissèrent courir à travers champs. » Malgré cette indifférence pour les courtisanes flamandes et bourguignonnes, les Suisses ne menaient pas sous les drapeaux une vie plus austère que leur ennemi ; car, en temps de paix, on entretenait dans les villages, aux frais de la commune, un certain nombre de filles de joie, qui, en temps de guerre, étaient attachées corporellement aux compagnies et aux bandes de chaque Canton. (*Rec. d'édits et d'ordonn. royaux*, par Neron et Girard, 1720, in-f., t. I, p. 643.)

Revenons à la chevalerie, qui ne donnait pas toujours l'exemple de la chasteté et de la continence. Les chevaliers, qui filaient le parfait amour avec les dames et damoiselles, et qui n'en obtenaient que des dons honnêtes, des baisers quelquefois, mais rarement ce qu'on appelait le *don d'amour en sa merci*, se dédommageaient de ces privations avec des servantes et des *fillettes*. C'était même un usage d'hospitalité que de *garnir la couche* d'un chevalier qui demandait asile dans un château. Lacurne de Sainte-Palaye cite, à propos de cet usage courtois, un extrait fort curieux d'un fabliau (Ms. du Roi, n° 7,615, fol. 210), dans lequel une dame qui a reçu chez elle un chevalier ne veut pas s'endormir sans lui envoyer une compagne de lit.

Et la contesse à chief se pose,

Apelo un soun (*sienne*) pucelle,
La plus cortoise et la plus belle;
A consoil (*en secret*) li dis: Belle amie,
Alez tost, ne vous ennuit mie!
Avec ce chevalier gesir (*coucher*)...
Si le servez, s'il est metiers (*besoin*).
Je isa lassa volontiers,
Que ja ne laissasse pour honte,
Ne fust pour monseigneur le conte
Qui n'est pas encore endormiz....

La dame châtelaine était sans doute peu rigoriste, et la lecture de l'*Art d'amour*, composé par le trouvère Guiart (Ms. du Roi, n° 7,615, fol. 178 et s.), ce poëme qui contient les leçons d'amour les plus dissolues avait pu façonner la dame à ce genre de complaisance. On peut présumer que de pareilles coutumes hospitalières ne se rencontraient pas dans tous les châteaux. Un poëte du treizième siècle nous sert de garant à cet égard, et la manière dont il attaque la Prostitution des villes nous permet de supposer qu'il la comparait tacitement à la décence des mœurs chevaleresques. Voici ce passage intéressant, que Lacurne de Sainte-Palaye a tiré d'un Ms. de la Bibliothèque Nationale (Fonds du Roi, n° 7,615, fol. 140).

Qui reson voudroit faire! l'on devroit, par saint Gille!
Riche femme qui sert de baval et de guile (*tromperie*),
Et qui pour gaignier vent son corps et aville (*avilit*),
Chacier hors de la ville aussi com un mesel (*lépreux*),
S'en souloit (*si on avait coutume*) maintes femmes, par maintes [achoisons,
Chacier hors de la ville, c'estoit droiz et resons:

Or est venu le temps et or est la resons.
Plus a partout bordiaux qu'il n'a autres mesons.....

Les lois municipales mirent un frein à la Prostitution, comme nous l'avons dit, et la noblesse, que la chevalerie avait généralement amendée, se distingua du peuple et de la bourgeoisie par des mœurs plus régulières et plus honnêtes, du moins en apparence. Mais la bourgeoisie et le peuple s'amendèrent à leur tour, pendant que la chevalerie tombait en décadence et que les nobles s'abandonnaient à tous les désordres qu'ils avaient évités jusque-là; ils se piquaient toutefois d'être aussi bons chevaliers que leurs prédécesseurs. Ce fut sous le règne de Charles VI que commença cette décadence des mœurs chevaleresques. Un poëte de ce règne, Eustache Deschamps, compare la conduite des anciens preux à celle de ses contemporains :

Les chevaliers estoient vertueux
Et pour amours plains de chevalerie,
Loyaux, secrez, frisques et gracieux :
Chascuns avoit lors sa dame, s' amie,
  Et vivoient liement (*joyeusement*);
On les amoit aussi très loyalment,
Et ne jangloit (*jasait*), ne mesdisoit en rien.
Or m'esbahy quant chascun jangle et ment,
Car meilleur temps fut le temps ancien !

Les plaintes d'Eustache Deschamps n'étaient que trop justes en présence des orgies de la cour, où Charles VI et son frère, le duc d'Orléans, qui se vantaient de *maintenir* la vraie chevalerie, semblaient en avoir oublié les préceptes vertueux. Les tournois célébrés en 1389 à Saint-Denis en l'honneur du roi de Sicile et de son frère, qui furent armés chevaliers, se terminèrent par une hideuse saturnale, dont l'abbaye fut le théâtre. Le religieux de Saint-Denis, dans sa Chronique de Charles VI, n'a pas cru devoir passer sous silence les désordres de la quatrième nuit : « Les seigneurs, dit-il, en faisant de la nuit le jour, en se livrant à tous les excès de la table, furent poussés par l'ivresse à de tels déréglements, que, sans respect pour la présence du roi, plusieurs d'entre eux souillèrent la sainteté de la maison religieuse et s'abandonnèrent au libertinage et à l'adultère (*ad inconcessam venerem et adulteria nefanda prolapsi sunt*).

Les maisons religieuses, à cette époque, avaient des mœurs aussi mauvaises que la cour du roi et des princes; l'Église était tombée au même degré de décadence que la chevalerie, et la société tout entière semblait aller à sa dissolution. Nous ne voulons pénétrer dans les couvents que pour soulever le voile qui couvrait les vices des moines et des *nonnains*. La Prostitution s'était emparée de la maison du Seigneur, comme de la maison des grands de la terre. Les prédicateurs, en ce temps-là, répétaient souvent ces paroles de l'ange dans l'Apocalypse : « Venez, je vous montrerai la condamnation de la grande prostituée qui est assise sur les grandes eaux, avec laquelle les rois de la terre se sont corrompus, et qui a enivré du vin de la Prostitution les habitants de la terre. » Rien ne peut rendre, en effet, les abominations du règne de Charles VI, où le clergé, la noblesse et le peuple luttaient de perversité et de turpitude. Que devait être la vie de cour, lorsque la vie des couvents était aussi déplorable que nous la dépeint Nicolas de Clémenges, archidiacre de Bayeux, dans son traité *De corrupto statu ecclesiæ* : « A propos de vierges consacrées au Seigneur, dit ce philosophe chrétien, il nous faudrait retracer toutes les infamies des lieux de Prostitution, toutes les ruses et l'effronterie des courtisanes, toutes les œuvres exécrables de la fornication et de l'inceste; car, je vous prie, que sont aujourd'hui (vers 1400) les monastères de femmes, sinon des sanctuaires consacrés non pas au culte du vrai Dieu, mais à celui de Vénus; sinon d'impurs réceptables où une jeunesse effrénée s'abandonne à tous les désordres de la luxure, de telle sorte que c'est maintenant la même chose de faire prendre le voile à une jeune fille ou de l'exposer publiquement dans un lieu d'abomination! » Nicolas de Clémenges pousse ici jusqu'à l'hyperbole la critique des mœurs monacales, mais la démoralisation des ecclésiastiques n'était que trop éclatante, et l'on ne saurait dire si c'était l'Église qui démoralisait la chevalerie, ou la chevalerie qui démoralisait l'Église. Dulaure, dont le témoignage est généralement suspect, s'appuie sur des autorités respectables pour esquisser ce tableau des mœurs cléricales et chevaleresques : « Les prélats et les prêtres subalternes étaient ordinairement vêtus en habits séculiers, portaient l'épée, joutaient dans les tournois, fréquentaient les cabarets, entretenaient des concubines. Les prêtres et les curés occupaient des emplois judiciaires, prêtaient à usure, s'adonnaient à la débauche et aux excès de la table. Dans certains diocèses, les grands vicaires recevaient la permission de commettre l'adultère pendant l'espace d'une année; dans d'autres, on pouvait acheter le droit de forniquer impunément dans tout le cours de sa vie : l'acheteur en était quitte en payant chaque année à l'official une quarte de vin ; et lorsque l'âge le rendait incapable d'user de ce privilége, il n'en était pas moins tenu de payer la taxe. » C'était dans les décrétales des papes, que l'officialité trouvait le pouvoir étrange qu'elle s'arrogeait sur le péché d'impureté ; le canon *De dilectissimis* exhorte les chrétiens à la pratique de cet axiome : *Tout est commun entre amis ;* même les femmes, ajoute-t-il. On eut l'audace de présenter requête au pape Sixte IV pour obtenir la permission de commettre le péché infâme pendant les mois caniculaires, et Sixte IV écrivit au bas de la requête : Soit fait ainsi qu'il est requis (*Hist. de France*, par l'abbé Velly, t. V, p. 10 et suiv.)!

Il est vraiment remarquable que jamais les ordonnances royales et municipales contre la Prostitution ne furent plus fréquentes ni plus sévères que pendant cette période de dérèglement. On se montrait sans pitié pour les filles publiques, lorsque la décence et la pudeur semblaient bannies des mœurs, lorsque les vêtements dissolus étaient seuls à la mode, en dépit des édits somptuaires. On avait repris avec les souliers à la poulaine ces ornements obscènes qui les décoraient au douzième siècle, à la cour de Normandie, suivant Orderic Vital, et les ornements en question s'étaient allongés et mieux caractérisés. Les femmes n'osèrent pas, il est vrai, adopter les accessoires de cette vilaine chaussure; mais, en revanche, elles eurent des robes fendues ou relevées qui laissaient entrevoir la jambe, et même la cuisse nue : quant à la gorge, elles la découvraient jusqu'au bout du sein. L'auteur du *Chastoiement des dames*, Robert de Blois, leur reproche ces modes impudiques.

Aucune lesse differmée
Sa poitrine, pource c'on voie
Comme fetement sa chair blanchoie;
Une autre lesse tout de gré
Sa chair apparoir au costé:
Une ses jambes trop descuevre.
Prud hom ne loe pas cette œvre.

Les cérémonies de l'Église, les processions surtout, participaient à cette immodestie des vêtements. On voyait figurer, dans les processions et les pénitences publiques, des hommes et des femmes entièrement nus : « Parmi ces pénitents, dit le partial auteur de l'*Histoire de Paris*, les uns portaient dans leurs chemises des pierres enchaînées; les autres, sans chemises, étaient flagellés ou piqués aux fesses avec des aiguillons. » Ici Dulaure n'invente rien, n'exagère rien, et il peut renvoyer son lecteur avec confiance au Glossaire de Ducange et Carpentier (aux mots *penitentiæ, processiones, villaniæ, lapides catenatos ferre, putagium, naticæ,* etc.). Nous supposons que les pénitentes qui suivaient les processions, dans un état complet de nudité, et qui se faisaient piquer avec des aiguillons, devaient être des prostituées, ainsi que celles qui portaient des pierres dans leur chemise. C'étaient là, en effet, les châtiments habituels que la justice séculière prononçait à l'égard des adultères et des femmes de mauvaise vie. Dulaure nous en fournit un exemple mémorable qu'il emprunte aux registres criminels du parlement de Paris (registre VIII). Anne Piedeleu, femme amoureuse, tenait un lieu de débauche dans la rue Saint-Martin, elle était donc en contravention avec les ordonnances de la prévôté; et le prévôt qui était en charge alors (1373), le fameux Hugues Aubriot, faisait exécuter les ordonnances avec beaucoup de vigueur. Les bourgeois du voisinage allèrent dénoncer Anne Piedeleu à la prévôté, et aussitôt les sergents firent déloger cette femme, en usant d'indulgence pour elle, puisqu'elle ne fut pas même menée en prison. Elle se sentait sans doute soutenue par quelque personnage capable de tenir tête au prévôt, car elle porta plainte contre ce magistrat en l'accusant de plusieurs crimes et en produisant de faux témoins pour le perdre. Le parlement, au mois de février 1374, sur les conclusions de l'avocat du roi, condamna Anne Piedeleu à être promenée par la ville, toute nue, ayant sur la tête une couronne de parchemin où était écrit ce mot : *faussaire*. On la conduisit en cet état au pilori des Halles, où elle fut exposée deux heures aux regards du peuple; elle ne sortit de prison que pour être bannie de Paris et du royaume. Les promenades de ce genre devaient être assez fréquentes, et la populace y courait avec un joyeux empressement. Comme les ribaudes et les maquerelles qu'on livrait de la sorte à l'indécente curiosité des badauds de Paris grelottaient de froid et toussaient souvent en marchant toutes nues dans la boue à travers les intempéries de la saison, les spectateurs, et surtout les enfants, avaient coutume de chanter une chanson composée pour la circonstance. Cette chanson ordurière, qui se conserva longtemps dans la mémoire du bas peuple, finissait par ce refrain, que rapporte le *Journal du Bourgeois de Paris* :

> Votre c.. a la toux, commère,
> Votre c.. a la toux, la toux!

Il était tout simple que les plus impudentes de ces femmes qu'on menait au pilori répondissent aux chanteurs par des injures, entre lesquelles n'étaient point épargnées les imprécations et les malédictions.

Aussi quand une toux épidémique se répandit dans la population parisienne, durant l'hiver de l'année 1413, ceux qui n'avaient point encore gagné cette toux cruelle ou qui en étaient guéris raillaient ceux qu'ils entendaient tousser à se « rompre les génitoires, » et leur disaient *par esbattements* : « En as-tu ? Par ma foi ! tu as chanté : *Votre c.. a la toux, commère.* » On faisait ainsi allusion aux maux de toute espèce, tel que le mal saint-main, la lèpre, la gale, la toux, etc., que souhaitaient aux mauvais plaisants les malheureuses qu'on ne plaignait pas de voir s'enrhumer au pilori. On n'avait aucune compassion pour ces pécheresses, comme nous l'avons fait observer, et les petits enfants étaient les plus acharnés à les persécuter. L'autorité croyait se conformer au sentiment unanime, en n'accordant pas la moindre indulgence à ces pauvres filles. Cependant il y eut un prévôt de Paris qui les prit sous sa protection et qui leur donna peut-être trop d'appui. Ce fut Ambroise de Loré, baron de Juilly, qui fut nommé prévôt en 1436 et qui mourut en 1445 dans l'exercice de sa charge. Le peuple de la capitale ne lui pardonna pas d'avoir favorisé la Prostitution, en laissant tomber en désuétude les anciens règlements qui la régissaient. Tant que dura son administration, les prostituées furent à peu près libres; elles s'habillaient à leur guise et logeaient partout dans la ville. Ambroise de Loré, à son lit de mort, se repentit d'avoir été si paterne pour ces créatures, et il essaya de réparer le désordre qui s'était introduit dans la police des mœurs. « La semaine devant l'Ascension, raconte le *Bourgeois de Paris* dans son Journal, fut crié parmy Paris, que les ribaudes ne porteroient plus de sainctures d'argent, ne de collez renversés, ne pennes de gris en leurs robes, ne de menuvair, et qu'elles allassent demourer ès borderaulx, ordonnez comme ils estoient au temps passé. » Cette satisfaction tardive donnée à l'opinion ne fit pas oublier les scandales qui l'avaient précédée, et quand Ambroise de Loré mourut peu de jours après, le *Bourgeois de Paris* se chargea de son oraison funèbre, et le représenta comme « moins aimant le bien commun, que nul prévost que devant luy eust esté puis quarante ans. » Le *Bourgeois* ajoute que ce prévôt avait une des plus belles et des plus honnêtes femmes du monde, mais, néanmoins, « il estoit si luxurieux, qu'on disoit, pour vray, qu'il avoit trois ou quatre concubines qui estoient droites communes, et supportoit partout les femmes folieuses, dont trop avoit à Paris, par sa lascheté, et acquit une très-mauvaise renommée de tout le peuple; car à peine povoit-on avoir droit des folles femmes, tant les supportoit et leurs maquerelles. »

Ambroise de Loré, avant d'être prévôt de Paris et de lâcher la bride aux femmes *folieuses*, était un des plus braves chevaliers de l'*ost* de Charles VII, mais ses prouesses d'armes ne l'avaient point rendu plus vertueux, quoiqu'il fût contemporain de plusieurs bons chevaliers, de vie exemplaire et de mœurs honnêtes. Il avait passé sa jeunesse à la cour de Charles VI, où l'on faisait consister la chevalerie en tournois et en mascarades; il n'appartenait pas à cette famille de chevaliers chastes et continents, qui, comme le maréchal de Boucicaut, pensaient que « luxure est plus que chose du monde contraire à vaillant homme d'armes. » Le *bon messire* Jehan le Maingre, dit Boucicaut, ne se départit même pas de sa continence, lorsqu'il fut gouverneur de Gênes, où les occasions de plaisir venaient sans cesse le chercher : « Les vertus qui sont contraires à lubricité sont en luy, » disait son biographe secrétaire; il ne songeait guère à *débaucher* les Génoises, « car plus de semblant n'en fait, que si pierre estoit, nonobstant que les dames y soyent bien parées et bien attifées, et que moult de belles en y ait. » Un jour qu'il chevauchait avec ses gentilshommes dans la ville de Gênes, une dame, qui peignait ses cheveux blonds, se mit à la fenêtre pour le voir passer; il n'y prit pas garde; mais un de ses écuyers la remarqua et ne put s'empêcher de dire : « Oh! que voilà beau chef! » Le maréchal eut l'air de ne pas entendre; mais, comme l'écuyer se retournait encore pour regarder la dame, il lui dit avec un regard glacial : « C'est assez fait! » Le biographe qui a recueilli les *faits* de Boucicaut ajoute cette réflexion : « Ainsi, de fait et de semblant, le mareschal est net de celuy vice de charnalité et de toute superfluité, qui est parfait signe de sa continence. »

Boucicaut, il est vrai, avait été nourri à la cour de Charles V, qui, entre toutes les vertus, dit son historiographe, Christine de Pisan, « amoit celle de chasteté, laquelle estoit de luy gardée en fait, en dict, et en pensée. » Charles V, si sévère à cet égard pour lui-même, l'était également pour ses serviteurs, et voulait qu'ils fussent chastes, « tant en continences comme en habits, parolles, et faits et toutes choses. » Lorsqu'il apprenait qu'un de ses officiers avait *déshonoré femme*, fût-ce son favori, il le chassait de sa présence et le dispensait à toujours de son service. Cependant il ne manquait pas de charité chrétienne pour les pécheurs, et, « considérant la fragilité humaine, » il ne consentit jamais à ce qu'un mari « emmurast sa femme à pénitence perpétuelle, pour meffaict de son corps; » il permettait seulement de la tenir enfermée dans une chambre, si elle était trop déshonorée, afin qu'elle ne fît pas honte à son époux et à ses parents. Il défendait que des livres déshonnêtes fussent introduits et lus à la cour de la reine et des princes. On lui rapporta, un jour, qu'un chevalier de la cour avait *instruit le dauphin à amour et vagueté* : il renvoya ce chevalier, et lui défendit de jamais paraître devant sa femme et ses enfants. Christine de Pisan, qui a consigné ces particularités dans le *Livre des faits et bonnes mœurs du feu roi Charles,* nous apprend qu'il ne souffrait pas à sa table les *gouliars de bouche, aportant paroles vagues,* et qu'il regardait les jeux des ménétriers comme des *introductions à la luxure;* il répétait souvent la parole de saint Paul, dans une épître aux Corinthiens : « Les parolles maulvaises corrompent les bonnes mœurs. » Le règne de Charles VI et une partie de celui de Charles VII furent souillés de tous les vices et de tous les crimes que Charles V avait essayé de faire disparaître de son royaume; et la Prostitution, que ce sage roi réprimait surtout par son exemple, ne connut plus de barrières ni de limites.

Pour se rendre compte du degré de perversité auquel étaient parvenus quelques nobles, quelques grands seigneurs, qui s'abandonnaient à toutes les aberrations de la débauche, il faut lire, dans les archives de Nantes, le procès criminel de Gilles de Retz, maréchal de France, condamné au feu en 1440. Gilles de Retz était un des plus puissants seigneurs de la Bretagne; il avait vaillamment servi Charles VII pendant la guerre des Anglais; il avait combattu, avec Dunois et Lahire, sous la bannière de Jeanne d'Arc; il était docte et lettré. Mais la lecture de Suétone l'avait excité à imiter les monstrueuses débauches des empereurs romains : comme Tibère et Néron, il se passionna pour le sang mêlé à l'ordure; il n'eut plus d'autre passe-temps que de flétrir de ses abominables caresses les pauvres enfants qu'il faisait enlever de tous côtés : quand ils étaient beaux et *joliets*, il les attachait à sa personne ou il les égorgeait de ses propres mains. La superstition et la magie étaient les auxiliaires de ses cruautés et de ses souillures : il avait une chapelle magnifique, avec des chantres et des chanoines qu'il nourrissait bien, et, en même temps, il avait des sorciers et des magiciens à sa solde, avec lesquels il faisait des invocations au diable. Cet exécrable homme, qui eut plus d'une analogie avec un autre scélérat que nous verrons plus tard (le marquis de Sade), fut enfin déféré à la justice, arrêté avec les principaux agents de ses forfaits et jugé par un tribunal extraordinaire, nommé à cet effet par le duc de Bretagne, son cousin. L'enquête révéla des horreurs que confirmèrent les dépositions des témoins. On trouva, dans les souterrains des châteaux de Chantocé, de la Suze, d'Ingrande, etc., les ossements calcinés et les cendres des enfants que le maréchal de Retz avait assassinés, après avoir abusé d'eux. Il ne tarda pas à tout avouer lui-même, et, ne pouvant espérer sa grâce du tribunal des hommes, il demanda pardon au Juge éternel devant lequel il allait comparaître.

Les dépositions des complices de Gilles de Retz nous initient aux scènes horribles dont le vieux château de Chantocé était le théâtre. Henriet, chambellan du maréchal, déclare « que Gilles de Sillé et Pontou ont livré plusieurs petits enfans audit sire de Rais en sa chambre : desquels petits enfans il avoit habitation, et s'y eschauffoit, et rendoit nature sur leur ventre, et y prenant sa plaisance et délectation, qu'il n'avoit habitation de l'un desdits enfans que une fois ou deux, et que, après, celui sire, aucunes fois de sa main leur coupoit la gorge, et aucunes fois, Gilles de Sillé, Henriet et Pontou la leur coupoient, en la chambre dudit sire : dont le sang cheoit à la place, qui après estoit nettoyée; et que ceux enfans, ainsi morts, estoient ars en ladite chambre dudit sire, après qu'il estoit couché, et la poudre d'eux jettée, et que celui sire prenoit plus grande plaisance à leur couper la gorge, qu'à avoir habitation d'eux. » Henriet, interrogé derechef sur ces infâmes mystères, compléta ses premiers aveux par de nouveaux détails; il raconta « avoir ouï dire audit sire de Rais, qu'il estoit bien aise de voir séparer la teste des enfans, après avoir eu habitation sur le ventre, ayant les jambes entre les siennes, et autrefois se seoir sur le ventre desdits enfans quand on séparoit la teste de leurs corps, et par autre fois les inciser sur le cou par derrière pour les faire languir, où il prenoit grande plaisance, et en languissant, avoit aucune fois habitation d'eux jusques à la mort, et aucune fois après qu'ils estoient morts, tandis qu'ils estoient chauds; et y avoit un braquemart à leur couper la teste, et quant aucune fois ceux enfans n'étoient beaux à sa plaisance, il leur coupoit la teste, de luy-mesme, avec ledit braquemart, et après avoit aucune fois habitation d'eux. Il disoit qu'aucun homme en la planète ne pouvoit savoir ou faire ce qu'il faisoit. Aucune fois celui sire faisoit desmembrer lesdits enfans par les aisselles et prenoit plaisance à en voir le sang.

» *Item*, celui sire, affin de garder lesdits enfans de crier quand il vouloit avoir habitation d'eux, leur faisoit, par avant, mettre une corde au cou et les pendre, comme à trois pieds de haut, à un coin de sa chambre, et avant qu'ils fussent morts, les descendoit ou les faisoit descendre, disant qu'ils ne sonnassent mot et qu'ils eschauffoient son membre, le tenant en la main; et, après, leur rendoit nature sur le ventre, et ce fait, leur faisoit couper la gorge et séparer la teste de leurs corps. » Ces effrayants aveux furent confirmés par Estienne Cornillaut, dit Pontou, le favori du maréchal et un de ses complices. Pontou n'attendit pas qu'il fût appliqué à la question pour confesser les crimes de son maître et les siens; il ajouta quelques faits nouveaux à ceux que Henriet avait dénoncés. Ainsi, le sire de Retz donnait deux ou trois écus par chaque enfant qu'on lui procurait; quelquefois, il choisissait lui-même les enfants et les faisait entrer secrètement dans un de ses châteaux. « Il prenoit aucune fois de petites filles, desquelles il avoit habitation sur le ventre, ainsi que des enfans mâles, disant qu'il y prenoit plus grande plaisance et moins de peine qu'à le faire esdites filles en leur nature. Quant on lui menoit deux enfans ensemble, afin que l'un pour l'autre ne criât, après s'estre esbattu avec l'un, il gardoit l'autre jusqu'à ce que son appétit fut venu. » Gilles de Retz, après des dépositions si explicites, n'avait plus rien à faire, qu'à en constater la sincérité. Il avoua donc avoir abusé des enfants, « pour son ardeur et délectation de luxure, et les avoir fait tuer par ses gens, soit en leur coupant la gorge avec dagues et couteaux, en séparant la teste de leurs corps, ou leur rompant les testes à coups de baston, ou autres choses; et aucune fois leur enlevoit ou faisoit enlever des membres, les fendoit pour en avoir les entrailles, les faisoit attacher à un croc de fer, pour les estrangler et les faire languir; comme ils languissoient à mourir, avoit habitation d'eux, et aucune fois après qu'ils estoient morts en les baisant, et prenoit plaisir et délectation à voir les plus belles testes desdits enfans, lesquels, en après, estoient ars. » On lui demanda quand et comment il s'était avisé de ces atrocités inouïes pour la première fois; il répondit « qu'il commença ce train de vie, à Chantocé, l'année que son aïeul le sire de la Suze alla de vie à trespas, et, de lui mesme et de sa teste, sans conseil d'autrui, il prist imagination de ce faire, seulement pour la plaisance et délectation de luxure, sans autre intention. »

En écoutant ces aveux prononcés de l'air le plus calme, les juges tressaillaient sur leurs siéges et se signaient à chaque instant. Ce monstre fut condamné avec ses complices, mais il ne se troubla pas, et il les encouragea paternellement à faire une bonne mort, pour qu'ils pussent se revoir tous *en la grant joie du paradis.* Il subit sa peine le 26 octobre 1440, dans une prairie située au-dessus des ponts de Nantes; et dès qu'il eut été étranglé sur le bûcher allumé, on rendit son corps à sa famille, et des *damoiselles de grand estat* vinrent chercher ce corps souillé, le mirent dans le cercueil et le portèrent solennellement à l'église des Carmes, où il fut enterré, en laissant parmi les spectateurs de son supplice le souvenir de sa *repentance* et de sa fin chrétienne.

CHAPITRE XIX.

SOMMAIRE. — Apparition des maladies vénériennes en France. — Origine de la syphilis ou *mal français*. — Ses progrès effrayants vers la fin du quinzième siècle. — Marche du mal vénérien à travers le moyen âge. — Ses noms différents. — L'éléphantiasis et les autres dégénérescences de la lèpre. — La mentagre et les dartres solides. — *Lues inquinaria* ou *inguinaria*. — Pèlerinages dans les lieux saints. — L'église de Notre-Dame de Paris. — Le *feu sacré*. — Vice des Normands. — Le *mal des ardents*. — Ses ravages effrayants. — Le *mal de saint Main* et le *feu de saint Antoine*. — Invocations à saint Marcel et à sainte Geneviève. — La syphilis du quinzième siècle. — Les lépreux et les léproseries. — Les croisés et la *mésellerie*. — Rigoureuse police de salubrité à laquelle on soumit les lépreux. — Du caractère le plus général de la lèpre, d'après Guy de Chauliac, Laurent Joubert, Théodoric, Jean de Gaddesen, etc., etc.

L'apparition ou plutôt le développement des maladies vénériennes en France, comme dans toute l'Europe, changea en quelque sorte la face de la Prostitution légale et faillit amener sa ruine définitive. En voyant ces terribles maladies attaquer dans son principe la société tout entière, les hommes les plus éclairés et les plus libres de préjugés purent croire que la débauche publique était l'unique cause d'un pareil fléau, tandis que les esprits prévenus et crédules regardaient ce fléau comme une punition du ciel, frappant l'incontinence dans ce qu'elle avait de plus cher. Alors les magistrats se repentirent d'avoir autorisé et organisé l'exercice du péché qui entraînait de si fatales conséquences, et le premier remède qu'ils opposèrent à l'invasion de cette nouvelle peste fut la suspension des règlements de tolérance, en vertu desquels il y avait dans chaque ville un foyer permanent d'infection morbide. Mais on jugea bientôt inutile d'arrêter le cours régulier de la Prostitution, quand on eut reconnu que la source du mal n'était pas seulement dans les mauvais lieux. On prit toutefois des mesures de police sanitaire que la nécessité n'avait pas encore prescrites, et l'on soumit à l'enquête des médecins la vie dissolue des femmes communes. Ce fut une amélioration notable dans le régime de la tolérance pornographique, et, depuis cette époque, l'administration municipale eut à se préoccuper sérieusement de la santé publique dans toutes ces questions délicates qui n'avaient intéressé jusqu'alors que la morale et l'ordre public.

Nous devons traiter ici de l'origine de la syphilis, puisque les circonstances ont fait que le nom de *mal français* lui fut donné au moment de son explosion en Europe, et puisque ce nom se rattache, en effet, aux événements qui accompagnèrent son entrée en France; mais nous nous proposons d'abord de poursuivre une thèse que nous avons déjà soutenue sur l'ancienneté des maladies vénériennes. Sans doute, ces maladies, de même que la plupart des épidémies et des contagions, subirent une foule de métamorphoses, notamment dans leurs symptômes, en raison de la variété des conditions locales atmosphériques et naturelles qui présidaient à leur naissance; sans doute, ce hideux fléau, que la science, après trois siècles et demi d'études approfondies, considère toujours comme un protée insaisissable, n'avait pas, avant l'année 1493 ou 1496, les caractères effrayants, et surtout le virus propagateur, qu'on observa pour la première fois à cette époque, où les cas d'exception devinrent des cas généraux. Toutefois, le mal vénérien existait, le même mal, depuis la plus haute antiquité, comme nous l'avons démontré, et l'on ne se fût pas inquiété de lui plus que de toute autre maladie chronique, si une réunion de circonstances imprévues et inappréciables ne lui avait communiqué tout à coup les moyens de se répandre, de se multiplier, de s'aggraver avec une sorte de fureur. Nous avons prouvé, d'après le témoignage de Celse, d'Arétée et des plus illustres médecins grecs et romains, que la véritable syphilis, qu'on s'obstine à faire contemporaine de la découverte de l'Amérique, n'avait pas tardé à suivre à

Rome la lèpre et les maladies cutanées qui furent apportées d'Asie et d'Afrique avec les dépouilles des peuples conquis. Il n'était pas difficile de faire comprendre, en remontant à ces prémices morbifiques, que l'épouvantable débauche romaine avait réchauffé dans son sein les germes de toutes les affections vénéréiques, et que leur impur mélange avait créé des maux inconnus qui retournaient sans cesse à leur source en la corrompant toujours davantage. Nous persistons à croire, cependant, que la transmission du virus n'était pas aussi prompte ni aussi fréquente qu'elle l'est devenue dans les temps modernes, et il est probable, en outre, que les anciens qui possédaient plus de cinq cents espèces de collyres pour les maux d'yeux avaient autant de recettes curatives pour les infirmités de l'amour. Nous allons, à travers le moyen âge, signaler la marche éclatante du mal vénérien sous des noms différents, jusqu'à ce qu'il soit arrivé à sa dernière transformation avec le nom de *grosse vérole*.

Ce mal obscène a toujours existé à l'état chronique chez des individus isolés; il s'est reproduit par contagion, avec une grande variété d'accidents résultant du tempérament des malades et dérivant d'une foule de circonstances locales qu'il serait impossible d'énumérer ou de caractériser; mais il prenait toujours son germe dans un commerce impur, et il ne se développait pas de lui-même, sans cause préexistante d'infection, au milieu de l'exercice modéré des rapports sexuels. La Prostitution était le foyer le plus actif de cette lèpre libidineuse, qui se répandait avec plus ou moins de malignité suivant le pays, la saison, le sujet, etc. Il n'y avait que les débauchés qui allassent se gâter à cette honteuse source, et le mal restait en quelque sorte circonscrit et confiné parmi ces êtres dégradés qui n'avaient aucun contact avec les honnêtes gens. Cependant, à certaines époques, et par suite d'une agrégation de faits physiologiques, la maladie s'exaspérait et sortait de ses limites ordinaires, en s'associant à d'autres maladies épidémiques ou contagieuses; elle se multipliait alors avec les symptômes les plus affreux, et elle menaçait d'empoisonner la population tout entière qu'elle décimait; après avoir fait des ravages manifestes et cachés elle s'arrêtait, elle s'assoupissait tout à coup. Ce n'était jamais la médecine qui s'opposait à sa marche occulte et qui la combattait en face par des remèdes énergiques, c'était la religion, qui ordonnait des pénitences publiques et qui éloignait ainsi les périls de la contagion, en faisant la guerre au péché qui en était la cause immédiate. La privation absolue des joies de la chair, pendant un laps de temps assez considérable, était le remède le plus efficace que le clergé ou plutôt l'épiscopat français, si prévoyant et si ingénieux à faire le bien du peuple, eût imaginé contre les progrès du fléau pestilentiel. Durant ces longues crises de la santé publique, il faut dire que la Prostitution légale disparaissait complétement : les mauvais lieux étaient fermés ; les femmes communes devaient, sous peine de châtiment arbitraire, s'interdire leur dangereux métier, et la police municipale avait des prescriptions si sévères à cet égard, que, dès le début d'une épidémie au seizième siècle, on chassait ou l'on emprisonnait toutes les femmes suspectes, et on les tenait enfermées jusqu'à ce que le mal eût disparu.

N'oublions pas de constater que le climat de la Gaule n'était que trop favorable aux maladies pestilentielles et à toutes les affections de la peau. D'immenses marécages, des forêts impénétrables, entretenaient sur tous les points du territoire une humidité putride et malsaine, que les chaleurs de l'été chargeaient de miasmes délétères et empoisonnés. Le sol, au lieu d'être assaini par la culture, dégageait incessamment des émanations morbides. La nourriture et le genre de vie des habitants ne s'accordaient guère, d'ailleurs, avec les préceptes de l'hygiène : ils couchaient par terre, sur des peaux de bêtes, sans autre abri que des tentes de cuir ou des cabanes de branchages ; ils mangeaient peu de pain et beaucoup de viande, beaucoup de poisson, beaucoup de chair salée, car ils nourrissaient de grands troupeaux de porcs noirs sur la lisière des bois druidiques. On ne s'étonnera donc pas que l'éléphantiasis et les autres hideuses dégénérescences de la lèpre fussent déjà bien acclimatées dans les Gaules au deuxième siècle de l'ère moderne. Le savant Arétée, qui paraît avoir écrit sous Trajan le traité *De Curatione elephantiasis*, dit que les Celtes ou Gaulois ont une quantité de remèdes contre cette terrible maladie, et qu'ils emploient surtout de petites boules de nitre avec lesquelles ils se frottent le corps dans le bain. Marcellus Empiricus, qui exerçait la médecine à Bordeaux du temps de l'empereur Gratien, rapporte que le médecin Soranus avait entrepris de guérir, dans la province Aquitanique seulement, deux cents personnes attaquées de la mentagre et de dartres sordides qui se répercutaient par tout le corps. Nous avons prouvé que le mal vénérien n'était qu'une forme de la lèpre contractée dans l'habitude des rapports sexuels. Nous avons laissé entendre comment d'abominables aberrations des sens avaient pu, en cas exceptionnel, centupler les forces du virus, en le portant dans les parties de l'organisme les moins propres à le recevoir; nous avons enfin appliqué aux origines de l'éléphantiasis les suppositions que nous verrons remettre en avant, par les médecins du quinzième siècle, à l'occasion du mal de Naples, dans lequel on voulut reconnaître les monstrueux effets des désordres du crime contre nature.

Ce fut pendant le sixième siècle que le mal vénérien sévit en France avec les apparences d'une épidémie : on le nomma *lues inquinaria* ou *inguinaria*. Selon la première dénomination, ce mal était une souillure, peut-être une gonorrhée, telle que les livres de Moïse l'ont décrite (*Lévitiq.*, ch. 15); selon la seconde qualification de ce mal, que Grégoire de Tours signale souvent sans indiquer sa nature, c'était une inflammation des aines, où se formait un ulcère malin qui causait la mort, après des souffrances inouïes. Dom Ruinart, dans son édition de l'Histoire de Grégoire de Tours, note que cet ulcère inguinal tuait le malade à l'instar d'un serpent (*lues inguinaria sic dicebatur, quod, nascente in inguine vel in axilla, ulcere in modum serpentis interficeret*). Le Glossaire de Ducange a bien recueilli, dans l'édition des Bénédictins, les deux noms de cette *pestilence*, qui fit sa première apparition en 546 et qui revint plusieurs fois à la charge sur des populations adonnées aux hideux égarements de la débauche antiphysique. Mais les doctes éditeurs ont négligé de faciliter l'interprétation de ces deux noms, attribués à la même maladie, par le rapprochement lumineux des passages où il est question d'elle dans les chroniqueurs contemporains. L'origine infâme de cette maladie nous paraît assez indiquée par l'horreur qu'elle inspirait et qui ne résidait pas seulement dans la crainte de la mort, car ceux qui en étaient atteints semblaient frappés de la main de Dieu, à cause de leurs souillures : l'enflure et la purulence des organes de la génération, les bubons des aines, le flux de sang des intestins, les abcès gangréneux aux cuisses, en disent assez sur la nature de cette contagion obscène.

Elle reparut avec de nouveaux symptômes en 945, après l'invasion des Normands, qui pourraient bien n'y avoir pas été étrangers. Flodoard s'abstient néanmoins de toute conjecture impudique à cet égard : « Autour de Paris et en divers endroits des environs, dit-il dans sa Chronique, plusieurs hommes se trouvèrent affligés d'un feu en diverses parties de leur corps, qui insensiblement se consumoit jusqu'à ce que la mort finît leur supplice; dont quelques-uns, se retirant dans quelques lieux saints, s'échappèrent de ces tourments; mais la plupart furent guéris à Paris, en l'église de la sainte mère de Dieu, Marie, de sorte qu'on assure que tous ceux qui purent s'y rendre furent garantis de cette peste, et le duc Hugues leur donnoit tous les jours de quoi vivre. Il y en eut quelques-uns qui, voulant retourner chez eux, sentirent rallumer en eux ce feu qui s'étoit éteint, et, retournant à cette église, furent délivrés. » Sauval, qui nous fournit cette traduction naïve, ajoute que, « comme les remèdes ne servoient de rien, on eut recours à la Vierge, dans l'église Nostre-Dame, qui servit d'hospital dans cette occasion. » On trouve, en effet, dans le grand Pastoral de cette église, sous l'année 1248, une charte capitulaire relative à six lampes ardentes, qui éclairaient nuit et jour l'endroit où gisaient pêle-mêle les pauvres moribonds, affligés de cette vilaine maladie, qu'on appelait le *feu sacré* (*ubi infirmi et morbo, qui ignis sacer vocatur, in ecclesiâ laborantes, consueverunt reponi*). » La plupart des auteurs qui ont parlé de cette horrible maladie, dit le savant compilateur du *Mémorial portatif de chronologie* (t. II, p. 839) se sont accordés à lui attribuer les mêmes symptômes et les mêmes effets : son invasion était subite ; elle brûlait les entrailles ou toute autre partie du corps, qui tombait en lambeaux ; sous une peau livide, elle consumait les chairs en les séparant des os. Ce que ce mal avait de plus étonnant, c'est qu'il agissait sans chaleur et qu'il pénétrait d'un froid glacial ceux qui en étaient atteints, et qu'à ce froid mortel succédait une ardeur si grande dans les mêmes parties, que les malades y éprouvaient tous les accidents d'un cancer. » Nous pensons que les hommes du Nord avaient laissé sur leur passage cet impur témoignage de leurs mœurs dépravées, car le mal abominable qui était leur ouvrage ne s'adressait généralement qu'au sexe masculin.

Le *feu sacré* ne fut arrêté dans ses progrès que par les sages conseils de l'Église, qui s'efforça de guérir les malades qu'elle avait absous ; mais le vice des Normands s'était invétéré dans les provinces qu'ils avaient envahies. L'année 994 vit renaître le *mal des ardents*, avec les causes criminelles qui l'avaient allumé la première fois, et ce mal, transmis par la débauche la plus infecte, passa promptement de la France en Allemagne et en Italie. Le dixième siècle n'était, d'ailleurs, que trop propice à tous les genres de calamités qui peuvent frapper l'espèce humaine. On croyait que l'an 1000 amènerait la fin du monde, et, dans cette prévision, les méchants, qui se jugeaient destinés aux flammes de l'enfer, jouissaient de leur reste, en se livrant avec plus de fureur à leurs détestables habitudes. Les pluies continuelles, les froids excessifs, les inondations fréquentes vinrent en aide aux épidémies pour dépeupler la terre. Les champs, qu'on ne cultivait plus, se convertirent en bruyères, en étangs, en marais, dont les émanations infectaient l'air. Les poissons périssaient dans les rivières, les animaux dans les bois, et tous ces cadavres putrides exhalaient des vapeurs empestées qui engendrèrent une foule de maladies. Le *mal des ardents* recommença ses moissons d'hommes à travers la France. Le roi de France, Hugues Capet, y succomba lui-même, victime des soins tout paternels qu'il avait administrés aux malades. Ceux-ci mouraient presque tous, lorsqu'ils avaient laissé au mal le temps de s'enraciner dans leurs organes atrophiés. Cette affreuse contagion, contre laquelle l'art se déclarait impuissant, parce que le vice lui disputait toujours le terrain, avait reçu le nom de *mal sacré*, à cause de son origine maudite; car, dit le livre *de l'Excellence de sainte Geneviève*, « dans le système de la formation des noms, on impose souvent à une chose le nom qui veut dire le contraire de ce qu'elle comporte (*morbus igneus, quem physici sacrum ignem appellant eâ nominum institutione, quâ nomen unius contrarii alterius significationem sortitur*). Il est certain que l'opinion publique, sans trop se rendre compte de ce que ce mal pouvait être, en attribuait l'invasion à un châtiment du ciel et la guérison à l'intercession de la Vierge et des saints. Ce furent sans doute les ecclésiastiques qui débaptisèrent le *mal sacré*, pour lui imprimer, comme un sceau de honte, le nom de *mal des ardents*, que le peuple changea depuis en *mal de saint Main* et en *feu de saint Antoine*, parce que ces deux saints avaient eu l'honneur de guérir ou de soulager beaucoup de malades. Le pape Urbain II, informé des miracles que les fidèles rapportaient à l'intercession de saint Antoine, fonda sous l'invocation de ce saint un ordre religieux, dont les pères hospitaliers prenaient soin exclusivement des victimes du *mal des ardents*. N'oublions pas, à propos de cette fondation, de rappeler que le porc, qui est sujet à la lèpre et dont la chair donne aussi la lèpre quand on ne se sert pas d'autre aliment, devint vers cette époque l'animal symbolique de saint Antoine. Enfin, une simple imprécation, qui s'était conservée dans le vocabulaire du bas peuple jusqu'au temps de Rabelais, lequel l'a recueillie, nous dispensera de prouver que le feu Saint-Antoine avait la plus infâme origine; le peuple et Rabelais disaient encore au seizième siècle : « Que le feu Sainct-Antoine vous arde le boyau culier! »

Il y eut encore plusieurs recrudescences mémorables de cette impureté, notamment en 1043 et en 1089; la dernière semble avoir été celle de 1130, sous le règne de Louis VI : « Il courut une estrange maladie par la ville de Paris et autres lieux circonvoisins, raconte Dubreul, laquelle le vulgaire surnommoit du *feu sacré* ou *des ardents* pour la violence intérieure du mal, qui brusloit les entrailles de celuy qui en estoit frappé, avec l'excès d'une ardeur continuelle dont les médecins ne pouvoient concevoir la cause et par conséquent inventer le remède. » Saint Antoine n'eut pas, cette fois, le privilége exclusif des prières, des offrandes et des guérisons. Sainte Geneviève, la bonne patronne de Paris, et saint Marcel s'interposèrent d'intelligence pour faire cesser le fléau. Depuis cette époque, la petite chapelle de la sainte, dans la Cité, fut transformée en église avec le titre de Sainte-Geneviève-des-Ardents, qu'elle garda longtemps après que la maladie eut été restreinte à des cas isolés. Remarquons, toutefois, que les prémiers malades de la syphilis du quinzième siècle prirent tout naturellement le chemin de cette vieille église pour y chercher des miracles curatifs. La tradition reconnaissait dans ces nouveaux invocateurs de sainte Geneviève les héritiers directs du *mal des ardents;* par la même loi d'hérédité, les autres saints, tels que saint Antoine, saint Main, saint Job, etc., qu'on avait invoqués pour la guérison des maladies lépreuses et galeuses dès les plus anciens temps, maintinrent leurs attributions à l'égard de la maladie vénérienne proprement dite, qui n'était pas nouvelle pour eux. Mais, à partir du douzième siècle jusqu'à l'installation du mal de Naples, toutes les maladies honteuses, nées ou aggravées dans un commerce impur, se trouvèrent absorbées et enveloppées par l'hydre de la lèpre, qui se dressait de toutes parts et qui se multipliait sous les formes les plus disparates. La lèpre du douzième siècle, qu'elle eût ou non une origine vénérienne, devait surtout à la Prostitution les progrès menaçants qu'elle fit à cette époque, et que tous les gouvernements arrêtèrent à la fois par des mesures analogues de police et de salubrité. Nous ne craignons pas d'avancer que le relâchement et la suppression de ces mesures enfantèrent la syphilis du quinzième siècle.

Il ne faut pas induire du silence des annales de la médecine pendant cinq ou six cents ans, que la lèpre, décrite pour la dernière fois par Paul d'Égine au sixième siècle, ait disparu en Europe jusqu'au onzième siècle, où nous la voyons éclater de nouveau avec fureur. L'histoire de la vie privée au moyen âge serait un monument irrécusable de l'existence continue de l'éléphantiasis (puisque les causes qui produisent cette lèpre mère existaient alors au plus haut degré), si les écrivains ecclésiastiques n'étaient remplis de témoignages qui viennent confirmer ce fait : le recueil des Bollandistes et les cartulaires des églises et des monastères font souvent mention des lépreux. Grégoire de Tours dit qu'ils avaient à Paris une sorte de lieu d'asile où ils se nettoyaient le corps et où ils pansaient leurs plaies. Le pape saint Grégoire, dans ses écrits, représente un lépreux que le mal avait défiguré, *quem densis vulneribus morbus elephantinus defœdaverat.* Ailleurs, il raconte que deux moines gagnèrent le même mal, *pour avoir tué un ours*, qui les gâta de telle sorte, que leurs membres tombèrent en pourriture. Dans le huitième siècle, Nicolas, abbé de Corbie, fit construire une léproserie, ce qui démontre suffisamment que les lépreux étaient en assez grand nombre. La loi de Rotharis, roi des Lombards, datée de 630, faisait le fonds de toutes les législations sur la matière. Partout, le lépreux était retranché du sein de la société, qui le tenait pour mort; et si la misère le forçait à vivre d'aumônes, il ne s'approchait de personne et il annonçait sa présence par le bruit d'une cliquette de bois. Malgré ces précautions législatives, les lépreux parvenaient quelquefois à cacher leur triste état de santé et à contracter mariage avec des personnes saines; de là le capitulaire de Pepin pour la dissolution de ces mariages, en 737. Un autre capitulaire de Charlemagne, en 789, défend aux lépreux, sous des peines très-sévères, de fréquenter la compagnie des gens sains. On comprend sans peine que les relations sexuelles étaient le plus dangereux auxiliaire de la contagion, qui ne se propageait pas trop, grâce à l'horreur générale qu'inspiraient les lépreux, grâce surtout à l'intervention préventive de la police municipale.

Mais, comme nous l'avons déjà fait observer, c'était l'influence ecclésiastique qui avait le plus d'action sur les mœurs et sur leurs conséquences : la pénitence se chargeait bien souvent d'une sorte de régime hygiénique, et la confession remplaçait les consultations médicales. Le prêtre s'occupait de la santé physique de ses ouailles comme de leur santé morale, et il ne les maintenait parfois dans la bonne voie qu'en les menaçant de ces maux hideux que la punition de Dieu envoyait comme une marque de réprobation aux libertins et aux infâmes. Il est à constater que les épidémies coïncidaient toujours avec des temps de corruption sociale, et que le déréglement des mœurs publiques entraînait avec lui la perte de l'économie sanitaire. Les classes honnêtes se voyaient avec stupeur atteintes des maux impurs qui devaient être endémiques parmi l'immense tourbe des vagabonds, des mendiants, des débauchés et des filles perdues, errant dans les champs ou relégués dans les cours des Miracles. C'était là que la maladie vénérienne puisait, dans la débauche et la misère, ses symptômes les plus caractérisés et ses plus hideuses métamorphoses. Jamais un *mire* ou un *physicien* n'avait pénétré dans ces repaires inabordables, pour y étudier les maladies sans nom qui les habitaient et qui se combinaient avec les plus monstrueuses variétés, en se mêlant sans cesse, en se dévorant l'une par l'autre. Il est certain que les misérables que réunissait cette vie *truande* n'avaient aucun contact avec la population saine et honnête, excepté à des époques de crise et de débordement, après lesquelles le flot impur rentrait dans son lit et laissait au temps, à la religion et à la police humaine, le soin d'effacer ses traces. C'est ainsi que la lèpre se répandit tout à coup, comme un torrent qui a rompu ses digues, à travers le corps social, qu'elle aurait empoisonné, si la prudence et l'énergie du pouvoir n'eussent élevé une barrière contre les envahissements de la contagion. Les croisades avaient réuni, pour ainsi dire, toutes les fanges de la société, et mélangé dans un étrange bouleversement la noblesse avec le peuple. Les règlements de police ne soutinrent pas le choc de cette armée de pèlerins qui s'en allaient mourir ou chercher fortune en Orient. La Prostitution la plus audacieuse gangrena ces hordes indisciplinées. A leur retour, après les aventures de la Palestine, tous les pauvres croisés étaient plus ou moins suspects de lèpre ou de *mésellerie;* les uns ladres verts, les autres ladres blancs, la plupart rapportant avec eux les fruits amers de la débauche orientale : on peut assurer que la maladie vénérienne n'était alors qu'une des formes de la lèpre.

Il fallut soumettre les lépreux à une rigoureuse police de salubrité, qui fut renouvelée trois siècles plus tard contre les vérolés, et qui avait pour but d'empêcher la contagion de se répandre davantage. De même que dans le code de Rotharis, le lépreux était censé mort, du moment où il entrait dans la léproserie, accompagné des exorcismes et des funérailles d'usage. Le curé lui jetait trois fois de la terre du cimetière sur la tête, en lui adressant ces lugubres injonctions : « Gardez-vous d'entrer en nulle maison que votre borde. Quand vous parlerez à quelqu'un, vous irez au-dessous du vent. Quand vous demanderez l'aumône, vous sonnerez votre crécelle. Vous n'irez pas loin de votre borde, sans avoir votre habillement de bon malade. Vous ne regarderez ni puiserez en puits ou en fontaine, sinon les vôtres. Vous ne passerez pas planches ni ponceau où il y ait appui, sans avoir mis vos gants, » etc. On lui défendait, en outre, de marcher nu-pieds, de passer par des ruelles étroites, de toucher les enfants, de cracher en l'air, de frôler les murs, les portes, les arbres, en passant; de dormir au bord des chemins, etc. Quand il venait à mourir, il n'avait pas même de sépulture au milieu des chrétiens, et ses compagnons de misère étaient requis de l'enterrer dans le cimetière de la léproserie. Jamais un lépreux ne pouvait, fût-il guéri, rentrer dans le cercle de la *loi mondaine* et vivre dans l'intérieur de la ville sous le régime de la vie commune. Il y avait pourtant bien des degrés dans la maladie, qui n'était pas absolument incurable, et qui ne se montrait pas toujours en signes apparents; mais, comme elle affligeait de préférence la classe la plus pauvre, les médecins ne songeaient pas plus à la traiter, que les malades à se faire soigner. Ceux-ci, qu'ils le fussent de naissance ou par accident, se regardaient comme voués irrévocablement à la lèpre et se livraient en proie aux ravages de cette affreuse infirmité, qui, faute de soins, ne faisait que s'accroître et s'exaspérer jusqu'à ce qu'elle eût détruit tous les organes vitaux. Quelquefois, le mal était stationnaire, et quoique son principe subsistât dans l'individu, ses effets se trouvaient paralysés ou assoupis par une bonne constitution ou par quelque cause inappréciable. Tout commerce avec les lépreux de profession fut interdit aux personnes saines par le dégoût et l'effroi qu'ils excitaient plutôt encore que par la loi qui les tenait à l'écart sous peine de mort. Mais, en compensation, les lépreux communiquaient entre eux librement; ils avaient des femmes, des enfants, des ménages; ils ne se croyaient étrangers à aucun des sentiments qui poussent l'homme à se reproduire, et c'est ainsi que leur race se perpétuait au milieu d'une population qui évitait leur vue et leur approche; c'est ainsi que la lèpre passait de génération en génération et gâtait l'enfant dès le ventre de la mère. Cependant les lépreux ne se multipliaient pas comme on aurait pu le croire, car le germe de mort qu'ils portaient en eux-mêmes les décimait sans cesse, après les avoir changés en cadavres ambulants. Le fils d'un lépreux était ordinairement plus lépreux que son père, et le mal, en se transmettant de la sorte, prenait de nouvelles forces, au lieu de s'affaiblir; la famille la plus nombreuse s'éteignait, en se consumant, dans l'espace d'un siècle. Voilà pourquoi la lèpre disparut presque avec les lépreux au bout de quelques siècles, quoique la plupart des ladres fussent très-ardents et très-aptes à procréer leurs semblables.

Le caractère le plus général de la lèpre était une éruption de boutons par tout le corps, notamment au visage; mais ces boutons, qui se renouvelaient sans cesse, se distinguaient par la variété de leurs formes et de leurs couleurs : les uns, durs et secs; les autres, mous et purulents; ceux-ci, croûtelevés; ceux-là, crevassés; blancs, rouges, jaunes, verts, tous hideux à la vue et à l'odorat. Quant aux signes uniformes de la maladie, le célèbre Guy de Chauliac en compte six principaux, que Laurent Joubert définit en ces termes, dans sa *Grande chirurgie*, au chapitre de la ladrerie : « Rondeur des yeux et des oreilles, dépilation et grossesse ou tubérosité des sourcils, dilatation et toursure des narilles par dehors avec étroitesse intérieure, laideur des lèvres, voix rauque comme s'il parloit du nez, puanteur d'haleine et de toute la personne, regard fixe et horrible. » Guy de Chauliac, qui vivait au quatorzième siècle, avait eu sous les yeux une foule de sujets, que ne fut pas à même d'observer Laurent Joubert, qui écrivait sur la ladrerie à la fin du seizième siècle, lorsqu'elle n'existait plus guère que de nom. Les signes équivoques de la lèpre étaient au nombre de seize : « Le premier est dureté et tubérosité de la chair, spécialement des jointures et extrémités; le second est couleur de Morphée et ténébreuse; le troisiesme est cheute des cheveux et renaissance de subcils; le quatriesme, consomption des muscles, et principalement du poulce; cinquiesme, insensibilité et stupeur, et grampe des extrémitez; sixiesme, rogne et dertes, copperose et ulcérations au corps; le septiesme est grains sous la langue, sous les paupières et derrière les oreilles; huitiesme, ardeur et sentiment de piqueure d'aiguilles au corps; neuviesme, crespure de la peau exposée à l'air, à mode d'oye plumée; dixiesme, quand on jette de l'eau sur eux, ils semblent oingtz; unziesme, ils n'ont guères souvent fièvre; douziesme, ils sont fins, trompeurs, furieux, et se veulent trop ingérer sur le peuple; treiziesme, ils ont des songes pesans et griefs; quatorziesme, ils ont le poulx débile; quinziesme, ils ont le sang noir, plombin et ténébreux, cendreux, graveleux et grumeleux; seiziesme, ils ont les urines livides, blanches, solides et cendreuses. » Nous verrons plus tard que ces symptômes sont presque identiques avec ceux de la grosse vérole, qui ne fut qu'une renaissance de la lèpre, sous l'influence des guerres d'Italie.

La lèpre avait, d'ailleurs, une infinité d'autres

caractères particuliers, que déterminaient les circonstances locales et climatériques. Par exemple, le *mal des ardents*, qui avait dégénéré en gonorrhée virulente, provenait encore de la cohabitation avec une personne lépreuse. Dans cette maladie, qu'on nommait l'*ardeur*, l'*arsure*, l'*incendie*, l'*échauffaison* (en anglais *brenning*), les parties génitales étant attaquées de phlogose, d'érysipèle, d'ulcérations, de phlyctènes, etc., le malade éprouvait de vives douleurs en urinant. Un savant médecin du treizième siècle, nommé Théodoric, dit textuellement dans le livre VI de sa Chirurgie, que quiconque approche une femme qui a connu un lépreux contracte un *mauvais mal*. Dans un traité de Chirurgie attribué à Roger Bacon, qui écrivait à la même époque, on trouve une description des maux horribles qui pouvaient suivre un commerce impur de cette espèce. Plusieurs médecins anglais contemporains ont étudié ce genre d'affection vénérienne, qui régnait à Londres aux treizième et quatorzième siècles, comme nous aurons lieu de le raconter en parlant de l'Angleterre. Un de ces médecins, Jean de Gaddesen, consacre un chapitre de sa *Practica medicinæ seu Rosa anglicana* aux accidents qui résultent de la fréquentation impudique des lépreux et des lépreuses. « Celui, dit-il, qui a couché avec une femme à laquelle un lépreux a eu affaire, ressent des piqûres entre cuir et chair, et quelquefois des échauffements par tout le corps. » Les médecins anglais de ce temps-là nous fournissent sur la lèpre vénérienne plus de renseignements, que les médecins italiens et français, parce que les lois contre les lépreux étaient beaucoup moins rigoureuses en Angleterre que partout ailleurs; aussi, les cas de contagion lépreuse y furent-ils plus communs et plus graves que dans tout autre pays.

Grâce aux mesures énergiques et générales qui furent prises dans toute l'Europe, excepté peut-être en Angleterre, pour arrêter les progrès de la lèpre et des maladies qui en dépendaient, on put conserver saine et sauve la majeure partie de la population. Du temps de Matthieu Paris, qui écrivait au milieu du treizième siècle, il y avait plus de dix-neuf mille léproseries en Europe. Deux siècles plus tard, les léproseries de la France étaient en ruines et abandonnées, faute de malades. Elles furent accaparées successivement par des parasites, au moyen de la suppression des titres de fondation et des contrats de rente; en sorte que, par son ordonnance de 1543, François Ier provoqua presque inutilement la recherche de ces chartes et titres perdus ou dérobés.

Il est donc certain que, dans l'intervalle de deux ou trois siècles, la grande lèpre ou éléphantiasis avait à peu près disparu avec les malheureux qui en étaient atteints et qui n'avaient pas réussi à se perpétuer au delà de trois ou quatre générations. Quant à la petite lèpre et à ses dérivatifs, ils se déguisaient sous des dehors moins inquiétants, et ils allaient toujours s'affaiblissant dans leurs symptômes extérieurs, quoique le germe du mal fût toujours vivace dans un sang qui l'avait reçu de naissance ou par transmission contagieuse. La société, qui avait rejeté de son sein les lépreux, se trouva donc de nouveau envahie par eux, ou du moins par leurs enfants, et la lèpre, en perdant une partie de ses hideux phénomènes, recommença sourdement à travailler la santé publique. Ce fut par la Prostitution que cette infâme maladie rentra dans les classes abjectes et se glissa jusqu'aux plus élevées, à la faveur de ses secrètes métamorphoses. Nous ne doutons pas que le mal de Naples, qui n'était autre qu'une résurrection de la lèpre combinée avec d'autres maux, a fait silencieusement son chemin dans les lieux de débauche et dans les mystères de l'impudicité, avant d'éclater au grand jour, sous le nom de *grosse vérole*, par toute l'Europe à la fois.

Nous parlions plus haut de l'*arsure* qui avait infecté les mauvais lieux de Londres, tellement qu'il fallut, en 1430, faire des lois de police pour empêcher, sous peine d'amende, de recevoir dans ces maisons aucune femme atteinte de l'arsure, et pour faire garder à vue celles qui seraient attaquées de cette détestable maladie (*infirmitas nefanda*, disent ces lois sanitaires, citées par Guillaume Beckett dans le tome XXX des *Transactions philosophiques*). Voici maintenant les témoignages de quelques médecins et chirurgiens, qui ne nous permettent pas de croire que les maladies vénériennes fussent seulement contemporaines de la découverte de l'Amérique. Guillaume de Salicet, médecin de Plaisance au treizième siècle, n'oublie pas dans sa Chirurgie, au chapitre intitulé *De Apostemate in inguinibus*, le bubon ou dragonneau, ou abcès de l'aine, qui se forme quelquefois, dit-il, « lorsqu'il arrive à l'homme une corruption dans la verge, pour avoir eu affaire à une femme malpropre. » (*Traité des Malad. vénér.*, par Astruc, trad. par Louis, t. Ier, p. 134 et suiv.) Le même praticien, dans un autre chapitre, traite des pustules blanches et rouges, de la dartre miliaire et des crevasses qui viennent à la verge ou autour du prépuce, et qui sont occasionnées « par le commerce qu'on a eu avec une femme sale ou avec une fille publique. » Lanfranc, fameux médecin et chirurgien de Milan, qui vint se fixer à Paris vers 1395, développe la même doctrine sur les maladies des parties honteuses, dans son livre intitulé *Practica seu ars completa chirurgiæ*: « Les ulcères de la verge, dit-il, sont occasionnés par des humeurs âcres qui ulcèrent l'endroit où elles s'arrêtent, ou bien par une conjonction charnelle avec une femme sale qui aurait eu affaire récemment à un homme attaqué de pareille maladie. » Bernard Gordon, non moins célèbre médecin de la Faculté de Montpellier, qui dut survivre à Lanfranc, professe les mêmes opinions à l'égard des maladies de la verge (*de passionibus virgæ*), dans son *Lilium medicinæ*: « Ces maladies sont en grand nombre, dit-il, comme les abcès, les ulcères, les chancres, le gonflement, la douleur, la démangeaison. Leurs causes sont externes ou internes : les externes, comme une chute, un coup et la conjonction charnelle avec une femme dont la matrice est impure, pleine de sanie ou de virulence, ou de ventosité, ou de semblables matières corrompues. Mais, si la cause est interne, ces maladies sont alors produites par quelques humeurs corrompues et mauvaises qui descendent de la verge et aux parties inférieures. » Jean de Gaddesden, médecin anglais de l'université d'Oxford; Guy de Chauliac, de l'université de Montpellier; Valesius de Tarenta, de la même université, et plusieurs autres docteurs qui faisaient leurs observations dans différents pays durant le quatorzième siècle, reconnurent tous que le commerce impur engendrait des maladies virulentes qui étaient contagieuses et qui devaient être ainsi vénériennes.

Dans ces diverses maladies, la lèpre jouait inévitablement le principal rôle, avant comme après l'apparition du mal de Naples. Les praticiens, qui ont étudié la lèpre et qui ont publié leurs recherches à ce sujet, sont tombés d'accord que la lèpre se communiquait par les relations sexuelles plutôt que par toute autre voie. Ces relations étaient fort rares entre les personnes saines et les lépreux; mais l'imprudence ou la dissolution les déterminait parfois, au grand préjudice de la personne saine, qui devenait lépreuse à son tour. Bernard Gordon, que nous avons cité plus haut, raconte qu'une certaine comtesse qui avait la lèpre vint à Montpellier, et qu'il la traita sur la fin de sa maladie. Un bachelier en médecine, qu'il avait mis auprès d'elle pour la soigner, eut le malheur de partager son lit : elle devint enceinte, et, lui, lépreux. (*Lilium medicinæ*, part. 1, ch. 22.) On trouverait quantité de faits analogues dans les écrits de Forestus, de Paulmier, de Paré, de Fernel, etc., qui écrivaient sur l'éléphantiasis ou la lèpre, d'après le sentiment unanime des écoles de médecine et de chirurgie. Jean Manardi de Ferrare résume ainsi la question, au commencement du seizième siècle, sans s'apercevoir qu'il confond la lèpre et les maladies vénériennes : « Ceux, dit-il dans ses *Epistolæ medicinales*, publiées en 1525, ceux qui ont commerce avec une femme, laquelle a eu affaire un peu auparavant à un lépreux, tandis que la semence reste encore dans la matrice, gagnent quelquefois la lèpre et quelquefois d'autres maladies, plus ou moins considérables, selon qu'ils sont eux-mêmes disposés, aussi bien que le lépreux qui a infecté la femme. » Dans toutes ces citations, nous reproduisons la traduction que Louis, traducteur et annotateur d'Astruc, pour ne pas altérer le sens médical du savant auteur du traité *De Morbis venereis*, avait cru pouvoir établir dans l'intérêt de son système; mais ces citations mêmes nous paraissent souvent tout à fait contraires à ce système. En examinant ce passage de Jean Manardi, par exemple, il est impossible de ne pas reconnaître les maladies vénériennes dans ces *autres maladies plus ou moins considérables*, engendrées par un commerce plus ou moins imprudent avec une personne plus ou moins lépreuse. Au reste, un commerce de cette nature, qui eût entraîné la peine de mort, en certains cas, pour le lépreux, avait sans doute été jugé impossible par le législateur, qui ne l'a prévu nulle part dans le droit criminel.

Le droit coutumier règle seulement tout ce qui concerne l'institution des léproseries, dans lesquelles la lèpre était mise en charte privée, pour ainsi dire. Selon la Coutume du Boulenois, quand on découvrait, après la mort d'un homme, qu'il était ladre et qu'il avait néanmoins vécu en compagnie de gens sains, ceux-ci devaient être considérés comme ses complices ; et tout le bétail à pied fourchu, appartenant aux habitants du lieu où ce ladre venait de mourir, était confisqué au profit du seigneur. Chaque paroisse se trouvait de la sorte responsable de ses ladres : elle était tenue de les nourrir, après les avoir vêtus d'une espèce de livrée et confinés dans des *bordes*, où il y avait un lit, une table et quelques menus ustensiles de bois et de terre. (*Traité de la Police*, par Delamarre, t. I, p. 636 et suiv.) Les ladres, qui regardaient leurs maladies comme des tombes anticipées, cherchaient sans cesse à rentrer dans le sein de la société, et celle-ci les expulsait sans cesse avec horreur. Chaque fois que l'incurie de la police permettait à ces malheureux de dissimuler leur triste condition et de participer à la vie commune, il y avait dans les villes un réveil de la lèpre, qui forçait les magistrats à remettre en vigueur les anciennes ordonnances. En 1371, le prévôt de Paris fit publier les lettres patentes que lui avait adressées Charles V, pour enjoindre à tous les ladres de quitter la capitale dans le délai de quinze jours, « sous de très-grosses peines corporelles et pécuniaires. » En 1388, il défendit aux lépreux d'entrer dorénavant dans Paris, sans permission expresse signée de lui. En 1394 et 1402, mêmes défenses aux ladres, « sur peine d'estre pris par l'exécuteur et ses valets à ce commis, et détenus prisonniers pendant un mois, au pain et à l'eau, et ensuite bannis du royaume. » Ces défenses étaient toujours éludées à cette époque, et la population saine se relâchait de ses terreurs à l'égard des lépreux, qui vivaient parmi elle, comme s'ils n'étaient pas affectés d'un mal contagieux, car la lèpre diminuait tous les jours, ou du moins ses signes extérieurs devenaient moins manifestes. Le parlement de Paris rendit un arrêt, en date du 11 juillet 1453, contre un lépreux qui avait épousé une femme saine. Cette femme, que la lèpre n'avait pas encore atteinte, à ce qu'il paraît, fut séparée de son mari, et défenses lui furent faites de *converser* avec lui, sur peine d'être mise au pilori et bannie ensuite. On la laissa toutefois habiter dans l'intérieur de la ville, mais on lui ordonna de cesser d'y vendre des fruits, de peur qu'elle ne communiquât à quelqu'un la contagion de la lèpre.

Cet arrêt est très-significatif; il prouve que les règlements concernant la lèpre étaient mal observés au quinzième siècle, et que les lépreux pouvaient résider hors des léproseries. La conséquence de ce relâchement de sévérité devait être le retour de la lèpre et des maladies qui en résultaient. En effet, peu d'années avant que le mal vénérien eût été signalé en Italie et en France, les ladres avaient de nouveau multiplié et ravivé le venin de l'éléphantiasis, et la santé publique avait subi une atteinte profonde, par l'intermédiaire de la Prostitution, où lépreux et lépreuses osèrent apporter leur hideux concours. Par ordonnance du prévôt de Paris, datée du 15 avril 1488, il fut enjoint « à toutes personnes attaquées du mal abominable, très-périlleux et contagieux, de la lèpre, de sortir de Paris avant la feste de Pâques et de se retirer dans leurs maladreries aussitost après la publication de ladite ordonnance, sur peine de prison pendant un mois, au pain et à l'eau; de perdre leurs chevaux, housses, cliquettes et barillets, et punition corporelle arbitraire; leur permet néanmoins d'envoyer quester pour eux leurs serviteurs et servantes estant en santé. » Ces ladres, qui avaient des chevaux et des housses, des serviteurs et des servantes en bonne santé, faisaient évidemment une effrayante diffusion de la lèpre dans la partie saine de la population qu'ils fréquentaient; et cette lèpre sourde, transmise de proche en proche par les plaisirs vénériens, corrompait physiquement ce que le vice avait gâté de sa souillure morale. Ce n'était déjà plus la lèpre proprement dite, c'était la lèpre de l'incontinence et des mauvais lieux; c'était une maladie horrible que la Prostitution avait portée dans ses flancs et qu'elle réchauffait sans cesse en son sein; c'était la *grosse vérole*, que les Français nommèrent dès sa naissance le *mal de Naples*, et que les Italiens, par contradiction, appelèrent le *mal français*.

CHAPITRE XX.

Sommaire. — Noms scientifiques de la syphilis, *morbus novus*, *pestilentialis scorra*, *pudendagra*, etc. — Ses surnoms populaires. — Les saints qui avaient le privilége de la guérir. — Coïncidence de son apparition en Italie avec l'expédition de Charles VIII. — Quelle est la date précise de cette apparition? — Les médecins et les historiens ne sont pas d'accord. — Traditions relatives à son origine. — Les conjonctions de planètes. — Le vin empoisonné avec du sang de lépreux. — Boucheries de chair humaine. — La bestialité punie par elle-même. — La jument et les singes. — La syphilis d'Europe n'est pas venue d'Amérique. — Les médecins refusent d'abord de traiter cette maladie. — Manardi, Mathiole, Brassavola et Paracelse disent que l'infection vénérienne est née de la lèpre et de la Prostitution.

Il nous paraît démontré jusqu'à l'évidence, par le simple rapprochement de quelques dates, que la maladie vénérienne n'avait pas attendu la découverte de l'Amérique, pour s'introduire en Europe et pour y faire de terribles progrès. Cette maladie, comme nous avons cherché à le prouver par des faits et par des inductions, existait de toute antiquité; mais elle s'était successivement combinée avec d'autres maladies, et surtout avec la lèpre, qui lui avait donné une physionomie toute nouvelle. Ce fut la Prostitution, qui, dans tous les temps et dans tous les pays, servit d'auxiliaire énergique à ce fléau, que la police des gouvernements s'appliquait à entourer, pour ainsi dire, d'un cordon sanitaire. Quand ce cordon sanitaire fut rompu et tout à fait abandonné, le mal prit son essor et retrouva sa puissance dans le sein de la Prostitution légale. Voilà comment la lèpre vénérienne éclata en même temps, avec la même fureur, en France, en Italie, en Espagne, en Allemagne et en Angleterre, au moment où Christophe Colomb était à peine de retour du premier voyage qu'il fit à l'île Espagnole. Nous n'aurons pas de peine à établir que la *grosse vérole*, ou du moins un mal analogue, avait été signalée en Europe dès l'année 1483; que ce mal, ou tout autre, de même nature et de même origine, subsistait antérieurement aux Antilles et n'y produisait pas les mêmes accidents que sous les latitudes tempérées; que l'expédition de Charles VIII en Italie concourut peut-être à répandre et à envenimer cette affreuse maladie, mais que l'Italie et la France, qui se renvoyaient l'une à l'autre la priorité de l'infection, n'eurent rien à s'envier sur ce point, et se donnèrent réciproquement ce qu'elles avaient de longue date, dans un échange de contagion mutuelle; enfin, que, depuis son apparition constatée, la maladie changea souvent de symptômes, de caractères et de noms.

Parmi ces noms, qui furent très-multipliés et qui eurent chacun une origine locale, il faut distinguer les noms populaires des noms scientifiques. Ceux-ci étaient naturellement latins dans tous les livres et les *recipe* (ordonnances) de médecine, mais ils disparurent l'un après l'autre, en cédant la place à celui que Fracastor inventa pour les besoins de sa fable poétique, dans laquelle le berger Syphile est atteint le premier de cette vilaine maladie, parce qu'il avait offensé les dieux. La plupart des médecins italiens ou allemands, qui écrivirent à la fin du quinzième siècle sur le mal nouveau (*morbus novus*) que les guerres d'Italie avaient fait sortir de son obscurité, Joseph Grundbeck, Coradin Gilini, Nicolas Leoniceno, Antoine Benivenio, Wendelin Hock de Brackenaw, Jacques Cataneo, etc., se servirent de la dénomination usuelle de *morbus gallicus* (mal français). Cependant, comme s'ils eussent été peu satisfaits d'admettre dans la langue médicale une erreur et une calomnie à la fois, plusieurs d'entre eux forgèrent des noms plus dignes de la science et moins éloignés de la vérité historique. Joseph Grundbeck, le plus ancien de tous, ajouta au surnom de *mala de Frantzos* la périphrase de *gorre pesti-*

lentielle (*pestilentialis scorra*) et la qualification de *mentulagra* (maladie du membre viril); Gaspard Torrella, qui, comme Italien, se piquait de savoir latiniser mieux qu'un Allemand, adopta *pudendagra* (maladie des parties honteuses); Wendelin Hock préféra *mentagra*, parce qu'il crut reconnaître dans ce-prétendu mal français la mentagre ou lèpre du menton, décrite par Pline (*Hist. nat.*, lib. XXVI, c. 1); Jean Antoine Roverel et Jean Almenar se servirent du mot *patursa*, sans que la véritable signification de ce mot leur fût connue : ce qui permet de supposer que c'était le nom générique de la maladie dans l'Amérique.

Chaque nation se défendait d'avoir engendré cette maladie, en lui attribuant le nom de la nation voisine à laquelle l'opinion populaire attribuait le principe du mal. Ainsi, les Italiens, les Allemands et les Anglais, qui accusaient la France d'avoir été le berceau de la *grosse vérole*, l'appelaient *mal français: mal francese, frantzosen* ou *frantzosichen pocken, french pox;* les Français s'avisèrent plus tard de se revancher, en l'appelant *mal napolitain;* les Flamands et les Hollandais, les Africains et les Maures, les Portugais et les Navarrais maudissaient le *mal espagnol* ou *castillan;* mais, en souvenir de cet odieux présent que chaque peuple refusait de croire émané de son propre sein, les Orientaux le nommaient *mal des chrétiens;* les Asiatiques, *mal des Portugais ;* les Persans, *mal des Turcs;*

les Polonais, *mal des Allemands*, et les Moscovites, *mal des Polonais* (voy. le *Traité* d'Astruc, *De Morbis venereis*, lib. I, cap. 1). Les divers symptômes de la maladie lui imposèrent aussi différents noms, qui rappelaient surtout l'état pustuleux ou cancéreux de la peau des malades; ainsi, les Espagnols appelaient ce mal *las bubas* ou *buvas* ou *boas;* les Génois, *lo malo de le tavele;* les Toscans, *il malo delle bolle;* les Lombards, *lo malo de le brosule,* à cause des pustules ulcéreuses et multicolores qui sortaient de toutes les parties du corps chez les individus atteints de cette espèce de peste. Les Français la nommèrent *grosse vérole*, pour la distinguer de la petite vérole, qu'on avait classée, de temps immémorial, parmi les maladies épidémiques, et qui, moins redoutable que sa sœur cadette, lui ressemblait cependant par la *variété* des pustules et des ulcérations de la face; de là, son nom générique de *vérole* ou *variole*, formé du latin *varius* et du vieux mot *vair*, qui signifiait une fourrure blanche et grise, et qui s'entendait aussi d'un des métaux héraldiques, composé de pièces égales, ayant la forme de cloches et disposées symétriquement. On prétend que cette disposition des pièces du *vair* avait quelque analogie d'aspect avec la peau bigarrée et crevassée d'un malheureux *variolé*. Enfin, on mit en réquisition tous les saints qui passaient pour guérir la lèpre, et qu'on invoquait comme tels; on les invoqua aussi contre les maux vénériens, et on ne se fit pas scrupule d'appliquer leurs noms respectés à ces maux déshonnêtes qu'on plaçait de la sorte sous leurs auspices. Il y eut alors entre la lèpre et la grosse vérole une confraternité avouée, qui se manifesta par les noms de saints attachés indistinctement aux deux maladies, qu'on appela *mal de saint Mein*, de *saint Job*, de *saint Sement*, de *saint Roch*, de *saint Évagre*, et même de *sainte Reine*, etc. Il suffisait qu'un saint fût réputé comme ayant quelque influence pour la guérison des plaies et des ulcères malins : les vérolés s'adressaient à lui et se disaient ses malades privilégiés.

Les médecins et les historiens, qui ont parlé les premiers de l'épidémie vénérienne des dernières années du quinzième siècle, sont à peu près d'accord sur ce point, que la maladie ne s'est déclarée avec éclat qu'à la suite de l'expédition de Naples; mais ils rapportent presque tous à l'année 1494 cette expédition, qui n'eut lieu qu'en 1495. Cette contradiction de dates ne constitue pourtant pas une erreur historique; car, avant Charles IX, l'année commençait à Pâques, selon la manière de dresser le calendrier en France. Les écrivains, qui ont fait un rapprochement d'époque entre l'invasion de Charles VIII en Italie et celle de la *grosse vérole* en Europe, n'ont pas hésité à ranger ces deux faits hétérogènes sous la même année 1494. Suivant eux, la maladie vénérienne aurait été signalée dès le commencement de cette année-là; mais le roi de France ne fit son entrée à Naples, où il trouva cette horrible maladie glorieusement installée avant lui, que le 22 février 1495, qui tombait en 1494, puisque la fête de Pâques ne devait marquer la nouvelle année qu'au 19 avril. Il faudrait donc, pour justifier la date de 1494 enregistrée par les médecins et les historiens qui ont voulu préciser le moment où le fléau éclata, il faudrait que ce *mal français* fût né à Naples entre le 22 février et le 19 avril 1495. On objectera difficilement que les autorités qui fixent à l'année 1494 l'apparition de la maladie ont pu faire erreur d'une année; cette erreur n'est pas probable, quand il s'agit d'un fait si récent et si remarquable. Ajoutons encore que les premiers qui ont établi cette date de 1494, sont Italiens, et que l'année en Italie commençait au premier janvier et non à Pâques comme en France. Il résulte de ces contradictions, que ç'a été un parti pris chez les Italiens d'accuser l'aventureuse expédition des Français en Italie, d'un fléau qu'elle développa et aggrava peut-être, mais qu'elle n'apporta point avec elle. « Les médecins de notre temps, écrivait en 1497 Nicolas Leoniceno dans son traité *De Morbo gallico*, n'ont point encore donné de véritable nom à cette maladie, mais ils l'appellent communément le *mal français*, soit qu'ils prétendent que sa contagion a été apportée en Italie par les Français, ou que l'Italie a été en même temps attaquée par l'armée française et par cette maladie. » Gaspard Torrella, dans son traité *De*

Dolore in pudendagra, est plus explicite encore : « Cette maladie, dit-il, fut découverte lorsque les Français entrèrent à main armée en Italie, et surtout après qu'ils se furent emparés du royaume de Naples et qu'ils y eurent séjourné. C'est pourquoi les Italiens lui donnèrent le nom de *mal français*, s'imaginant qu'il était naturel aux Français. » Jacques Cataneo dans son livre *De Morbo gallico*, qui parut en 1505, se borne à rappeler le même fait : « L'an 1494 de la Nativité de Notre-Seigneur, au temps que Charles VIII, roi de France, s'empara du royaume de Naples, et sous le pontificat d'Alexandre VI, on vit naître en Italie une affreuse maladie qui n'avait jamais paru dans les siècles pécédents et qui était inconnue dans le monde entier. » Jean de Vigo fait coïncider aussi avec le passage de Charles VIII en Italie l'irruption subite de cette maladie, qu'on n'avait jamais vue ou du moins jamais observée auparavant.

L'antipathie nationale des Italiens contre leurs vainqueurs ne manqua pas de fortifier et de propager cette opinion erronée, qui resta dans le peuple avec d'injustes ressentiments. Les Français furent moins empressés de se plaindre des vaincus et de répandre la vérité qui les justifiait eux-mêmes, en les montrant comme des victimes du mal de Naples ; car les premiers auteurs français qui ont parlé de ce mal ne disent rien de son origine, et n'incriminent pas même les délices de Naples conquise par Charles VIII.

Il y eut cependant en Italie et en Allemagne plusieurs hommes de l'art et plusieurs historiens plus impartiaux, qu'n'hésitèrent pas à proclamer l'innocence des Français dans cette affaire, et à se rapprocher ainsi d'une vérité que la science et l'histoire ne devaient pas envelopper d'un nuage. Les uns infirmèrent la date de 1494 attribuée à la naissance de la peste vénérienne (*lues venerea*); les autres firent remonter beaucoup plus haut son origine ou plutôt ses premiers ravages; quelques-uns, moins bien instruits que les autres ou peut-être feignant une ignorance calculée à ce sujet, reportèrent à l'année 1496 la première invasion de la maladie, qu'ils faisaient venir d'Espagne, et, par conséquent, d'Amérique. « L'an de notre salut 1496, écrivait Antoine Benivenio en 1507, une nouvelle maladie se glissa, non-seulement en Italie, mais encore dans presque toute l'Europe. Ce mal, qui venait d'Espagne, s'étant répandu de tous côtés, premièrement en Italie, ensuite en France et dans les autres pays de l'Europe, attaqua une infinité de personnes. » Voilà le pauvre Charles VIII bel et bien innocenté d'une injuste accusation qui le mettait au ban de l'Europe maléficiée. Les historiens viennent ici à l'appui de la justification des Français. Antoine Coccius Sabellicus, qui savait ce que c'était que la grosse vérole puisqu'il l'avait gagnée (voy. les *Élogia* de Paul Jove), dit fermement dans son recueil historique publié à Venise en 1502 : « Dans le même temps (1496), un nouveau genre de maladie commença à se répandre par toute l'Italie, vers la première descente que les Français y avaient faite dès l'année précédente (1495), et il est probable que c'est par cette raison qu'on la nomma le *mal français*, car, comme je vois, on n'est pas sûr d'où est venue d'abord cette cruelle maladie qu'aucun siècle n'avait éprouvée jusque-là. » Si la date de 1496 avait pu être établie et prouvée, la provenance du mal eût été tout naturellement renvoyée à la découverte de l'Amérique. Dans tous les cas, la date de 1496 se rapporterait évidemment à l'extension rapide et formidable de l'épidémie vénérienne.

Mais, pour les savants qui ne suivaient pas aveuglément la tradition populaire, il n'était pas douteux que le mal français et le mal de Naples avaient précédé la triomphante expédition de Charles VIII. « Les Français, dit judicieusement François Guicciardin dans l'Histoire de son temps, ayant été attaqués de cette maladie pendant leur séjour à Naples, et s'en retournant ensuite chez eux, la répandirent par toute l'Italie; or, cette maladie, absolument nouvelle ou ignorée jusqu'à nos jours dans notre continent, excepté peut-être dans les régions les plus reculées, a sévi si horriblement durant plusieurs années, qu'elle semble devoir être transmise à la postérité comme une des calamités les plus funestes. » Guicciardin était dans le vrai, en attribuant seulement à l'armée du roi de France la propagation du mal par toute l'Italie. Il est clair que ce mal hideux avait pris racine à Naples, avant l'arrivée des Français. Ulrich de Hutten, docte écrivain allemand qui avait fait lui-même une triste expérience de la contagion vénérienne, assigne à ses commencements la date de 1493, qu'il ne pouvait apprécier que par ouï-dire, puisqu'il rédigeait à Mayence en 1519 son livre intitulé *De morbi gallici curatione:* « L'an 1493 ou environ, de la naissance de Jésus-Christ, dit-il, un mal très-pernicieux commença à se faire sentir, non pas en France, mais premièrement à Naples. Le nom de cette maladie vient de ce qu'elle commença à paraître dans l'armée des Français qui faisaient la guerre dans ce pays-là sous le commandement de leur roi Charles. » Puis, il ajoute cette intéressante particularité qui nous explique comment on n'est pas d'accord sur la date précise de l'invasion du mal : « On n'en parla point pendant deux années entières, à compter du temps qu'il avait commencé. » Ulrich de Hutten partageait l'opinion des praticiens allemands qui regardaient la maladie comme bien antérieure à la conquête de Naples par les Français; ainsi, Wendelin Hock de Brackenaw, qui avait fait ses études médicales à l'université de Bologne, répète bien ce qu'il avait entendu dire en Italie sur l'époque primitive du mal de Naples : « Depuis l'an 1494 jusqu'à la présente année 1502, dit-il, une certaine maladie contagieuse, qu'on nomme le *mal français*, a fait assez de ravages ; » mais, ailleurs, dans le même ouvrage, il déclare ce que savaient à cet égard tous ses confrères d'Allemagne : « Ce mal, dit-il, qui avait commencé, pour parler juste, dès l'an 1483 de Notre-Seigneur, » par suite des conjonctions de plusieurs planètes, au mois d'octobre de cette année-là, annonçait « la corruption du sang et de la bile, et la confusion de toutes les humeurs, ainsi que l'abondance de l'humeur mélancolique tant dans les hommes que dans les femmes. » Les plus habiles médecins allemands, Laurent Phrisius, Jean Benoist, etc., se rangèrent du côté de ce système, et voulurent voir la cause de la maladie dans les révolutions planétaires et dans les désordres atmosphériques de l'année 1483.

Ce ne fut pas la seule cause ni la plus invraisemblable que supposèrent les historiens ; ils se firent, en général, les échos du vulgaire qui a toujours, en Italie surtout, une histoire prête, pour créer une origine merveilleuse à tout ce qu'il ne comprend pas. Le *mal français*, plus que toute autre chose, exerça l'imagination des Napolitains et se prêta naturellement aux inventions les plus bizarres, à travers lesquelles pourtant il ne serait pas impossible de découvrir quelque fait réel, enveloppé de fables ridicules. Gabriel Fallope, qui écrivait longtemps après l'événement qu'il rapporte (1560), soutient que, dans le cours de la première guerre de Naples, une garnison espagnole qui défendait le passage abandonna la nuit les retranchements confiés à sa garde, après avoir empoisonné les puits et conseillé aux boulangers italiens de mêler du plâtre et de la chaux à la farine avec laquelle ils feraient du pain pour l'armée française. Ce plâtre et l'eau empoisonnée auraient produit l'infection vénérienne, selon le récit de Gabriel Fallope. André Cœsalpini d'Arezzo, qui fut médecin de Clément VIII, prétend que l'empoisonnement des Français fut exécuté avec d'autres procédés, et il assure que des témoins oculaires lui avaient raconté le fait : « Après la prise de Naples, les Français assiégèrent la petite ville de Somma, qui avait une garnison d'Espagnols; ceux-ci sortirent de la place pendant la nuit, en laissant à la disposition des assiégeants plusieurs tonnes d'excellent vin du Vésuve, où l'on avait mêlé du sang fourni par les lépreux de l'hôpital Saint-Lazare. Les Français entrèrent dans la ville sans coup férir, et s'enivrèrent avec ce vin empoisonné; ils furent aussitôt très-malades, et les symptômes de leur maladie ressemblaient à ceux de la lèpre. » On peut déjà entrevoir la vérité sous les voiles qui la couvrent ici d'une manière assez transparente. Viennent ensuite d'autres traditions qui s'exagèrent et renchérissent l'une sur l'autre en s'écartant toujours davantage de l'opinion la plus répandue et la moins déraisonnable. Fioravanti, dans ses *Capricci medicinali* qu'il publia en 1564, raconte une singulière histoire qu'il disait tenir d'un certain Pascal Gibilotto de Naples, encore vivant à l'époque où il écrivait, et garant des faits qu'il révélait le premier. Pendant cette expédition de Naples, qui est partout complice de la maladie qu'elle vit commencer, les vivandiers napolitains, qui approvisionnaient les deux armées, manquèrent de bétail, et eurent l'infernale idée d'employer la chair des morts en guise de viande de bœuf ou de mouton; ceux qui mangèrent de la chair humaine, que la mort et la corruption avaient empoisonnée, furent bientôt attaqués d'une maladie qui n'était autre que la syphilis. Fioravanti ne dit pas quel fut le thé âtrede ces épouvantables scènes d'anthropophagie; mais comme il place dans son récit les Espagnols en présence des Français, il faut croire que ce fait isolé aurait eu lieu durant le siége de quelque petite ville de la Calabre occupée par une garnison espagnole. On sait que toute chair corrompue est capable de produire l'effet d'un empoisonnement, mais il n'y a pas possibilité de croire, avec Fioravanti, que des animaux nourris de la chair des animaux de même espèce soient exposés à gagner par là une maladie analogue au mal de Naples. C'était un préjugé enraciné au moyen âge, qui voulait que l'usage de la chair humaine causât des maladies aiguës, épidémiques et pestilentielles. L'illustre philosophe François Bacon, baron de Verulam, tout bon physicien qu'il était, n'a point balancé à répéter dans son Histoire naturelle l'horrible récit de Fioravanti : « Les Français, dit-il, de qui le mal de Naples a reçu son nom, rapportent qu'il y avait au siége de Naples des coquins de marchands qui, au lieu de thons, vendaient de la chair d'hommes tués récemment dans la Mauritanie, et qu'on attribuait l'origine de la maladie à un si horrible aliment. La chose paraît assez vraisemblable, ajoute l'auteur de tant de lumineux traités sur les sciences, car les cannibales des rades occidentales, qui vivent de chair humaine, sont fort sujets à la vérole. »

Trouver dans l'anthropophagie l'origine du mal de Naples, ce n'était point encore attacher assez d'horreur aux causes de ce mal hideux, qu'on s'accordait à considérer comme un fruit monstrueux du péché mortel. Deux savants médecins du seizième siècle, qui n'avaient observé pourtant que les effets décroissants de cette terrible contagion, lui jetèrent, pour ainsi dire, la dernière pierre, en essayant de démontrer, avec plus de raison que de succès, qu'il fallait peut-être attribuer le mal vénérien à la sodomie et à la bestialité : « Un saint laïque, dit Jean-Baptiste van Helmont dans son *Tumulus pestis*, tâchant de deviner pourquoi la vérole avait paru au siècle passé et non auparavant, fut ravi en esprit et eut une vision d'une jument rongée du farcin, d'où il soupçonna qu'au siége de Naples, où cette maladie parut pour la première fois, quelque homme avait eu un commerce abominable avec une bête de cette espèce attaquée du même mal, et qu'ensuite, par un effet de la justice divine, il avait malheureusement infecté le genre humain. »

Plus tard, en 1706, un médecin anglais, Jean Linder, ne craignit pas, en cherchant à démêler les causes secrètes de la syphilis américaine, d'avancer que « cette maladie provenait de la sodomie exercée entre des hommes et de gros singes, dit-il, qui sont les satyres des anciens. » Il est important de constater que, dans tous les récits et les observations des médecins qui étudièrent les premiers le mal de Naples, soit en Italie, soit en France, soit en Allemagne, on ne fait nullement mention de la maladie que Christophe Colomb aurait rapportée des Antilles, et qui, en tout cas, ne pouvait gagner de vitesse un mal analogue né et acclimaté en Europe avant que la découverte de l'Amérique eût porté ses fruits amers. Christophe Colomb, revenant de l'île Espagnole qu'il avait habitée pendant un mois à peine, aborda au port de Palos en Portugal, le 13 janvier 1493, avec quatre-vingt-deux matelots ou soldats et neuf Indiens qu'il ramenait avec lui. La santé de son équipage pouvait être en mauvais état, mais les historiens n'en parlent pas; et l'on sait seulement qu'il se rendit à Barcelone avec quelques-uns de ses compagnons de voyage, pour rendre compte de sa navigation à Ferdinand le Catholique et à Isabelle d'Aragon. « La ville de Barcelone, dit Roderic Diaz dans son traité *Contra las bubas*, fut bientôt infectée de la vérole, qui y fit des progrès étonnants. » Le 25 septembre de la même année, Christophe Colomb repartait avec quinze vaisseaux chargés de quinze cents soldats et d'un grand nombre de matelots et d'artisans; quatorze de ces vaisseaux revinrent en Espagne l'année suivante, pendant laquelle Barthélemy Colomb, frère de Christophe, partit avec trois vaisseaux qui ramenèrent en Espagne, vers la fin de 1494, Pierre Margarit, gentilhomme catalan, gravement atteint de la syphilis. Probablement, il n'était pas le seul qui se trouvât malade de la même maladie; mais le journal du bord n'en cite pas d'autre. L'année 1495 multiplia les rapports maritimes entre les Antilles et l'Espagne. Aussi, lorsque Christophe Colomb, accusé de crimes imaginaires, retournait chargé de chaînes dans le vieux monde, le navire où il était prisonnier transportait avec lui deux cents soldats attaqués de la vérole américaine. Ces deux cents pestiférés débarquèrent à Cadix, le 10 juin 1496. Neuf mois après, le parlement de Paris publiait déjà une ordonnance relative aux malades de la *grosse vérole*.

On pourrait, sans tomber dans un excès de paradoxe, soutenir que c'est l'Europe qui a doté l'Amérique d'une maladie à laquelle le climat des Antilles convenait mieux que celui de Naples; on pourrait mettre en avant d'assez bonnes raisons pour démontrer que les aventuriers espagnols qui avaient pris du service dans l'armée du roi de Naples retournèrent dans leur patrie gâtés par la contagion vénérienne, et s'embarquèrent pour les Antilles, sans avoir été guéris. On sait quelle terrible influence a toujours eue le changement d'air et d'habitudes sur cette maladie inexplicable, que la chaleur endort et que le froid réveille avec un surcroît de fureur. Enfin, il restera probable, sinon avéré, que le mal vénérien, tel qu'il éclata en Europe vers 1494, n'était qu'un infâme produit de la lèpre et de la débauche. Tous les médecins reconnurent très-tard que le mal n'était peut-être pas aussi nouveau qu'on l'avait cru d'abord, et ils jugèrent que la lèpre, et surtout l'éléphantiasis, avait plus d'une similitude avec cette affection virulente qui s'entourait de symptômes inusités, mais dont le principe ne variait pas. La voix populaire parlait assez haut d'ailleurs, pour que la médecine l'entendît. On doit s'étonner de ce que les plus hardis fondateurs de la science se soient bornés à répéter les bruits qui circulaient sur les origines syphilitiques, sans en déduire tout un système qu'il eût été facile d'appuyer sur des preuves et sur des expériences. Mais, dans les premiers temps de cette épidémie, qu'on regardait comme une plaie envoyée du ciel et odieuse à la nature (ce sont les termes dont se sert Joseph Grundbeck, qui fit le plus ancien traité qu'on possède sur cette matière), les médecins et les chirurgiens se tenaient à l'écart et refusaient de soigner les malades qui réclamaient des secours : « Les savants, dit Gaspard

Torrella, évitaient de traiter cette maladie, étant persuadés qu'ils n'y entendaient rien eux-mêmes. C'est pourquoi les vendeurs de drogues, les herboristes, les coureurs et les charlatans se donnent encore aujourd'hui pour être ceux qui la guérissent véritablement et parfaitement. » Ulrich de Hutten s'exprime avec plus de vivacité encore, en avouant que le mal fut abandonné à lui-même et à ses forces mystérieuses, avant que la médecine et la chirugie eussent repris courage : « Les médecins, dit-il, effrayés de ce mal, non-seulement se gardèrent bien de s'approcher de ceux qui en étaient attaqués, mais ils en fuyaient même la vue, comme de la maladie la plus désespérée.... Enfin, dans cette consternation des médecins, les chirurgiens s'ingérèrent à mettre la main à un traitement si difficile. » Ces circonstances expliquent suffisamment pourquoi les premières périodes de la lèpre vénérienne sont demeurées si obscures et si mal étudiées dans tous les pays où ce mal apparut presque à la fois.

On tenait pourtant la clef de l'énigme, et il n'aurait fallu que consulter les traditions des Cours des Miracles et des lieux de débauche, pour apprendre de quelle façon s'engendrait et se décuplait, sous l'influence de la Prostitution, le monstre, le Protée de la syphilis. La vérité scientifique se trouvait sans doute renfermée dans ces anecdotes, que de grands médecins ne dédaignèrent pas de ramasser parmi les carrefours où elles avaient traîné. Jean Manardi, de Ferrare, dans une lettre adressée vers 1525 à Michel Santanna, chirurgien qui se mêlai de traiter les vénériens, lui dit que l'opinion la plus ancienne et la mieux établie place le commencement de la vérole à l'époque où Charles VIII se préparait à la guerre d'Italie (vers 1493) : « Cette maladie, dit-il, éclata d'abord à Valence en Espagne, par le fait d'une fameuse courtisane qui, pour le prix de cinquante écus d'or, accorda ses faveurs à un chevalier qui était lépreux; cette femme, ayant été gâtée, gâta à son tour les jeunes gens qui la voyaient, et dont plus de quatre cents furent infectés en peu de temps. Quelques-uns d'eux ayant suivi le roi Charles en Italie, y portèrent cette cruelle maladie. » Manardi se borne à rapporter le fait, de même que le savant médecin naturaliste Pierre-André Mathiole, qui ne fait que changer les personnages et le lieu de la scène : « Quelques-uns, dit-il, ont écrit que les Français avaient gagné ce mal par un commerce impur avec des femmes lépreuses, lorsqu'ils traversaient une montagne d'Italie (voy. son traité *De Morbo gallico*). » L'identité de la syphilis avec la lèpre était clairement indiquée dans ces simples réminiscences du bon sens populaire; mais les hommes de l'art les recueillaient, en fermant les yeux devant ces renseignements lumineux qui leur montraient la route. Un autre médecin de Ferrare, Antoine Musa Brassavola, admettait probablement la préexistence des maux vénériens et du virus qui les communique, quand il raconte le fait suivant, dans son livre sur le *Mal français* : « Au camp des Français devant Naples, dit-il, il y avait une courtisane très-fameuse et très-belle, qui avait un ulcère sordide à l'orifice de la matrice. Les hommes qui avaient commerce avec elle, contractaient une affection maligne qui ulcérait le membre viril. Plusieurs hommes furent bientôt infectés, et ensuite beaucoup de femmes, ayant habité avec ces hommes, gagnèrent aussi le mal, dont elles firent à leur tour présent à d'autres hommes. » Ainsi, selon Antoine Musa Brassavola, le mal de Naples n'était qu'une complication accidentelle du mal vénérien qui aurait existé isolément chez quelques individus, avant d'être épidémique et d'avoir acquis sa prodigieuse activité.

Enfin, un des plus grands hommes qui aient porté le flambleau dans les ténèbres de l'art médical, Théophraste Paracelse, décréta toute une doctrine nouvelle au sujet des maladies vénériennes, quand il proclama leur affinité avec la lèpre, dans sa *Grande Chirurgie* (liv. I, ch. 7) : « La vérole, dit-il avec cette conviction que le génie peut seul donner, a pris son origine dans le commerce impur d'un Français lépreux avec une courtisane qui avait des bubons vénériens, laquelle infecta ensuite tous ceux qui eurent affaire à elle. C'est ainsi, continue cet habile et audacieux observateur, c'est ainsi que la vérole provenue de la lèpre et du bubon vénérien, à peu près comme la race des mulets est sortie de l'accouplement d'un cheval et d'une ânesse, se répandit par contagion dans tout l'univers. » Il y a, dans ce passage de la *Grande Chirurgie*, plus de logique et plus de science que dans tous les écrits des quinzième et seizième siècles, concernant la maladie vénérienne, dont aucun médecin n'avait deviné la véritable origine. Paracelse considérait donc la vérole de 1494 comme un genre nouveau dans l'antique famille des maladies vénériennes.

FIN DU TOME QUATRIÈME.

TABLE DES MATIÈRES

DU QUATRIÈME VOLUME.

FRANCE.

CHAPITRE VIII.

CHAPITRE IX.

CHAPITRE X.

CHAPITRE XI.

CHAPITRE XII.

CHAPITRE XIII.

CHAPITRE XIV.

CHAPITRE XV.

CHAPITRE XVI.

CHAPITRE XVII.

CHAPITRE XVIII.

CHAPITRE XIX.

CHAPITRE XX.

FIN DE LA TABLE.

PARIS. TYPOGRAPHIE PLON FRÈRES, RUE DE VAUGIRARD, 36.

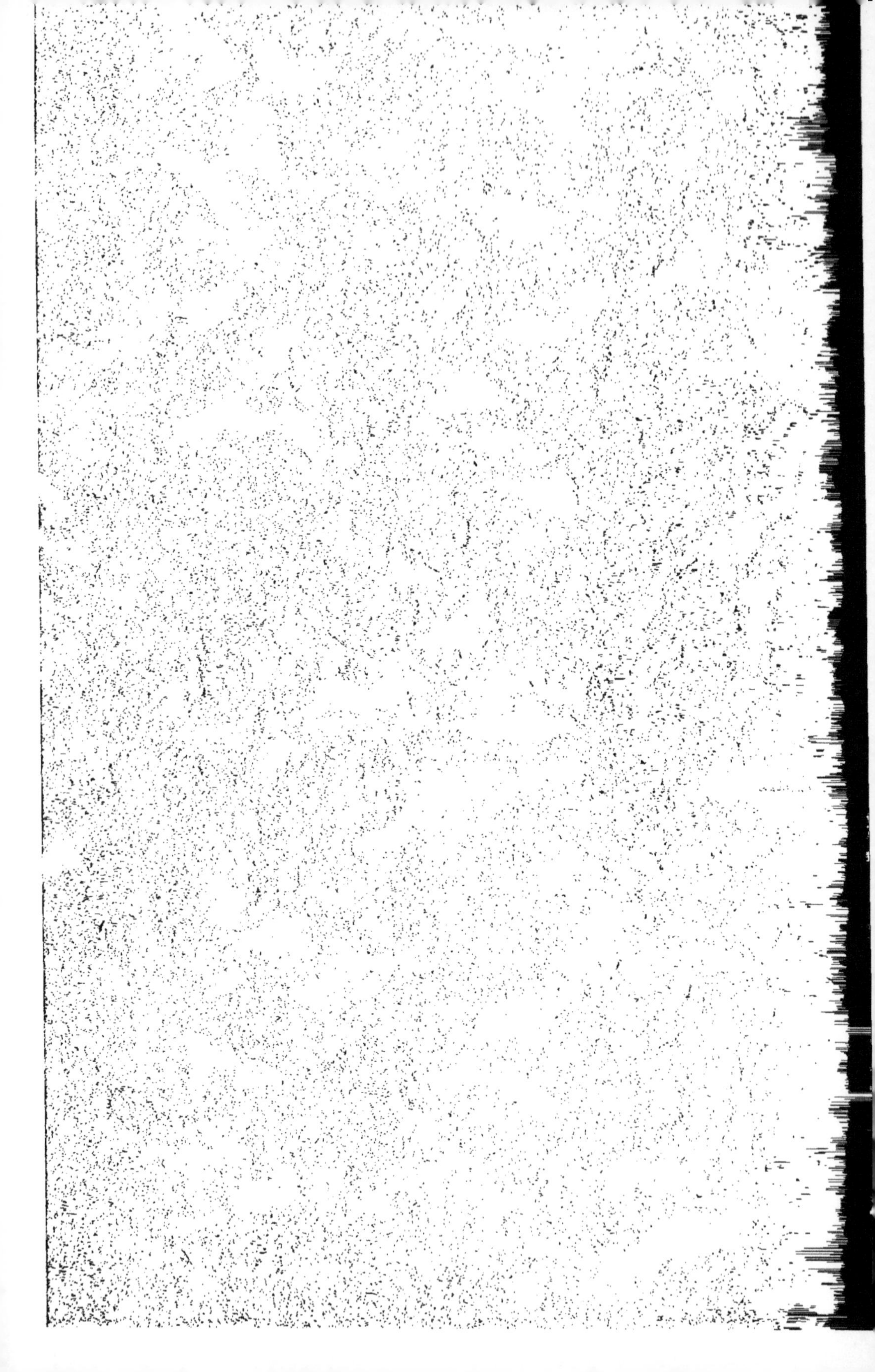

BIBLIOTHEQUE NATIONALE DE FRANCE

www.ingramcontent.com/pod-product-compliance
Ingram Content Group UK Ltd.
Pitfield, Milton Keynes, MK11 3LW, UK
UKHW021842190726
13855UKWH00001B/110

9 782013 400596